나는 대한민국 경남여성

나는 대한민국 경남여성

역사 속에서 소외되었던
지역여성의 삶

이혜숙·강인순 지음

知&you
지앤유

일제강점기 수업 모습, 경상남도교육청, 1920년대.

밀양초등학교의 과학실험시간, 경상남도교육청, 1936년.

마산여자고등학교의 기숙사 식사시간, 경상남도교육청, 1936년.

마산여자고등학교 재봉 수업 모습,
경상남도교육청, 1930년.

마산여자고등학교의 근로보국대 활동 모습, 경상남도교육청, 1938년.

함안 가야초등학교 학생들이 결핵예방주사를 맞고 있는 모습, 경상남도교육청, 1957년.

마스게임에 참가한 마산여자고등학교 학생들,
경상남도교육청, 1955년.

6·25전쟁 당시 경남여자고등학교의 노천교실 모습,
경상남도교육청, 1952년.

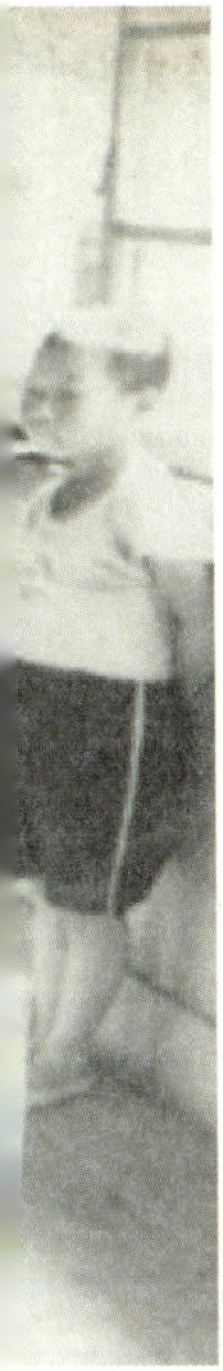

김해 금동초등학교 학생들이 줄지어 등교하는 모습, 경상남도교육청, 1966년.

진주여자고등학교 학생들의 4·19혁명 참여,
≪진주여고 80년사≫, 1960년.

김해 이작초등학교의 운동회,
경상남도교육청, 1967년.

'검소한 복장으로 이 나라 재건하자' 여배우들의 시가행진, 국가기록원, 1961년.

재건운동본부 주최 신생활 간소복 패션쇼, 국가기록원, 1961년.

금성라디오 공장의 여성 노동자 작업 모습,
국가기록원, 1960년대.

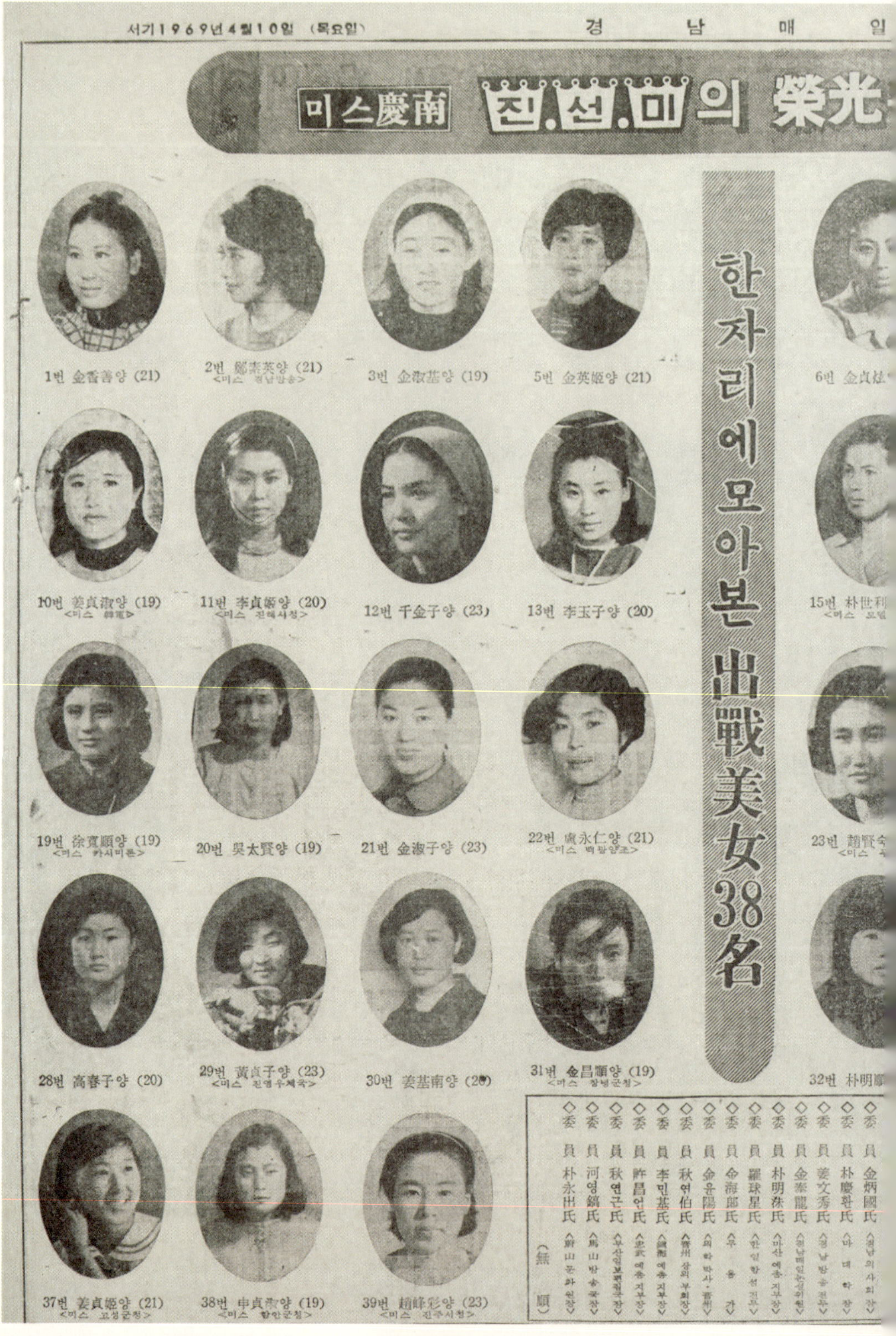

서기1969년4월10일 (목요일) 경 남 매 일

미스慶南 진.선.미의 榮光

한자리에 모아본 出戰美女38名

1번 金香善양 (21)

2번 鄭素英양 (21) <미스 경남방송>

3번 金淑苦양 (19)

5번 金英姬양 (21)

6번 金貞[illegible]

10번 姜貞淑양 (19) <미스 韓電>

11번 李貞姬양 (20) <미스 진해시청>

12번 千金子양 (23)

13번 李玉子양 (20)

15번 朴世利[illegible] <미스 모델[illegible]

19번 徐寶順양 (19) <미스 카시미론>

20번 吳太賢양 (19)

21번 金淑子양 (23)

22번 盧永仁양 (21) <미스 백광양조>

23번 趙賢숙[illegible] <미스 [illegible]

28번 高春子양 (20)

29번 黃貞子양 (23) <미스 진영우체국>

30번 姜基南양 (20)

31번 金昌順양 (19) <미스 창녕군청>

32번 朴明順[illegible]

37번 姜貞姬양 (21) <미스 고성군청>

38번 申貞[illegible]양 (19) <미스 함안군청>

39번 趙峰彩양 (23) <미스 진주시청>

◇委員 金炳國氏 <경남의사회장>
◇委員 朴慶환氏 <마 대 학 장>
◇委員 姜文秀氏 <경남방송전무>
◇委員 金泰龍氏 <경남매일논설위원>
◇委員 朴明洙氏 <마산예총지부장>
◇委員 羅球星氏 <한일합섬전무>
◇委員 金海郞氏 <무 용 가>
◇委員 金윤陽氏 <의학박사·晋州>
◇委員 秋연伯氏 <晋州상의부회장>
◇委員 李민基氏 <鎭海예총지부장>
◇委員 許昌언氏 <忠武예총지부장>
◇委員 秋연근氏 <부산일보편집국장>
◇委員 河영鎬氏 <馬山방송국장>
◇委員 朴永出氏 <蔚山문화원장>
(無順)

(4)

구에게 ?

甘敬蓮양 (21)
<미스 진일기계>

8번 孫点順양 (20)
<미스 밀양군청>

9번 陳玉順양 (23)
<미스 창원군청>

許必玉양 (20)
<미스 김해교육청>

17번 金熙淑양 (21)

18번 韓熙숙양 (22)
<미스 진영읍>

鎭淑양 (20)
<미스 합천군청>

26번 金惠淑양 (20)

27번 金愛蘭양 (19)
<미스 마산어협>

朴允麗양 (20)
<미스 마산시청>

35번 孔景和양 (22)
<미스 한일합섬>

36번 李春子양 (19)
<미스 함양군청>

李美英양 (22)
<미스 동래군청>

42번 權英淑양 (21)
<미스 진양군청>

43번 金貞玉양 (21)
<미스 미라노>

미스경남 후보들, 경남매일, 1969년 4월 10일.

거창여자중학교의 반공안보단합대회, 경상남도교육청, 1975년.

동양자수를 배우고 있는 여학생들, 경상남도교육청, 1973년.

'조금만 더!' 유연성 측정을 하고 있는 밀양 동강초등학교 학생들, 경상남도교육청, 1972년.

농촌봉사활동을 하고 있는 학생들,
경상남도교육청, 1970년대.

밀양 무안중학교 학생들의 우리말순화운동, 경상남도교육청, 1977년.

어머니날 기념 학예회 모습,
경상남도교육청, 1970년대.

양산 용연초등학교의 점심시간 모습, 경상남도교육청, 1981년.

저자의 말

이 책은 지방화 시대를 맞이하여 과거의 역사 속에서 잊히고 소외됐던 지역여성의 삶과 역사를 해방 이후 경남지역을 중심으로 정리하고자 했습니다. 경남지역 차원의 지역사 및 여성사 자료를 수집하고 정리함으로써 여성이 살아온 삶과 이야기, 활동을 통해 해방 이후 현재까지의 경남여성의 삶과 도전의 역사를 간단히 살펴본 것입니다.

경남지역에서 여성들의 삶과 활동은 남성 중심적인 역사 서술로 인해 그동안 잊혀 있었기 때문에 이에 대한 체계적인 자료가 제대로 정리되어 있지 않습니다. 따라서 역사 속에 드러나지 않았던 잊힌 반쪽의 역사를 쓰기 위해서 공식 기록뿐 아니라 비공식 기록, 신문 자료, 인터넷 자료, 심층면접이나 구술 생애사 조사 등 다양한 자료수집 방법을 활용해야 했습니다.

이 책은 이혜숙이 1장, 2장, 3장, 7장을 맡았으며 강인순이 4장, 5장, 6장, 8장을 맡아서 공동집필했습니다. 각 필진이 연구해 왔던 세부 주제와 영역을 중심으로 분담해서 집필했으며, 정리하는 과정에서 서로 의견을 교환함으로써 내용을 좀 더 풍부히 하고 초벌 원고를 서로 검토하면서 통일성을 갖추기 위해 노력했습니다.

해방 이후 10년을 단위로 쓰되 각 시기마다 경남여성의 삶과 활동의 모든 면을 포괄할 수는 없으므로 각 시기별로 주제나 특성을 살리고자 했습니다. 특히 경남여성의 역사를 전체적인 한국사회 변화의 맥락 속에서 다루면서도 한국전쟁에서의 여성의 경험, 구마산수출자유지역에서의 여성의 경제활동 참여, 경남지역 여성들의 정치 세력화 정도, 부마민주항쟁에 참여한 여성들, 그 이후 전개된 경남여성운동과 성과 등, 경남여성의 삶의 지역적 특성을 보여 주려고 노력했으며 특별한 여성의 이야기뿐 아니라 평범하게 살았던 여성의 역사를 같이 다루고자 했습니다.

이처럼 경남사회의 변화 속에서 경남여성들의 삶과 역사를 살펴보고자 노력했으나 관련 자료가 충분히 수집되지 않은 상태에서 전체적인 상을 제시한 것에 그친 감이 없지 않습니다. 앞으로 자료수집이 본격적으로 진행되고 정리된다면 경남여성사에 대한 보다 체계적인 정리가 가능할 것이라고 봅니다.

이 책은 2011년 11월 경상대학교 여성연구소와 경남여성인권특별위원회가 함께 진행한 '경남여성 100년의 삶과 역사' 학술대회에서의 필자들의 발표 원고가 출발점이 됐습니다. 당시 학술대회에 참여해서 같이 발표해 주신 신영숙, 민말순 선생님께 고마움을 전하며, 경남지역에서 생활했던 여성으로서 1장부터 3장까지의 원고를 검토해 주신 김남순 선생님께도 고마움을 전합니다. 또한 경남여성의 경험과 기억에 대한 심층면접 과제물 사용에 동의해 준 경상대학교 '여성과 사회'를 수강했던 학생들에게도 고마움을 전하며 자료수집과 번거로운 표 작업을 도와준 사회학과 학부생 송민경 양에게도 고마움을 전합니다.

이 작업은 “경남을 스토리텔링 하라”라는 경상대학교출판부의 출판기획사업에 선정되지 않았다면 아마 시도할 엄두를 내지 못했을 것입니다. 출판의 기회를 제공하고 격려해 준 경상대학교출판부와 특히 편집뿐 아니라 세부적인 내용까지 많은 조언을 해 주신 김종길 선생님께 고마움을 전합니다.

그러나 처음 시도하는 경남여성의 역사에 대한 정리다 보니 쉬운 작업이 아니었습니다. 우선 자료수집 자체가 쉽지 않았고 논문 투 문장에 익숙한 필자들의 학문적 배경으로 인해 대중적인 눈높이에 맞추어 흥미 있게 이야기 식으로 쓰는 것도 수월하지 않아 쓰면서 많은 한계를 느꼈습니다. 무엇보다 경남지역 역사에서 중요한 역할을 했던 모든 경남여성들을 충분히 다루지 못한 것을 죄송하게 생각하며 지면을 빌어서나마 그들에게 박수를 보냅니다.

부족한 점이 너무 많지만 이렇게라도 해방 이후 경남여성의 역사에 대해서 처음으로 정리했다는 점에서 의의가 있다고 보며 보람을 느낍니다. 이 책의 출판을 계기로 많은 분들이 경남여성의 삶과 역사에 대한 정리의 중요성과 필요성에 대해서 관심을 가지기를 희망하며 이 책이 보다 본격적인 경남여성사 정리 작업의 첫걸음이 되기를 바랍니다. 또한 이러한 과정을 거쳐 경남여성에 대한 자료가 체계적으로 수집되고 정리되기를 기대합니다.

2015년 7월

이혜숙 · 강인순 씀

차례

19

해방 전후의 경남여성의 삶과 여성조직

40

남강에서 물을 길어 가는 아낙네들,
진주시청, 1950년대.

내 고향은 한산도 제승당이 바라보이는 한려수도의 작은 도시 통영이다. 1918년 바닷바람 매서운 어느 겨울, 나는 지금의 태평동인 당산에서 맏이로 태어났다. 하지만 일본의 강제 수탈과 억압은 이 작은 도시마저 할퀴고 있었다. … 젊은 청년들은 징병으로, 나이든 남자들은 징용으로 닥치는 대로 붙잡아 갔다. 그리고 처녀애들은 '위안부'로 끌려갔다. … 그곳에서 나는 '위안부' 후미코였다.

동아일보 삽화, 1945년 12월 2일.

내 고향은 한산도 제승당이 바라보이는 한려수도의 작은 도시 통영이다. 1918년 바닷바람 매서운 어느 겨울, 나는 지금의 태평동인 당산에서 맏이로 태어났다. 하지만 일본의 경제 수탈과 억압은 이 작은 도시마저 할퀴고 있었다. … 젊은 청년들은 징병으로, 나이든 남자들은 징용으로 닥치는 대로 붙잡아 갔다. 그리고 처녀애들은 '위안부'로 끌려갔다. … 그곳에서 나는 '위안부' 후미코였다. 후미코의 삶은 비참했다. 철저하게 '위안부' 규칙을 지켜야 했다. 평일에는 거의 일본 육군 사병들이 왔고 토요일과 일요일은 주로 높은 장교들이 찾아왔다. 나는 하루에 보통 10명이 넘는 군인들을 상대했고 한 부대가 우르르 몰려오는 날에는 수도 없이 밀려드는 군인들을 상대해야만 했다. 그런 날은 옷을 입거나 밥을 먹거나 쉴 시간도 없었다.(경상남도교육청, 2013: 13~25)

위 글은 현재 통영에 거주하고 있으며 일본군 '위안부'의 실상을 알리는 데 활발한 활동을 하고 있는 김복득 할머니의 일대기 《나를 잊지 마세요!》2013에 실려 있는 글이다. 김복득 할머니는 22살 되던 해 공장에 취직시켜 준다는 말에 속아 부산으로 간 후 배를 타고 중국에 도착했다. 중국 대련에서 3년, 다시 필리핀에서 4년간 후미코란 이름으로 지옥과 같은 일본군 '위안부' 생활을 강요당했다. 해방 무렵 고향 통영으로 돌아왔지만 "나라를 빼앗긴 탓에 처참하게 인생마저 짓밟혔던 나는 해방이 됐어도 더 이상 되찾을 것이 없었다. 이 나라 어디에서 풋풋한 내 청춘과 맑은 내 영혼, 소중한 내 인생을 되돌려 달라고 울며 매달릴 곳은 없었다."(경상남도교육청, 2013: 38)고 당시의 상황을 회고하고 있다.

일제강점기에 어린 나이의 여성들은 '위안부'로 끌려가지 않으려고 일단 집안에서 정해준 남편과 혼인신고부터 하는 경우도 있었다. 일본군 '위안부'로 끌려간 여성 중에는 통영, 거제 지역 등 경남출신이 많은데 이는 일본과 인접하다는 지리적인 이유에 의한 것이다. 이처럼 일제강점기 당시 여성은 식민지 상황과 가부장적 질서라는 이중의 어려움 속에서 살았다. 그러나 그들이 수동적으로만 살았던 것은 아니다. 일제시기와 해방 전후의 경남여성의 삶과 도전의 역사는 어떠했는지 좀 더 구체적으로 살펴보자.

해방 이전의 경남여성

여성 상황

경남지역은 일본과 가까운 지리적 특성으로 1876년 개항 이래 부산을 비롯하여 마산 등의 해안 지역이 일찍이 근대화됐고 도시화됐다. 수산업과 상업의 발전에 따라 근대적 제조업도 발달했다. 양산의 통도사, 합천의 해인사 등 한국의 삼보 사찰 중 두 곳이 경남에 위치하여 전통적인 불교 문화와 더불어 일신여학교 등 기독교를 기반으로 한 서구 사상도 빠른 속도로 확산됐다.

원래 경남의 행정 중심지는 진주였다. 그런데 일본이 들어오게 되면서 인구가 많고 근대적 상업이 번성하며 일본인의 거주자가 많은 지역을 중심으로 행정구역을 편제했고, 마산과 부산이 경남의 중심이 됐다. 이 시기에 일본의 경제 문화가 빠르게 유입됐으며 서구의 문물도 함께 들어왔는데, 이러한 당시의 사회문화적 특성은 여성의 삶과 생활에 영향을 미쳤다.

1930년대 농촌은 만성적인 빈곤상태에 있었다. 이러한 빈곤은 전업농가와 겸업농가 비율이 90% 이상을 차지하고 있던 남부지방, 특히 경상도 지역에서 두드러졌으며 경남지역은 도시로의 전출 비율이 지속적으로 가

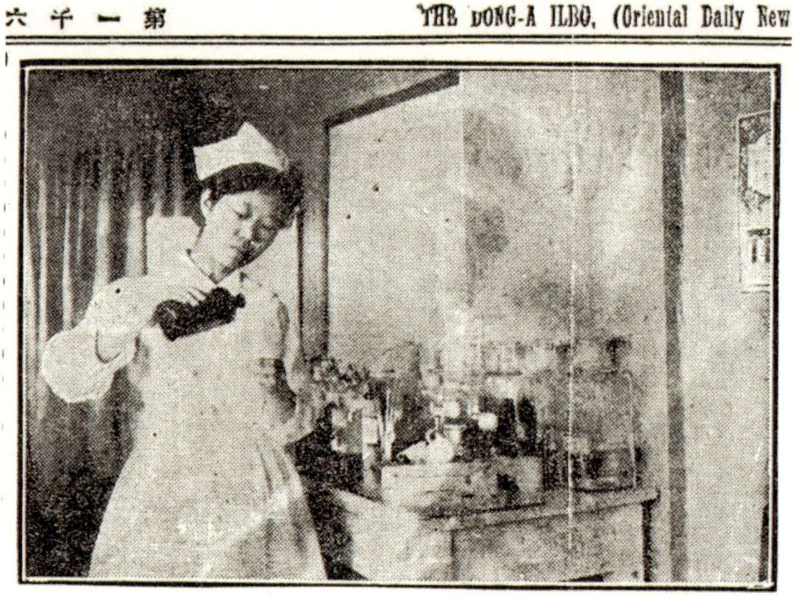

한신광(간호부의 생활, 태화진찰소), 동아일보, 1925년 3월 18일.

장 높게 나타난 지역이었다(유숙란, 2004: 65). 일제강점기 경남지역 여성의 어려운 생활상을 단적으로 보여주는 사례로 《조선일보》1935. 2. 6. 보도를 보면, 단원이 8명이나 되는 농촌부녀 중심의 대규모 절도단이 사천경찰서에서 엄중한 취조를 받고 있다고 되어 있다. 이들은 2월 11일에 진주검사국으로 보내졌는데 그들의 절도 건수가 수백 건에 이를 정도였다. 당시 여성들은 한 푼이라도 더 벌려고 공사장으로 나가야 했다. 마산의 하천 개수 공사장 12시간 노동에 임금이 겨우 20전, 30전이었지만 많은 여성들이 그 일을 하지 않으면 안 됐다(조선일보, 1935. 3. 13.).

이 시기 마산에서는 생활난과 가정불화로 십여 건의 자살 사건이 일어나 민심이 불안할 정도였다. 김또문46세의 부인인 림말생28세이 치마끈으로 목을 매 자살했는데, 그 이유가 7명의 식구가 남편의 어부 생활로 연명하던 중 남편이 출어 후에 돌아오지 않자 자살했다는 것이다(조선일보, 1935. 6. 11.). 이때는 일본 미쯔이삼정 재벌이 부산 고무 제조업에 통제를 심화하는 가운데 삼화계 고무여공 대파업 등 심각한 경제 불황이 경남지역 사회의 불안과 맞물려 있던 시기이기도 하다(신영숙, 2011: 5~6). 또한 일본의 유곽이나 공창제가 해안지역이나 수산업, 상업이 발달한 곳에 빠르게 확산되어 갔다.

여성단체와 여성 활동

3·1운동 이후 일제의 다소 완화된 문화 통치는 각계각층 부문 운동의 활성화를 가져왔다. 이는 여성운동에도 영향을 미쳐 경남에서도 비밀결사단체와 사상단체가 출현했으며 1920년대에는 야학이나 생활개선운동 등 여성단체 활동이 시·군별로 활발했다. 그 배경에는 이미 조직 활동을 해오던 교회와 청년 중심의 기독교여성단체들, 사회주의단체들이 있었다.

• 경남의 유래

경남이 지금의 행정구역 이름으로 등장하여 확정된 것은 조선조 말엽인 1896년이다. 8월 4일 칙령 제36호로 지방제도 관제 등을 개정하여 종전 23부를 13도로 바꿀 때 경상도가 남·북 2개 도로 나누어진 것이다. 1914년 3월 2부 19군으로 개편됐고 1925년 4월에는 도청이 진주에서 부산으로 이전됐다.

1939년 10월 3부 19군이 됐으나 1949년 8월 지방자치법 시행에 따라 부산시, 마산시, 진주시로 개칭하여 3시 19군이 됐다. 1963년 1월 1일 부산이 정부직할시로 승격됐고 그 후 울산이 분리됐다. 1995년에는 시·군 통합을 했고 2010년에 마산, 진해, 창원이 통합 창원시로 되어 현재에는 8개 시, 10개 군, 318개 읍·면·동으로 이루어져 있다.

자료: 경남도정백년사편찬위원회(1996: 61) 참조하여 작성함

해방 직후 여성들의 사회상과 일상생활

해방 직후 정치·사회 상황과 인구

열악한 경제사정

1945년 8월 15일 해방이 되자 한국은 일제의 지배에서 벗어났다. 경성 중앙방송국과 지방방송국은 일본 동경방송국으로부터 중계되는 일본왕의 항복방송을 중계했다. 해방 당시 진주 부청현 시청에 근무했고 훗날 전향한 공산당의 여성 조직요원 소정자는 8월 15일 당일 출근해서 해방이 됐음을 알았다.

> 드디어 일본 천황의 떨리는 목소리는 전파를 타고 항복을 선포했다. 이 순간 방송을 듣고 있던 부윤을 비롯한 일본인 관리들은 저마다 손수건을 꺼내어 눈을 가리우고 어깨를 흔들며 울고 섰고 어리둥절해진 우리네 직원들은 마치 문상객같이 되어 버렸다. 그 시각부터 일본인들은 주인 행세는 끝낸 셈이고 눈알을 굴려 대던 교만한 얼굴도 순식간에 저마다 공포에 쌓인 얼굴로 변했다. 이날 밤에는 집집마다 전등불을 내달아서 오래간만에 시내가 환한

불빛으로 밝았다. 사방에서 환성과 노래와 장구소리가 나라를 되찾는 해방의 날을 축복했다.(소정자, 1966: 20)

해방 직후의 분위기는 당시 여성들의 삶을 보여주는 아래 글•을 통해 알 수 있는데 통신매체가 없어서 해방 당일 해방이 됐음을 아는 경우는 많지 않았다.

광복일은 8월 15일이지만 당일에 광복이 됐음을 알지는 못했다. 통신매체가 없었기 때문에 다음날 아버지께서 광복이 됐음을 알려 주셨고 마을 사람들 모두 축제 분위기였다. 거리가 시끌벅적했고 집집마다 태극기를 문에 달아 놓았다. 초등학교에서 한글을 배울 수 있었고 유리코였던 이름은 더 이상 쓰지 않아도 됐고 내 원래 이름을 쓸 수 있게 됐다. 아버지와 함께 장터에 나가면 군복을 입고 있는 미군들을 종종 볼 수 있었는데 무섭고 별로 마주치고 싶지 않았다. 어른들도 거의 그들을 좋게 보지 않았다. 또래 아이들이 그들에게 호기심으로 다가가기도 했지만 아버지는 내게 항상 절대 그러지 말라고 당부하셨다.(고성 출생, 1938)

진주 명석면에서도 당시 라디오 보급이 적어 당일에는 아무것도 몰랐

• 경상대학교 교양강좌 '여성과 사회'(2011년 2학기와 2014년 2학기, 이혜숙 담당)에서 70세 이상의 경남여성을 심층면접해서 당시의 상황을 파악해 보는 '기억과 생애사로 본 경남여성의 삶과 역사'(1945년~1960년대) 과제물 자료이다. 과제물 사용에 대해서는 미리 학생들의 동의를 구했으며 이하 이 글에서 이러한 과제물을 인용할 때는 조사대상자 이름은 생략하고 출생지와 출생년도만을 표시했다.

고, 진주 시내로부터 소식을 듣게 된 해방 3일째인 17일에야 본격적으로 만세 소리가 터져 나왔다(명석면사추진편찬위원회, 2000: 187~188). 그러나 해방 공간에서 한국 사회는 국가의 앞날을 어떻게 운영할 것인가에 대한 의견이 좌파와 우파로 나뉘면서 어려움을 겪게 됐고 경남여성의 삶도 이러한 정치사회적 상황과 관련지어 볼 수 있다.

해방 당시 남한 인구는 약 1,606만 명이었으나 1949년에는 약 400만 명이 증가하여 5.4%의 인구 증가율을 보였다. 경남의 인구 증가율은 7.45%로 전국의 증가율보다 훨씬 높았다. 1949년 경남 인구는 약 314만 명으로 전국 인구의 15.5%를 점유하고 있었다. 시·군별로 보면 마산시가 13.5%로 가장 높은 인구 증가율을 나타냈고 진주와 부산이 각각 9.1%의 인구 증가율을 기록했다(경남도정백년사 편찬위원회, 1996: 116). 또 군 지역에서도 전국의 증가율보다 인구 증가율이 높은 지역이 많았다. 이는 해외에서 돌아온 동포들, 특히 일본에서 귀환한 동포들 가운데 경남 출신이 많아 그들이 고향인 경남에 정착했기 때문이라 볼 수 있다.

해방이 되자 경제적으로 공업생산이 급격하게 위축됐고 물가의 상승과 실질임금의 저하, 극도의 식량난으로 인해 경제 사정은 매우 열악했다. 해방 이후 나타난 상황들은 가뜩이나 어려운 처지에 있는 여성들을 더욱 위축시키는 결과를 가져왔다. 식민지 시절부터 남성들보다 정치적으로나 경제적, 사회적으로 더 열악한 환경에 처해 있던 여성들은 해방 이후에도 여전히 열세였다.

해방 직후 사회경제적 상태를 보면 그 당시 농업인구가 약 91%를 차지

했는데, 농촌 여성들은 피폐한 농촌 상황에서 가사, 육아 등의 가내 노동을 전담하는 이중 삼중의 노동을 수행하고 있었다. 또한 여성들은 남성들에 비해 직업을 갖는데 불리한 위치에 있었다. 임금 수준도 남성보다 낮았다. 여성노동자는 남성에 비해 실업의 위기에 더욱 노출되어 있었으며 주로 노동집약적인 부문에서 저임금으로 생활하고 있었다. 당시 여성들의 사회경제적 상태가 매우 열악했다는 사실은 "봉건적 노예생활에서 착취, 압박, 빈궁, 실업, 무지와 미신과 몽매에서 굶주렸으며 신음했고 허덕였으며 시어머니의 혹독한 간섭과 남자의 무리한 일방적 압제와 가정적 구속 밑에서 인간 수준 이하의 생활을 감수하는 비참한 형편이었다."라는 《여성공론》 1945에 실린 이순금의 글에서 잘 나타나고 있다. 1946년 6월의 경남여성 노동자 수는 13,756명으로 전체 노동자의 28.7%를 차지하고 있다.

동아일보 삽화, 1929년.

여성의 높은 문맹률

여성의 학력을 살펴보면, 초등학교를 아예 못 다닌 경우도 있고 중간에 그만둔 경우도 많았다. 비교적 부유한 가정에서 자란 여성의 경우에도 "'여자들은 시집만 가면 된다'는 사회적 통념 때문에 초등학교밖에 나오지 못했다."라는 말처럼 여성을 많이 가르칠 필요가 없다는 분위기였다.

여성들은 흰색과 검정색으로 된 단순한 한복을 많이 입었고 가슴이 나

마산공립고등여학교 개교식, 경상남도교육청, 1921년.

오지 않게 붕대로 가슴을 쪼여 매고 한복을 입었다. 머리는 길고, 검은 치마를 입거나 흰 베를 물들여서 색을 입혀서 입었다. 여성들은 어려서부터 여러 가지 가사노동을 담당한 반면 오빠나 남동생들은 공부를 위해 시내에서 하숙을 시켜 주는 등 집안의 적극적인 지원을 받았다.

1944년 총독부의 조사에 따르면 남성의 미취학률이 76.68%인 데 반해 여성의 미취학률은 95.3%이었다. 실제로 해방 후에도 여성들의 미취학률과 문맹률은 대단히 높았다. 1947년 7월 말을 기준으로 여성의 문맹률은 여성인구의 53%로 남성의 문맹률 30%에 비하여 높은 수치를 기록하고 있다. 《조선경제연보》1948에 따르면 경남의 경우에도 총 610,762명의 문맹자 중에서 남성이 252,825명인 것에 비해 여성은 357,937명에 달하고 있다.

하모니카촌

경남은 해방 후 해외로부터 귀환한 사람들이 많았는데 이들은 '우환동포'라고 불리기도 했다. 마산에서만 약 2만 5천명으로 추산되는데 그들은 대부분 일본에서 귀국한 사람들로 마산 인근의 농촌인 창원군, 함안군, 의령군 등의 출신들이었다. 귀국 직후에는 연고지로 갔으나 가난한 농촌 현실 때문에 도시지역으로 나온 사람들이있다. 그들은 대부분 신포동과 월포동, 중앙동 등에 있었던 일본군 창고와 노동자들의 숙소, 그리고 회원동에 있었던 일본군 말 사육장의 마구간에서 살았다.

남기섭, 귀환동포 아이들과 넝마주이, 1946년.

처음에는 한 창고 안에서 15~20가구가 칸막이도 없이 살았다. 밑바닥에는 헌 가마니나 짚, 판자 조각 등을 깔았고, 비가 새는 지붕 밑에서 누더기 같은 이불이나 담요를 덮고 잤다. 조금 지나면서 판자를 주워다 칸을 막으니 그 모양이 하모니카 같다 하여 회원동 '하모니카촌'이라 불렀다. 어른들은 주로 하루하루 막노동을 했고, 아이들은 아이스크림 장사나 구두닦이, 심지어 넝마주이를 하거나 구걸하러 나서기까지 했다. 여성

하모니카촌, 1950년대.

들은 운이 좋으면 방직공장이나 제지회사, 성냥공장 등에 취업했고, 그렇지 않으면 빈 논밭이나 산과 들로 다니면서 이삭을 줍거나 나물도 캐곤 했다(마산·창원지역사회연구회, 2003: 277~279).

여성들의 결혼과 가정생활

가정생활과 시집살이

가정생활을 보면 대개 남녀끼리 겸상을 하지 않아 남자는 남자끼리 여자는 여자끼리 늘 밥을 따로 먹었다. 남편을 잃은 사람들도 많았는데 재혼 같은 것은 쉽지 않았다. 다른 남자들 이야기를 하거나 다른 남자들과 친하게 지내기만 해도 이상한 소문이 나돌았다. 남편이 죽고 끼니 걱정하면서 살다가 두 번째 결혼을 하더라도 대개 결혼식은 생각도 못했다. 또 혼수를 안 해 왔다고, 혹은 남편을 간섭한다고, 아들을 못 낳는다고 구박을 많이 받았다. 아파서 며칠을 일어나지 못한 적이 있어도 대개 친정식구는 출가외인이라는 이유로 나서지 않았고, 동네 사람들은 누구도 남편의 폭행이나 시어머니의 폭언과 멸시를 말리려 하지 않았다.

여성으로서 제일 힘든 시기는 시집을 간 후였다. 어린 나이에 가족에게 등 떠밀려 시집을 가자마자 구박을 당했다. '밥그릇을 안 해 왔다, 좋은 예물하나 안 바쳤다'하면서 사람 취급을 안 해 줬다. 게다가 '애를 못 낳는다, 밥값을 못 한다' 등의 모욕적인 말로 구박을 많이 했는데 그 시기에 첫아이로 남자아이를 낳지 않았더라면 이미 쫓겨났을 지도 모른다. 딸을 낳았을 때는 시어머니가 굉장히 미워했다.(일본 출생, 1939)·

대가족이 모여 살다 보니 살림이 넉넉지 못하여 농사 외에 산이며 강이며 다니며 송충이를 잡아 팔고, 이끼를 끊어 팔고, 미꾸라지를 잡아 팔고, 재첩 잡아 팔러 다니고, 달걀 1개가 나오면 밀가루 2개를 풀어서 먹었는데 이것도 사람이 많다 보니 넉넉하게 먹지 못하고 늘 모자랐다. 겨울에 할 수 있는 게 별로 없을 때는 남의 집에 가서 일해 주며 품삯을 받거나 식재료를 받아 오는 등

어렵게 생활을 이어 갔다.(남해 출생, 1939)·

교육받지 못한 여성들은 여전히 많았고 여성들을 옥죄는 전통적인 인습도 계속됐다. 이 당시 결혼은 아들을 출산하여 가문을 유지하는 데 큰 목적을 두는 전통사회의 모습이 남아 있었다. 그리고 일정한 연령에 도달한 남녀는 결혼을 해야 한다는 결혼 규범이 인간으로서 필수적으로 거쳐야 하는 통과의례로 자연스럽게 받아들여졌다.

당시 여성들의 일상생활을 살펴보면 "18세에 시집을 가던 당시에 그 마을에서 가장 마지막에 시집을 간 사람이었다."(밀양 출생, 1928)고 회상하고 있는 것처럼 대개 18세 이전에 결혼을 하는 경우가 많았다. 또 거의가 다 중매로 결혼을 했다. 당시에는 피임법이 발달하지 않아서 임신을 하면 하는 대로 아이를 낳아서 대개 자녀는 7~8명을 두었다.

당시 여성들은 남편들의 축첩 횡포에 시달리면서 일방적으로 봉건적 정조이데올로기를 요구받고 있었다. 여성이 아이를 낳지 못하면 '작은댁'이라는 첩을 두고 살림을 차리는 경우가 종종 있었으며 본처는 아이를 낳지 못한 죄책감으로 '작은댁'에게 고마움을 가지는 경우도 있었다.

주위에 아들을 못 낳아서 소박을 맞거나 혹은 둘째 부인을 들이는 일도 잦았다. 첫째 부인이 아들을 낳지 못한 죄책감으로 직접 둘째 부인을 골라서 들이는 일도 허다했다. 요즘에야 그렇지 않지만 당시 아들을 못 낳은 것은 마치 죄짓거나 혹은 여자구실을 제대로 못하는 것으로 비추어졌다.(사천 출생, 1928)·

남강에서 물을 길어 가는 아낙네들, 진주시청, 1950년대.

여성들의 가사노동 기억

농촌 여성들은 빈곤 속에서 생계를 이끌어 가기 위해 과중한 노동을 담당하며 체념과 복종 속에서 살아가고 있었다. 특히 농촌은 도시에 비해 가부장제가 한층 뿌리 깊었기 때문에 부부가 한께 늦도록 농사일을 히고 집에 돌아와도 밥 짓고 빨래하고 시부모 봉양하고 아이를 키우는 일은 온전히 여성의 몫이었다.

> 집에 오자마자 또 농사일, 집안일의 반복이었다. 매일 도리깨로 보리쌀 타작에 얼음물 빨래에 설거지에 손이 마를 날이 없었다. 산에 가서 나무를 하는 것도 몫이었다. 겨울에는 물옷을 입고 말밤을 깨서 떡과 묵을 해 먹고 물에 사는 잘피를 채취하여 죽을 끓여 먹었다.(창녕 출생, 1929).

낮에는 남의 집에서 봉사하시거나 품앗이를 하며 생계를 이어갔고 새벽과 저녁에는 집의 농사일을 맡아 했다. 그 외에는 소와 돼지 등을 키웠고 농한기 일거리가 없을 때에는 바닷가에서 게를 잡아서 젓갈을 담가 해산물이 부족한 산골로 가서 판매하며 자식을 공부시켰다.(사천 출생 1941)·

절구로 보리 찧는 게 제일 힘들었다. 보리를 세 번 네 번 찧어야 밥해 먹을 수 있는 정도가 되니까 그걸 다 하고 나면 손에 경련이 나서 계속 떨리고 그랬다. 이렇게 보리를 찧어서 쌀이랑 좀 섞은 거는 어른이나 남편, 자식들 주고, 보리가 대부분인 밥은 내가 먹었다.(통영 출생, 1936)·

아침마다 동네 공동 우물가에 가서 아침에 10동이, 저녁에 10동이가량, 즉 하루에 20동이를 혼자서 가지고 와서 부엌 입구에 큰 단지에 부어서 온 가족이 썼다. 빨래는 거의 강 주변에서 했다. 밥은 주로 벼 껍질을 불에 붙여서 풍로를 돌려서 밥을 했다.(밀양 출생, 1942)·

공창

가장 비참한 상황에 놓여 있던 여성들은 공창公娼이었다. 공창은 외부와 격리된 지역에 성매매자를 집중시켜 그것을 유곽遊廓이라 하고, 그 유곽 안에서만 성을 팔 수 있게 하는 제도이다. 일제에 의해 만들어진 공창公娼

제도는 당시 빈곤했던 수많은 여성들이 성을 팔아 생계를 이어나가는 수단이 됐다. 1947년 10월 20일 전국 공창의 분포 상태를 보면 총 2,124명이 있었다고 조사됐다. 서울이 732명으로 전국 총수의 34%를 차지했고 주로 대도시와 항구 도시에 밀집되어 있었다. 경남은 총 600명으로 그중 부산이 75%인 450명이었고, 진해에 50명, 진주에 40명, 마산에 40명, 울산에 20명이었다(보건사회부, 1987: 59).

미군정의 여성정책

해방 직후부터 1948년 8월 15일 한국 정부수립까지 미국은 38선 이남을 군사점령하고 직접 통치했다. 한편 38선 이북에는 소련군이 점령했다. 미군정이 존재했던 시기는 한국 사회구조가 재편되고 분단구조가 형성되던 시기였는데 이러한 과정은 여성의 삶의 양식에도 깊은 영향을 미쳤다.

미군정의 여성정책은 남녀평등의 민주주의 질서 확립이라는 목표하에서 추진됐으나, 구체적인 준비나 대안이 없는 상태에서 전개됨으로써 많은 문제를 야기하기도 했다. 그뿐만 아니라 자본주의 사회로의 재편이라는 점령의 기본 목표를 관철시키는 과정에서 미군정 정책의 중심은 정부수립과 관련된 정치적 문제를 해결하고 이를 위한 정치사회적 안정을 꾀하는 것이었다. 여성문제는 정치, 경제적 문제에 비해 부차적인 위치를 점하는 것이었다. 따라서 정치, 경제, 사회, 문화, 제반 분야에서 여성의 지위를 향상시키고 여성의 권익을 옹호한다는 미군정의 여성정책은 정치 분야의 정책 추진 과정에서 여성의 지지와 참여를 이끌어 내려는 목적이 보다 강했다.

공창 폐지

해방된 지 1년 만에 미군정은 인신매매를 금지하는 법령 제70호 〈부녀자의 매매 또는 그 매매계약의 금지〉를 공포했다. 이 법령은 발표되자마자 처음에는 공창제도의 즉각적인 폐지로 인식되어 환영받았다. 그러나 단지 부녀자들의 인신매매만 금지할 뿐 공창 자체를 폐지한 것이 아니었다. 더구나 포주의 손아귀를 벗어난 '창기娼妓'들의 생계에 대해서는 아무런 대책을 세우지 않아서 혼란이 많았다.

1947년 8월에는 조선과도입법의원에서 공창폐지법을 통과시키고 군정장관의 인준을 요청했으나 '창기'들과 포주들의 반대운동이 거세게 전개됐다. 군정 당국도 이에 대한 구체적인 안을 갖고 있지 않은 상황에서 일이 지체됐다. 그러나 계속 전개된 공창제 폐지 요구로 마침내 1947년 11월 14일자로 공창폐지령이 공포됐고 1948년 2월 14일부터 효력이 발생됐다. 공창제가 폐지되기까지는 줄기차게 공창제 폐지를 주장해 온 여성단체들의 요구가 중요한 역할을 했다고 할 수 있다.

좌우익 여성단체는 정치적, 사회적 입장에서는 첨예하게 대립했지만 공창제 폐지라는 목표를 위해서는 비교적 한 목소리를 내고 연대했다.

부녀행정의 시작

부녀국의 설치

미군정은 역사상 처음으로 행정부서 내에 여성 관련 업무만을 전담하는 부서를 설치했다. 1946년 9월 14일 보건후생부 내에 부녀국이 설치된 것이다. 부녀국의 직능 및 임무는 정치, 경제, 사회, 문화 전반에 걸쳐 있었

공창을 폐지해야 하는 여덟 가지 이유

공창제도와 축첩, 빨리 폐지하라

첫째, 공창제도는 아편과 노예문제와 같이 국가적으로 중요시하여 전 세계가 공창을 폐지했는데도 불구하고 조선만이 존속함.

둘째, 공창제도를 세계 각국이 폐지한 이래 풍기, 교육, 위생상 양호한 효과를 낸 것은 과학자가 연구한 통계와 현실이 이를 증명함.

셋째, 공창제도는 인도·정의와 국제 조약상 폐지하여야 할 뿐만 아니라 위생상으로 보아도 직간접으로 화류병의 매개물이 됨.

넷째, 공창제도는 부녀의 인격을 무시하고 여자의 정조를 일개 물품시한 노예시장으로 봉건적 유물인 여성모독의 패덕적 악풍임.

다섯째, 공창은 자자녀교육과 공중위생과 사회풍기상 견지에서 절대적으로 응허허락치 못할 극악極惡 비도非道인 남자 전제의 한 폭력적 야만제도임.

여섯째, 공창은 유흥도식徒食과 불노안일不勞安逸의 근성을 조장하며, 사회범죄의 근원이 되는 향락적 타락생활을 유발한 인간의 자살적 제도임.

일곱째, 공창은 매음·매창이 자아 모독적 행위인 줄 알지 못하고 사회생활상 당연한 권리인 줄 알게 하는 패륜행동의 방조적 제도임.

여덟째, 공창은 일부일처一夫一妻의 대륜大倫과 가정화락을 파괴케 하는 강간적인 정조매매와 축첩蓄妾, 접기接妓의 범죄를 정부가 명하는 교사敎唆적 제도임.

자료: 여성신문, 1947년 6월 6일.

으나 실제 활동은 여성에 대한 계몽활동이 대부분이었다. 부녀국은 주로 신생활에 대한 선전과 강연회 개최, 여성 지도자를 육성하는 데 주력했다. 또한 부녀국의 활동에 대한 홍보와 함께 여성의 적극적인 지지와 참여를 이끌어 내려고 했다. 부녀국은 미군정기 동안 어머니학교를 통한 계몽사업, 생활개선 포스터 배부 등의 사업을 했다. 1947년 1월부터는 계몽을 목적으로 한 월간지 《새살림》을 발간하기도 했다. 1949년에는 부녀국 산하에 생활개선과1955년 2월 생활과로 개칭를 신설하여 신생활 업무를 관장하게 했다.

미군정은 부녀국을 통해 여성운동단체의 활동에 적극적으로 개입했다. 부녀국은 다양한 여성계몽활동을 했으며 여성운동단체들을 부녀국에 등록하도록 유도했다. 이러한 과정을 통해 미군정은 좌익여성운동단체는 억압하고 우익여성운동단체는 지원했다.

경상남도 부녀계

1946년 12월 9일 경상남도 도청에서 부녀계 설치를 위한 좌담회를 개최했는데 좌담회 개최의 가장 중요한 목표는 부녀국의 지방조직실행위원회를 구성하는 일이었다. 대개 지방 유지, 특히 도지사 부인이나 우익여성단체에서 활동하던 이들이 위원장으로 선출됐다. 경남은 실행위원장에 김로전이, 부위원장에 김필애, 방덕수를 포함한 25명이 선출됐다.

이러한 과정을 거쳐 1947년 10월 23일 경상남도 부녀계가 탄생됐다. 부녀자에 대한 문맹퇴치 강좌가 애국반 단위로 농한기와 야간을 이용해 실시됐다.

여성참정권의 실현

미군정기 여성의 정치활동과 법적 지위에 나타난 가장 커다란 변화는 여성에게도 남성과 동등하게 선거권이 주어졌다는 것이다. 1948년 3월 17일에 공포된 법률 175호 '국회의원선거법'에 근거하여 여성들에게 참정권이 주어졌다. 따라서 1948년 5월 10일에 시행된 제헌의회 선거에서 여성은 남성과 동등하게 선거권과 피선거권을 행사했다.

미군정기는 여성들이 정치활동 면에서 일정한 한계를 가지고 있었지만 정치의 주체로서 독자적인 정치세력화를 꾀할 수 있는 조건이 마련됐다는 점에서 의미가 있다. 남성과 동등하게 여성에게도 선거권과 피선거권이 주어졌고 여성 최초의 정당인 조선여자국민당이 조직됐다.

조선여자국민당은 임영신이 중심이 된 여성정당으로 1945년 8월 18일에 창립됐다. 지방조직을 착수하여 30만 명의 당원을 만들었으며, 반탁운동에 적극적으로 참여했다. 1947년 1월 기준으로 조선여자국민당 전국 지부는 24개, 회원 수는 12,250명이었는데 진주 4,500명, 밀양 1,850명, 고성 5,900명이었다(양동숙, 2010a; 37).

여성들의 참정권은 참정권 획득을 위한 투쟁 과정에서 이루어진 것이 아니라 남한 단독선거를 준비하는 과정에서 '민주주의 질서 확립'을 내건 미군정에 의해 주어진 측면이 크다. 참정권 이외에 다른 부분에서의 여성들의 법적 지위는 일제강점기 시대와 다를 바 없었다.

초대 부녀국장 일행의 지방순회, 보건사회부, 1947년.

정부수립과 여성

미국은 해방 직후 38선 이남을 군사점령하여 직접 통치했고 자신의 이해를 관철시키기 위한 점령정책을 수행했다. 미국의 점령정책의 기본 입장은 장기적인 지배를 위한 정치사회적 안정 유지와 자본주의 체제의 확립에 있었다. 1947년 미국은 남한만의 단독정부 수립을 적극적으로 고려하게 되며 이승만을 중심으로 하는 세력은 이미 그전부터 단독정부 노선을 추구하고 있었다. 1947년 5월에 제2차 미소공동위원회가 결렬되자 미국은 한국문제를 유엔UN에 이관하여 유엔감시하의 남북한 총선거를 주장했다.

북한은 1946년 2월에 김일성을 위원장으로 하는 북조선임시위원회의를 설립하고, 그해 8월에 북조선노동당을, 1947년에 북조선인민위원회를 결성하는 등 나름대로 체제를 정비해 왔기 때문에 유엔감시하의 남북한 총선거를 거부했고 이승만과 한민당 세력은 남한만의 단독정부 수립안을 적극적으로 지지했다. 이러한 과정에서 4·3사건 등 많은 반발이 일어났으며 이에 대한 탄압 또한 강하게 일어났다. 1948년 5·10선거는 좌익세력의 방해와 김구·김규식을 중심으로 하는 남북협상파의 불참 속에서 진행됐는데, 이승만과 한민당을 중심으로 하는 우익세력이 승리했다. 그 결과 1948년 8월 15일에는 남한만의 단독정부인 대한민국이 수립됐고 9월

9일에는 북한에도 조선민주주의인민공화국이 들어섰다.

해방 후 여성계가 노력하여 1946년 12월에 이른바 과도입법 의원으로 박승호, 황신덕, 박현숙, 신의경 등 4명의 여성 관선의원을 나오게 했다. 그러나 1948년 5·10총선에 대한여자국민당 당원 10여 명이 출마했으나 전원 낙선이라는 고배를 마셨다. 그래도 정부수립 때 여자국민당 당수였던 임영신이 초대 상공부 장관에 취임하고 그 외에도 초대감찰위원에 박현숙이, 내무부 치안국 여자경찰과장에 황현숙이 취임하는 등 국민당원이 다수 임명됐다. 그뿐만 아니라 1949년 1월 임영신이 제헌국회 보궐선거에서 당선됨으로써 최초의 여성국회의원이 되는 성과를 이어갔다. 1950년 5.30총선에서도 임영신, 박순천이 의원으로 당선되고, 8월에는 김활란이 3대 공보부처장에, 9월 여군창설 때에는 김현숙 소령이 임명되기도 했다.

1948년 5·10선거 여성 입후보자에 대한 경남지역 현황을 살펴보면 경남 부산 정구에서 무소속으로 김필애가, 경남 울산 갑구에서 독촉부인회 소속으로 최정선, 이정숙이 입후보했다. 1950년 5월 30일 여성 입후보자 명단을 보면 경남 부산 을구에서 무소속으로 양한나가, 경남 마산에서 대한부인회 한신광이 나왔다. 당시 마산시 선거구에서는 1명을 뽑는데 모두 23명의 후보자가 등록하여 심한 혼전을 벌였고 한신광은 총 650표를 얻어 14위로 선거에 패했다.

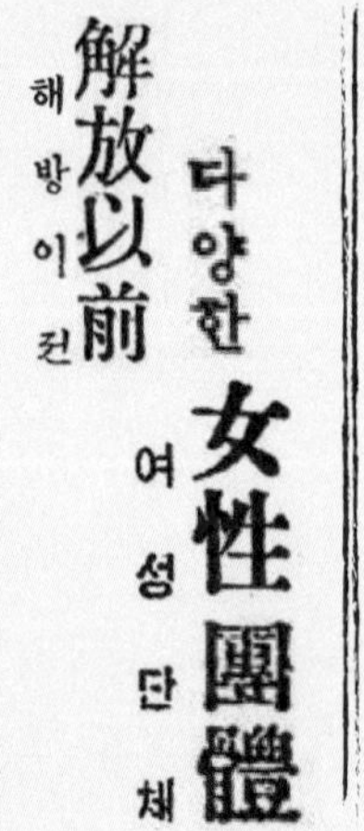
解放以前(해방이전) 다양한 女性團體(여성단체)

양산부인회는 1922년에 결성됐는데 여성의 권익을 보호하고 지역을 계몽하는 활동을 주로 했으나 항일단체의 성격도 띠고 있었다. 권은해, 배기영, 김진자, 곽인순, 엄양필 등이 주축이 됐다. 진주여자청년회는 고복순, 박정순, 신봉금이 1925년 12월 4일에 발기회를 개최하고 12월 8일에 조선일보 지국에서 창립총회를 가졌다(조선일보, 1925. 12. 12.).

이 시기 경남의 여성단체 활동은 신영숙(2011: 22~24)의 '일제시기 경남여성의 일상과 여성운동'의 글에 잘 정리되어 있다. 그 글을 중심으로 살펴보면 1926년 1월 11일 통영여청 임시총회에서는 임원을 개선하여 회장에 권순이, 총무에 신경애, 서기에 최덕지, 박영자 등을 선출했다. 1927년 3월 8일에 고성여자청년회에서는 "여자해방은 경제 독립에"라는 주제로 기념강연을 개최했다. 이러한 경남의 여성단체들은 이후에도 30년대까지 비교적 활발하게 활동했다.

1931년 1월 16일에 진해부인회는 창립총회를 열고 50여 명 회원들이 모여 가정생활 개선, 가정교육 개선, 미신타파와 상호부조, 상식보급의 건에 대해 토의했다. 2월 14일에는 가정문제 강연회를 개최했다. 1931년 3월 30일에는 울산부인상회가, 1931년 4월 3일에는 통영부인상회가 이익금을 재만 동포에게 기부하기도 했다. 이 같은 자선 기부는 1933년 7월 경남 각지 수해 이재민에게 계속됐다. 부산 초량 노부인회에서는 의복과 백미를 기증했고 진해부인회에서는 회원 백여 명이 구제금품을 모집하여 성과를 올렸다. 이상과 같은 여성단체 활동은 그 범위가 생활개선운동은 물론 수재민 및 재만동포 구호, 그리고 부인상회 등을 통한 경제활동에 이르기까지 다양했다. 이처럼 다양한 여성단체 활동은 지역과 시기에 따라 전개됐는데 이 같은 운동은 기독교계 민족주의 여성들에 의해 이뤄지고 있었다.

여자청년회이하 '여청'이라 함 등 여성운동단체도 지역별로 활발하게 조직됐다. 가장 먼저 1920년 10월에 김해여청이 창립된 것을 시작으로 1921년 5월에 동래여청, 그해 6월에 부산여청, 9월에 기장여청, 같은 해 밀양여청, 1922년 2월에 부산중앙여청, 1925년 1월에 김해 북광회, 그해 3월에 하동부인회, 같은 해 8월에 통영여청과 통영프로여성동맹, 그리고 그해 12월에 진주여청과 진영여청, 1926년 1월에 하동여청과 적광회, 이어 그해 5월에 고성여청과 고성 여성각성회, 7월에 고성여청동맹, 같은 달 창원여청동맹, 1927년 4월에 울산여청 등의 순서로 조직됐다.

이밖에도 김해 신진여자회를 비롯해 동래지역에서 구포여청과 수영여청 및 부산진여기청이 활동했고 창원에서도 프로여성동맹이 활동하는 등 경남지역 일대에서 여자청년단체들이 조직되어 활발히 활동했다. 이들 단체는 사상단체이거나 사회주의자와 밀접한 관련이 있었다. 이들 단체 중 특히 동래와 부산은 청년연맹이 결성될 때 3개 이상의 청년여성단체가 동시에 가맹했고, 하동을 비롯해 고성, 창원, 진영, 울산지역은 청년연맹이 결성된 후 조직되어 가맹한 여성청년단체였다(박혜란, 1993: 66).

근우회 경남지회

한편 경남지역에서는 근우회도 활발히 활동했다. 일제 최대의 여성 조직이라고 하는 근우회는 1926년 12월에 김활란, 손메레, 방신영 등 조선여자기독교청년회연합회의 민족주의계 여성과 정종명 등 사회주의계 여성들이 일본 유학생들의 귀국에 맞춰 근우회 통합의 계기를 촉발시킨 데서 비롯됐다. 마침 1927년에 신간회가 조직된 데 이어 근우회도 전 조선여성의 통합조직으로 단결된 힘을 여성의 지위향상과 민족의 독립을 위해 투쟁하겠다고 선언하면서 5월에 창립했다. '무궁화 자매 모임'이라는 뜻의 근우회의 지도부에는 민족주의계 여성운동가와 사회주의계 여성운동가는 물론 여학생, 직업여성 등 신여성과 여성농민, 여성노동자, 전업주부에 이르기까지 각계각층의 여성이 회원으로 가입했다.

근우회 경남지회는 12개로 그 조직 수가 전국에서 가장 많았다. 이로 미루어 보아 근우회 경남지회는 전국적으로 가장 활발하게 활동했음을 알 수 있다. 1928년 3월 24일에 김해지회가 창립된 것을 시작으로 같은 해 4월 7일에 진주지회가 창립되고 같은 달 밀양지회가 창립되면서 본격적으로 활동하기 시작했다. 1928년 5월 19일에 동래지회가 창립됐는데, 동래지회는 같은 해 7월 14일에 동래지회 기장분회를 창립했다. 이어 1928년 6월 16일에 부산지회, 7월 1일에 하동지회가 창립됐다. 이듬해에도 근우회 지회조직은 계속 창립되어 1929년 3월 13일에 마산지회가 창립된 것을 시작으로 1929년 3월에 양산지회, 5월에 고성지회가 창립됐으며, 1929년 6월 3일에 통영지회가 창립됐다. 또한 1930년 10월 16일에는 울

전남고흥군(高興郡)의부고해참만(海蒼灣)을하등의관계가업는진남포부천의작(鎭南浦富田儀作)이 리권의풍부함을측문하고삽켜볼작정으로 대부출원을하얏든관계상지방주민에게일대파문을일으켯슬뿐아니라 동만은실로당지주민의사활문제가되느니만큼 중대한문제라 이래사오년간분투노력한결과지난칠일부로 인가가되어 수일전에당지에대부장이도착되엇슴으로지방주민은 안심하게되어 즉시석화양식조합을설립하야생산을증가시키며관매를일치케하리라한다

梁山槿友大會

지난십칠일에

【량산】근우회량산지회에서는 지난십칠일오후삼시에량산청년동맹회관에서 제이회정긔대회를위원장배긔영(裵基英)씨의사회로개회하고림시집행부로의장권은해(權銀海)서긔리정순(李貞順)량씨를선거한후 회원점명과경과보고와 결산보고가 잇슨후토의사항에들어가김영선(金榮善)씨로부터 의안의축조설명이잇섯고 실행방침은 신임집행위원회에일임하기로하고 집행위원십인을선거한후 동오시에폐회하얏다는데당일토의사항과대의원은다음과갓다한다

▲討議‖一、自體敎養의件 一、女子體育奬勵의件 一、女子消費組合設立의件 一、本部會館建築基金募集의件 一、支會道聯合會設立設置促成의件 ▲代議員‖裵基英 權銀海

근우회 양산지회, 동아일보, 1930년 3월 26일.

산지회가 창립됐다(김경현, 2012: 23).

1928년 4월 7일에 진주 근우지회가 설립됐는데 진주여자청년회 회원을 중심으로 조직됐다. 회원 50여 명과 방청인이 참석한 가운데 정현숙의 개회사를 시작으로 김해지회에서 김필애가 참석하여 축사를 했다. 최영실, 정현숙, 박덕실, 최정선, 박정순, 박기락, 성석순 등 13명의 위원이 선출됐다. 1929년 7월 22일에 진주 근우지회의 부녀야학에 폐쇄령이 내리는 등 경남도 당국의 압박이 있었다. 진주 근우지회에서는 계몽운동의 첫 시작으로 부녀자와 학교에 다니지 못하는 일반 소녀들의 문맹퇴치를 위해 근우야학을 개설하여 활동했다. 그런데 경남도에서 허가원을 제출하라고 한 뒤 17일에 돌연 폐쇄 명령을 내린 것이다(조선일보, 1929. 7. 22.). 8월에는 김해지회에도 야학 금지 명령을 내렸으며 10월에는 동래 각 단체를 수색했다.

결국 부산 근우지회에서 1931년 3월 24일 제4회 정기대회를 앞둔 17일에 해소를 토의했다. 일제의 적극적인 탄압과 내부 노선의 이견은 1930년부터 근우회 해소론을 야기시켰고, 끝내 이를 타개하지 못한 근우회가 신간회의 해소에 이어 유야무야됐다.

근우회 경남지역 지회는 중앙에도 진출하여 활약했다. 이를테면 진주의 성석순과 김해의 김필애 등이었다. 특히 김필애는 동경 유학 당시 삼월회의 사회주의 활동에도 가담한 바 있으며 기독교 민족주의 여성운동가이다. 또한 1929년 총회에서 박차정과 김선이 근우회 중앙 상무위원에 선출되고, 1936년에 조신성이 위원장에, 밀양의 윤치정이 집행위원장에 선출되는 등 지회 대표들이 중앙에 진출했다.(박용옥, 1996: 350~352).

그러나 신간회 해소에 대한 첫 제의가 부산 지회에서 언급됐고 이는 1930년 12월 이후 다른 지회로 번져 가서 근우회에도 영향을 미쳤다. 날로 심해지는 지회에 대한 일제 탄압도 견디기 힘들었다. 한 예로 1930년 2월 11일에 근우회 박차정이 경성 서대문경찰서의 의뢰로 고향인 동래서에 검거됐다.

解放以前 경남 주요女性인물

해방이전 경남 여성인물

박차정

민족의 해방과
여성의 해방을 위해
투쟁한 여성

1910년 5월 8일 경남 부산 동래 복천동에서 출생한 박차정은 1929년 2월 동래일신여학교현 동래여자고등학교를 졸업했다. 졸업한 이후 근우회 중앙 집행위원으로 출발하여 국내에서 여러 항일운동을 주도하다가 일제에 의해 옥고를 겪었다. 이후 중국으로 망명했으며 1931년 김원봉과 결혼했다. 이듬해 남편과 함께 조선혁명간부학교를 설립해 제1기 여자교관으로 활동했다. 또한 민족혁명당 부인회조선부인회를 결성하기도 했다.

박차정은 조선의용대 복무단장으로 중국 강서성 곤륜산에서 일본군과 전투 중 어깨에 총상을 입고 그 후유증으로 해방을 한 해 앞둔 1944년 만 34세의 나이로 순국했다(이송희: 1996). 정부는 1995년 광복 50주년을 맞아 박차정에게 대한민국 건국훈장 독립장을 추서했고, 국가보훈처는 박차정의 독립운동 활동 공적을 기려 '2006년 5월의 독립운동가'로 선정했다.

박차정.

권은해

일제강점기
양산 지역에서 활동한
사회주의 여성운동가

1903년 경남 양산의 민족주의적 성향이 강했던 집안에서 태어난 권은해는 명정의숙을 다니면서 항일의식을 지니게 되며 3·1운동에 참여했다. 1921년 6월에 기장여자청년회와 여자노동야학의 설립을 주도했고, 1922년에 양산 출신의 이상복과 결혼하면서 활동의 무대를 양산으로 옮긴 뒤 1922년 8월 30일에 양산부인회를 창립했다. 1929년 6월에는 양산근우회가 창립되는데 권은해는 창립대회 때 대회 의장을 맡아 여성운동 분야에서 활발한 활동을 했다. 1931년에 양산농민조합이 창립됐을 때는 농민조합 부녀부장의 일도 맡았다.

1930년대에 이르러 조선공산당에 입당하여 사회주의자로 활동했는데 해방이 된 후에는 더욱 적극적인 사회주의 여성운동가로 변신했다. 1946년 11월에 남조선노동당이 출범하여 결성한 조선부녀총동맹의 위원장에 임명되어 사회주의 여성운동의 지도자로서의 역할을 수행했다. 1948년에는 해주에서 개최된 남조선인민대표자대회에 참가하여 최고인민회의 대의원으로 선출됐다. 이후 평양의 사동에 있는 간부학교에 입교하여 6개월간 교육을 받은 후 평남 양덕요양소의 부소장으로 생활했다(한상구, 1990: 399). 한국전쟁이 발발하자 진주까지 남

권은해.

두늙은 마타하리 逮捕

傀儡의 代議員級

釜山等地를 根據로 暗躍

趙元淑(57歲) 權銀海(54歲)

檢擧된 것만 二四九件 休戰以後

四萬名을 突破

反蘇蹶起促求데모

迷宮에 빠

권은해 체포, 동아일보, 1956년 11월 2일.

하했으나 진세가 역전되사 피신해 있었는데 1955년에 체포되어 15년 형을 선고받았다. 1967년에 석방됐고 1994년에 사망했다.

한 신 광

항일여성단체 활동하며
사회운동 펼친
조산원현재의 조산사

한신광은 1902년 7월 23일 경남 진주시 평안동에서 태어났으며 1917년 진주 광림여학교 고등과를 마쳤다. 1919년 3·1운동이 일어나자 17세의 나이로 애국청년당원으로 활동하던 오빠 한규상과 올케 박덕실을 도와 진주에서 사람들에게 태극기를 나눠 주며 만세 운동에 가담했다. 이 사건으로 2개월 동안 진주경찰서에 구금됐다가 풀려났다. 1923년 동대문부인병원 간호부양성소이화여대 간호대학 전신를 졸업했으며, '산파' 면허시험에 합격했다. 한신광은 태화여자관 태화진찰소 사회봉사부회 일원으로 모자보건사업을 했으며 가정방문을 통해 임산부와 어린아이를 위한 건강교육을 실시했다.

천용권과 결혼한 후 일본에 건너가 일본대학 사회학과에 입학하지만 2년 만에 귀국했다. 귀국 후에는 항일여성운동단체인 근우회에서 일하며 민족주의적 여성운동에 가담했다. 1929년 광주학생항일운동 때 서울에서 학생만세운동을 주도한 인물로 지목돼 징역 1년, 집행유예 1년 6개월을 선고받았다. 근우회 소멸과 함께 1930년에 마산으로 내려가 조산원을 개업했으며 해방 이후에는 독립촉성애국부인회, 마산시 부녀계장, 마산부인회 회장 등 여성단체활동가로 활동했다(간호신문, 2009. 9. 23.). 한국전쟁 당시 부산에서 부녀사업과장으

한신광.

로 있으면서 피난민 수용소의 어린이와 부녀자를 모아서 모자원을 설립했다. 이후 서울에서 조산원을 개업하고 1970년경까지 조산원으로 활동했으며 대한조산협회장을 지냈다. 대한간호협회 보건간호사업 공로표창장, 삼일동지회 태극반지를 받았다.

美軍정기 女性단體

건국 준비를 위한 여성단체의 조직과 활동

해방 후 민족의 과제는 일제 잔재를 청산하고 자주적 민족국가를 수립하는 데 있었으며, 여성들에게는 봉건악습의 철폐와 성평등권의 확보, 여성의 경제적 독립이라는 과제가 부여됐다. 해방 후 새로운 사회를 건설하기 위한 여성들의 참여는 그 어느 때보다 활발하게 전개됐다. 미군정기는 다양한 정치·사회단체의 조직과 활동이 급팽창한 시기로, 새로운 국가수립이라는 과제를 놓고 사회의 여러 세력이 첨예하게 대립했다. 이 시기의 여성운동도 전반적인 사회운동의 흐름과 마찬가지로 좌우익의 대립 속에 놓여 있었다.

건국부녀동맹

일제강점기부터 조직적 연계를 맺고 활동했던 여성운동가들은 1945년 8월 16일에 건국부녀동맹결성준비위원회를 결성함으로써 여성운동의 막을 열었다. 건국부녀동맹은 17일에 총회를 했는데 위원장에 유영준이, 부위원장에 박순천이, 집행위원에 황신덕, 유각경 등 16명이 선출됐다. 그러나 건국부녀동맹은 결성된 지 한 달도 되지 못해 내부의 이데올로기적 차이를 극복하지 못하고 분열됐다. 식민지 시기 이래 존재해 왔던 여성운동 간의 대립이 해방이라는 구체적인 정세 변화 속에서 재현된 것이다. 양 진영은 각각 조직을 정비하면서 대립하게 됐다.

좌익여성단체

건국부녀동맹은 1945년 12월에 조선부녀총동맹으로 개편됐다. 조선부녀총동맹은 좌익진영이 전개하는 각종 정치 집회에 참여하고 선전계몽활동, 독자적인 대중 집회, 공사창제 폐지운동, 원호활동 및 쌀 요구 투쟁 등 다양한 활동을 전개했나. 해방 식후 조선공산당은 미국과 우호적인 관계를 유지하면서 합법적인 활동에 주력했다. 그러나 우익세력이 미군정의 비호하에 세력을 확대하고 좌익세력에 대한 탄압을 강화하자, 1946년 7월에 대중투쟁을 통해 미군정의 정체를 보다 직접적으로 비판한다는 신전술로 노선을 바꾸었다.

조선부녀총동맹은 신탁통치 지지와 조선공산당의 신전술 전환 이후 미군정의 탄압으로 지지 기반을 잃게 됐다. 조선부녀총동맹은 1947년 2월에 남조선민주여성동맹으로 개칭하고 단독정부 수립을 위한 5·10선거에 적극적으로 반대했다. 그러나 이 시기는 조직적인 역량이 약화된 시기였으므로 그 활동은 미약했다. 단독정부 수립 후에도 지역에 따라 조직이 운영되다가. 1951년 1월 북한의 북조선민주여성동맹과 통합하여 조선민주여성동맹으로 개편됐다.

우익여성단체

건국부녀동맹에서 탈퇴하여 한국애국부인회와 독립촉성중앙부인단을 결성했던 우익여성 인사들은 1946년 6월에 독립촉성애국부인회를 결성했다. 이들은 우익진영이 개최한 각종 집회에 여성대표로 참여하며 여성의 자아향상과 계몽활동, 공사창제 폐지운동 등을 전개했다. 독립촉성애국부인회를 중심으로 한 우익진영은 1946년 11월에 전국여성단체총연맹이하 '여총'이라 함을 결성함으로써 보다 결집된 역량을 과시했다. 이들은 주로 이승만과 한민당의 정치노선을 따랐으며 그들이 주최하는 각종 집회에 여성들을 동원하는 일에 주력했다.

분단국가의 형성과 함께 좌익여성단체는 약화되고 우익여성단체는 미군정의 지원을 받으며 성장할 수 있었다. 여성단체와 국가기구와의 이러한 관계는 이후의 여성운동단체에 계승되어 여성단체가 친정부적이라는 비판을 받게 되는 원인이 됐다.

解放以後 경남지역 女性 운동

해방 이후 경남지역 여성 운동

건국부녀경남동맹의 결성

제1차 건국부녀경남동맹 준비위원회가 1945년 10월 16일에 약 150여 명의 여성 유력자들이 모인 가운데 개최됐고, 10월 25일에는 경남지역을 총괄하는 여성 단체인 건국부녀경남동맹이 결성됐다. 건국부녀경남동맹의 위원장은 이순악이, 부위원장은 윤덕련, 김현희, 서순인이, 고문은 이변용 외 8명, 간사는 황복남 외 6명이 맡았다.

《민주중보》1945. 10. 26.에 실린 건국부녀경남동맹의 강령을 보면 "1. 조선여성의 정치적 사회적 해방을 기함. 2. 조선여성은 단결을 공고히 하여 완전한 독립국가 건설에 일익이 되기를 기함. 3. 조선여성의 의식적 계몽과 질적 향상을 기함."으로 되어 있는데 이 3개의 강령은 중앙의 건국부녀동맹과 같은 내용이다. 당시 여성운동은 여성의 정치적 사회적 해방을 기본 입장으로 내걸고 있으면서 여성의 단결로 독립국가를 건설한다는 민족적 과제를 함께 제시하고 있었다. 경남에서는 강령 이외에 선언문을 채택했는데 "복장에 특히 조심하

해방 이후 경남지역 여성운동과 활동에 대해서는 임정연2008의 논문을 주로 참조하여 정리했다.

고 화려의 극도인 양식을 취하지 말 것, 타인의 주목을 유인하는 경거망동을 하지 말 것, 낮이라도 될 수 있으면 단독 외출을 말 것, 특별 사정이 없는 한도에 있어서 일몰 전까지 귀택하게 할 것, 여성은 우리 조선나라의 완전한 어머니의 한 사람임을 잊지 말 것"이었다.

건국부녀경남동맹의 활동

건국부녀경남동맹에서는 여성의 실질적 향상에 사명을 걸고 여성 국어 강좌와 일반 학술, 상식의 연마, 여성문제에 관한 조사연구와 여성 직업 소개 등을 사업으로 채택하고 활동을 시작했다.

건국부녀경남동맹의 결성에 이어 경남의 시·군에서도 건국부녀경남동맹의 지부들이 결성되어 지역에서의 여성들의 참여와 활동을 이끌어 나갔다. 1945년 12월 9일에 건국부녀부산동맹 준비위원회가 개최됐고, 12월 17일에 초량정에서 각 지역대표 여성 약 200여 명과 도 인민위원회 노백용, 시 인민위원회 강대홍이 참석하여 건국부녀부산동맹 결성식이 개최됐다. 마산에서는 1945년 12월 18일에 공락관에서 여성 200여 명이 모여 부녀동맹 마산지부를 결성했다. 부녀동맹은 1946년 5월에 여성동맹으로 개편됐고 1947년 6월에는 조선민주여성동맹 마산지부확대위원회가 개최되어 간부를 선임했다(이승기, 2009: 143).

남해군에서는 1946년 1월 3일에 남해군부녀동맹이 결성되어 부녀자의 문맹을 퇴치하고 기취학자를 재교육하고자 1월 5일부터 1개월간 야간 강습을 개시했다. 밀양에서는 1946년 2월 19일에 삼랑진부녀동맹이 결성됐으며, 진주에서는 1946년 2월 말에 진주부녀동맹을 결성하고 봉건적 색채를 없애기 위해 여성해방운동에 보조를 맞추어 여성과 함께 신국가의 현모양처가 되어야 할 것을 맹세했다.

1946년 초 동래부인회는 귀환동포 구제사업과 여성 계몽운동, 가정의 경제통제 등에 대하여 노력했다. 귀환동포의 가정 백여 호를 방문하여 위문사와 위문금을 증정하고 전쟁동포의 고아가 수용되어 있는 곳에 위문금을 기부하는 등 귀환동포 구제활동을 활발하게 했다. 김해부인회는 김해여고 기성회와 함께 김해여고 설치 운동을 했다. 이 운동을 위하여 조직한 별동대에는 김해부인회의 김필애가 참가했다.

부산부인회에서는 4월에 계몽사업으로 초량 야학원을 개원했다. 부산부녀동맹에서는 5월에 방역반을 조직하여 활동했으며, 부산시인민위원회에서 7월 7일에 부인위생 및 계몽에 관한 강연회를 개최했다. 진해부녀동맹에서도 위생 계몽운동에 집중하여 방역과 계몽운동을 전개했다.

조선부녀동맹 경남총지부의 결성과 활동

건국부녀동맹은 1945년 12월 22일부터 24일까지 3일간 전국부녀단체 대표자대회를 소집하고 더욱 강력한 부녀운동을 전개하기 위하여 전국의 여러 부녀단체들을 발전적으로 해소하여 조선부녀총동맹으로 개편했다. 조선부녀총동맹 결성대회는 남북한의 194개 단체와 회원 500여 명 등 수천 명이 모여 서울 소재 풍문여고 강당에서 개최됐다. 한편, 대표가 진주에서 5명, 부산에서 8명인 것을 보면 이 지역에서의 부녀단체가 활성화되어 있었음을 알 수 있다. 이 대회에서 진주 출신의 권복해는 임시집행부로 선임됐다.

조선부녀총동맹의 조직은 중앙집권제로 중앙의 하부인 시·도에는 도총지부, 부·군·도에는 지부, 면·촌·리에는 분회, 동·부락에는 반을 두었다. 1946년 2월 23일에 조선부녀동맹 경남총지부 결성식을 함안 이하 3군을 제외한 경남 19개 군 대표 외 1천여 명이 모여 개최했다. 경남총지부의 중앙집행위원은 홍순남, 김동수, 이귀남, 권복해, 남현진이, 경남총지부장은 홍순남이 임명됐다. 이귀남은 교사였으며, 권복해는 기장 출신으로 권은해의 동생인데 기장의 명정의숙을 졸업하고 근우회 동래지회 설립준비위원으로 활동한 바 있다. 1935년부터는 기예강습으로 잘 알려졌으며 진주부녀동맹 위원장으로 활동했다.

《민주중보》1946. 2. 25.에 따르면 조선부녀동맹 경남총지부 강령은 "1. 조선여성의 정치적, 경제적 해방을 기함. 2. 조선여성은 단결을 공고히 하여 완전한 독립국가 건설에 일익이 되기로 기함. 3. 조선여성의 의식적 계몽과 질적 향상을 기함."이었는데, "남녀평등의 선거 및 피선거권을 주창한다. 언론, 출판, 집회, 결사의 자유를 찾자. 여성의 자주적 경제 생활권을 확립하자. 남녀 임금차별을 철폐하자. 공창제 및 인신매매를 철폐하자. 임산부에 대한 사회적 보호시설을 설치하자. 여성의 대중문맹과 미신을 타파하자. 우리는 창조적인 여성이 되자."를 행동 강령으로 삼았다.

독립촉성애국부인회 경남지부

1946년 11월 15일 여총이 결성됨으로써 우익 진영 여성단체들은 연합전선을 결성하게 된다. "독립완수는 여성의 단결로"라는 기치 아래 전국여성단체총연맹이 결성되어 여성단체는 크게 남조선민주여성동맹이라는 좌익여성운동과 전국여성단체총연맹이라는 우익여성운동으로 나뉘게 됐다.

독립촉성애국부인회는 한국애국부인회와 독립촉성중앙부인단이 합쳐진 것으로 국가의 자주독립 촉성, 여성의 지위향상 세계평화의 공헌을 목적으로 하는 단체이다. 독립촉성애국부인회는 1949년 서울시 부인회와 통합하여 대한부인회로 개편되기까지 남한의 대표적인 우익여성단체로서 활동하게 된다. 그러나 이들의 주 활동은 신탁통치 반대운동, 단정수립을 위한 5·10선거에 여성이 참가할 것을 대대적으로 선전·홍보하는 것이었다.

독립촉성애국부인회 경남지부는 1946년 5월에 결성됐다. 1946년 7월 기준으로 독립촉성애국부인회 경남지부의 회원 수를 살펴보면, 총인원 73,929명으로 부산 20,500명, 마산 16,820명, 신마산 1,558명, 진주 14,200명, 의령 2,500명, 울산 2,212명, 김해 1,300명, 창원 1,728명, 통영 1,275명, 고성 2,500명, 함양 2,160명, 거창 2,800명 등이었다(양동숙, 2010b: 391).

회장이었던 정봉금은 건국부녀경남동맹의 후생부장으로 활동했던 인물이었고, 총무였던 김금옥은 1915년생으로 진주여자상업학교 출신이며 1946년 부산부인회 상무로 일했다. 독립촉성애국부인회 부위원장 박순천은 동래 일신여학교를 졸업한 부산 출신이었다. 그 당시 독립촉성애국부인회 경남지부의 가맹자 수는 부산·경남지역 여성단체 중 가장 많았다. 그러나 1946년까지 우익진영들은 거의 대중적 기반을 갖지 못한 채 서울과 지방의 몇몇 도시에 미약한 세력밖에 갖지 못했다. 독립촉성애국부인회는 그 후 대한부인회로 계승됐는데 대한부인회 경남도본부는 1949년 3월에 결성됐으며 회장은 정봉금이었다.

부산여자기독교청년회

조선여자기독교청년회는 1946년 3월에 조직을 재건하는 한편 지방조직의 건설에 착수해 확장을 꾀했다. 부산은 새롭게 신설된 지방조직으로 1946년 7월 1일에 양한나를 회장으로 부산여자기독교청년회가 창립됐는데 200명 정도의 회원을 가진 단체로 발전했다. 1948년 4월에는 무급이기는 하지만 방덕수를 총무로 하여 활동을 전개해 나갔다. 조직은 사업부, 전도부, 재정부 3부로 되어 있었다.

남조선민주여성동맹 경남지부

제1차 미·소공동위원회가 무기휴회로 들어간 1946년 하반기부터 공산당은 '신전술'이라는 새로운 선택을 하지 않을 수 없게 된다. 조선공산당이 이러한 '신전술'을 택했던 것은 우익세력이 미군정의 비호를 받으며 세력을 확대해 나가고, 1945년 12월 말 미군정의 관료, 경찰, 군대 등의 조직이 갖추어지면서 좌익세력에 대한 탄압이 강화되자, 평화적 방법에 의한 정권획득은 불가능하다고 판단했기 때문이다. 따라서 1946년 11월 23일에 조선공산당은 남로당이라는 대중정당으로 변화하면서 당세 확장에 주력하는 한편 정치투쟁을 전개했다.

1947년에 들어와 조선부녀총동맹은 2월 15일 전국대회에서 남조선민주여성동맹으로 개칭하고 조직 확대를 꾀했다. 1947년 당내의 갈등으로 사회노동당이던 홍순남과 노남교가 이탈함으로써 경남여맹위원장은 권은해가 맡게 된다. 진주의 경우 1947년 5월 18일에 민주여성동맹 진주지부 정기대회가 열렸다.

따라서 경남지역 여성단체는 우익 성향의 독립촉성애국부인회 경남지부, 불교여성총동맹 경남지부, 조선여자기독교청년연합회 경남지부, 좌익 성향의 남조선민주여성동맹 경남지부로 각각 활동을 펼치게 됐다. 1947년 9월 창원군 대산면과 동면에서 공출을 집행하는 경찰을 농촌부인들이 낫으로 찔러 죽인 사건이 발생했을 때 경남지부 여맹위원장이었던 권은해가 서명한 공출반대 지시문이 발각되어 권은혜가 수배·체포됐고(한상구: 1990: 396) 1948년에 단독정부 수립이 확실시되면서 더 이상 공개적인 활동이 불가능해졌다.

19

한국전쟁과
새로운 문화 속의 여성

50

밀양 반월초등학교 학생들이 직접 학교 건물을 짓고 있는 모습.
경상남도교육청, 1951년.

전쟁의 실상은 곳곳에서 볼 수 있었는데 학도병으로 나간 아들을 잃은 한 여성은 마침 인민군이 전투대의 총을 맞고 죽어 있다는 소식을 듣고는 큰 돌멩이를 들고 가 인민군에게 던지며 "빨갱이가 빨간 줄 알았더니 우리랑 똑같은 사람이네."하며 어떻게 같은 사람이 우리에게 그리하느냐며 울었다고 한다.

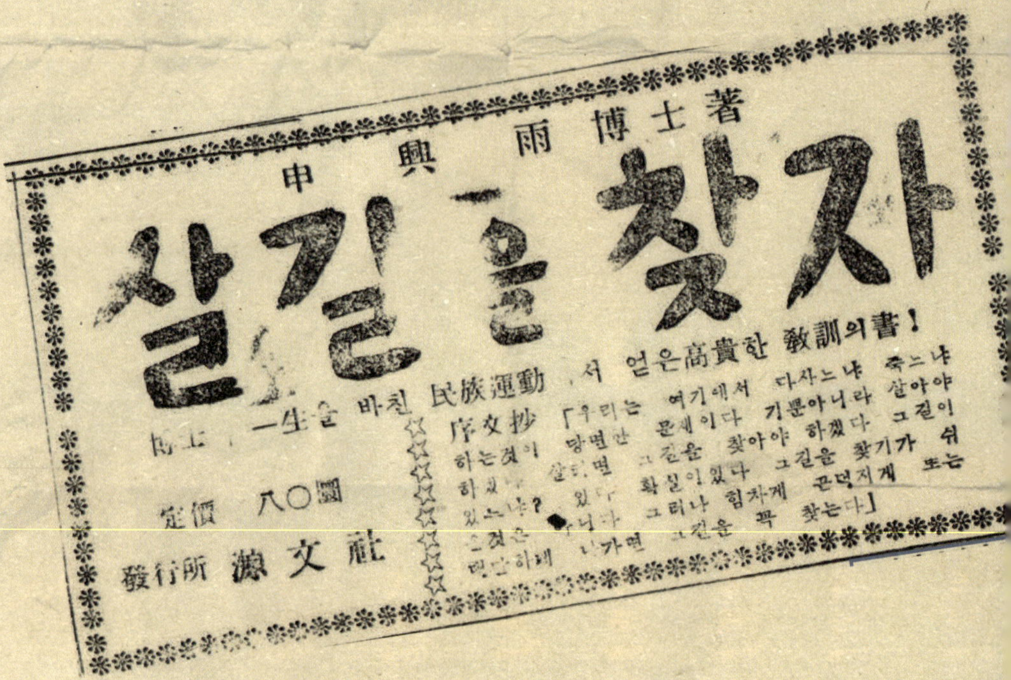

申興雨博士著

살길을 찾자

博士 一生을 바친 民族運動에서 얻은高貴한 敎訓의書!

序文抄「우리는 여기에서 다사느냐 죽느냐 하는것이 당면한 문제이다 기분아니라 살아야 하겠다 살려면 그길을 찾아야 하겠다 그길이 있느냐? 있다 확실이있다 그길을 찾기가 쉬운것은 아니다 그러나 힘차게 끈덕지게 또는 [illegible]하게 나가면 그길을 꼭 찾는다」

定價 八〇圓

發行所 源文社

동아일보 광고, 1955년 1월 3일.

한국전쟁과 여성의 삶

1950년 6월 25일에 발발하여 3년간 지속된 한국전쟁은 한국사회 전반에 커다란 영향을 미쳤다. 물질적인 피해 못지않게 민족 간의 원한과 불신을 야기해 정신적인 피해도 심각했다. 수백만의 사상자가 발생했으며 전쟁고아와 이산가족이 발생했다. 전쟁의 실상은 곳곳에서 볼 수 있었는데 학도병으로 나간 아들을 잃은 한 여성은 마침 인민군이 전투내의 총을 맞고 죽어 있다는 소식을 듣고는 큰 돌멩이를 들고 가 인민군에게 던지며 "빨갱이가 빨간 줄 알았더니 우리랑 똑같은 사람이네."하며 어떻게 같은 사람이 우리에게 그리하느냐며 울었다고 한다(울산 출생, 1944).

한국전쟁은 1950년대 한국 사회를 극도의 궁핍과 혼란으로 몰아넣었으며 국가가 사회체제와 이념뿐만 아니라 개인의 내면까지 통제하는 상황을 촉진시켰다. 남한과 북한은 서로 이질적인 사회로 나아갔고 분단은 더욱 고착화됐다. 한국전쟁 후 이승만 정부에 의해 추진된 재건사업

반공학생의 날 기념대회. ≪진주여고 80년사≫, 1960년대.

은 남한에서 근대 국민국가를 건설하는 과정이었다. 이승만 정권은 반공이데올로기를 동원함으로써 국민 형성을 도모했고 미국에서 도입한 원조를 통해 자본주의적 토대를 마련하고자 했다. 1956년에는 '국군의 날', '반공학생의 날', '현충일' 등과 같은 새로운 반공 기념일들이 제정됐다.

낙동강 방어선이 치열했던 한국전쟁은 경남사회에도 큰 영향을 미쳤다. 마산, 부산의 경우에는 전쟁의 직접적인 피해는 없었지만, 진주를 포함한 다른 지역은 전쟁의 피해를 겪었으며 지역민의 삶을 흔들어 놓았다. 경남은 한국전쟁 이전부터 귀환동포의 통관지로 도내 일대가 정착지였는데 한국전쟁으로 인해 경남은 전국 피난민의 집결지가 됐다. 2014년 개봉한 윤제균 감독의 영화 〈국제시장〉의 주인공처럼 흥남 부두에서 피난 온 피난민들은 거제도 쪽에 많이 정착했다.

1951년에는 안전지대로 인식된 마산에 무려 4만의 전재민이 밀려들어 9만 인구였던 마산 시내가 전재민들로 북적댔다. 그들은 주로 대내동 일대로 들어가고 일부는 중앙동, 회원동 등의 판자촌으로 들어갔다. 그 외에는 상남동 개천변이나 반월 삼자락 등에 움막 같은 판잣집을 짓고 살았다. 피난민들은 잠잘 곳이 마땅히 없어서 다른 이웃집에 양해를 구해

마산 회원동 판자촌, 1950년대.

방을 빌려서 자거나 아니면 잠만 잘 수 있을 정도의 움막을 지어서 그곳에서 다 같이 잠을 잤다. 동네는 급히 만든 판잣집으로 빽빽했고 음식 문제, 위생 문제가 특히 심각하여 식사 때마다 분뇨 냄새가 진동하기도 했다.

이들의 주된 식량은 배급과 군수품이었다. 일부 재정이 튼튼한 피난민들은 집을 구하기도 했지만 대부분의 피난민들은 삶이 고달팠다. 남성은 주로 부두노동이나 어시장 및 각종 공사장 등에서 막일을 했고, 여성은 군복을 수선하거나 순대장사 등을 하여 생계를 꾸려 갔다.

한국전쟁의 영향

적대감과 증오감을 남긴 전쟁

한국전쟁은 지역민의 삶을 송두리째 흔들어 놓았고 서로에게 용서할 수 없는 크나큰 적대감과 증오감을 남겨 주었다. 진주에 거주하고 있는 한 여성도 한국전쟁 때 한 달 동안 인민군들에게 시달렸다. 인민군이 쳐들어와서 식량이며 곡식이며 옷이며 거의 모든 것을 강탈해 갔다. 그녀의 기억에 따르면 나중에 전세가 바뀌자 인민군이 사라지기는 했지만 아직 몇몇이 남아 있었고, 낮에는 경찰이 와서 빨갱이에 대해 조사하고 밤에는 인민군들이 와서 강탈하는 일이 되풀이됐다고 한다. 당시 이웃들끼리는 '누가 빨갱이다. 누가 인민군을 도와주었다.'는 식으로 서로를 신고했다. 신고가 들어오면 경찰이 와서 신고당한 사람을 데려가 감금하고 구타하고 심지어 총살까지 했다. 사천의 어떤 마을 사무소의 경우 며칠은 국군이, 며칠은 빨치산이 점령하여 계속 교대되는 바람에 주민들은 공포에 떨어야 했다. 당시에는 주민 간에 불신과 반목이 심했고 말도 함부로 할 수 없었다. 또한 마을에서의 전쟁은 정작 전쟁이 끝난 후에 시작됐다. 백골대가 나타나 빨갱이를 잡는다며 마을을 헤집고 다녔으며 빨갱이 가족으로 몰리면 마을에서 고개를 들고 다닐 수 없었다.

'빨갱이'란 어휘는 '좌익', '우익', '민족반역자', '친일파', '반동분자' 등과 관련하면서 짧은 시기에 다양한 의미화 과정이 일어났다. 해방 직후에는 극단적 행동을 하는 극좌파 일부를 지칭했지만 신탁통치 파동을 겪으면서 전체 좌익이 '빨갱이'로 호명되게 됐고 1948년 대한민국 정부수립 전후로 제주 4·3사건, 여수·순천 10·19사건 등을 겪으면서 '빨갱이' 토벌, '빨갱이' 숙청 작업이 이루어졌고 '빨갱이'는 지배이데올로기를 내재한 대표적 유행어가 됐다.

자료: 주창윤(2009: 370~373).

전쟁미망인, 미국국립문서기록보관청, 1950년.

양민학살사건

1949년 4월부터 1950년 4월까지 빨치산들의 주요 활동지역에서 비정규군인과 군대 등이 '공비소탕'이라는 이름 아래 민간인들을 학살했다. 대표적인 지역은 거제, 고성, 울산, 그리고 지리산을 중심으로 하는 산청, 하동, 함양, 거창, 함안 등이었다. 특히 거창양민학살사건은 1951년 2월 사단장 최덕신이 지휘하는 국군 제11사단 9연대가 산청, 함양, 거창 방면으로 출동해 빨치산을 토벌하다가 무고한 민간인을 부역자로 몰아 집단학살한 사건인데 다음은 당시에 대한 기억이다.

> 한국전쟁 당시 북한 인민군이 낙동강까지 진군했을 때 나의 고향인 거창군 신원면 산자락에 북한 인민군 속히 빨갱이라 불리는 자

들이 숨어 피난처로 이용하고 있다는 정보가 정부에 들어가게 되어 인근 사람들이 억울하게 우리나라 군인에 의해 학살당했다.(거창 출생, 1932)

피학살 유족은 이승만 정권을 무너뜨린 1960년 4·19혁명을 통해 새로이 진상 규명의 빛을 보는 듯하다가 1961년 5·16 군사 쿠데타로 혁명재판에 소환되는 등 좌경세력으로 몰렸다. 그 후로 줄곧 불온세력으로 낙인찍히다가 1990년대 탈냉전과 민주화의 시대를 맞아 거창양민학살사건은 재조명된다. 그 결과로 1996년 '거창사건 등 관련자의 명예회복에 관한 특별조치법'이 만들어지고 이 법에 근거해 2004년에는 거창사건 추모공원이 준공됐다.

한국전쟁의 흔적, 거제도 포로수용소

거제도에는 포로수용소와 난민수용소가 있었다. 1950년 11월 27일, 유엔군은 거제시 신협읍, 연초면, 남부면 일대 360만 평 부지에 수용소를 설치하기 시작했다. 1951년 6월 말까지 인민군 포로 15만 명, 중공군 포로 2만 명 등 최대 17만 3천 명의 포로를 수용했으며 그중에는 여성 포로도 300여 명이 있었다. 수용된 여성 포로들 중에는 이미 해산을 했거나 출산을 기다리는 포로들이 상당수 있었다. 포로수용소를 관할하던 미군은 포로들을 위한 의무 중대를 운용하고 있었는데 수용소 군의관들은 낙태를 요구하는 여성 포로들의 요구를 들어주지 않았다. 잔존 건물 일부만 곳곳에 남아 있던 거제도 포로수용소는 현재 거제도포로수용소유적

부산 임시 포로수용소의 여성 포로,
미국국립문서기록보관청, 1951년 1월 2일.

거제도 포로수용소의 여성 포로들,
전쟁기념관, 1950년대.

공원이 됐다. 이곳에서는 당시 포로들의 생활상, 막사, 사진, 의복 등 생생한 자료와 기록물들을 이곳에서 볼 수 있다.

전쟁과 인구감소

《경남도정백년사》1996에 따르면, 1949~1955년 기간의 인구 증가율은 한국전쟁으로 인해 전국적으로 1%에 불과했다. 경남의 경우도 인구 증가율이 2.1%였으나 1955년에는 전국 인구 2,153만 명 가운데 17.55%에 달하는 377만 명이 경남에 거주했다. 이는 전쟁 피난민들이 특히 부산을 비롯한 경남 도시에 정착하게 된 인구 이동의 결과였다. 특히 이 시기 부산의 인구는 연평균 18.6%라는 경이적 수준의 증가율을 보이고 군사 도시였던 진해 12%, 마산 6.6%, 통영당시 충무 5.6% 등 중부 경남 도시들의 인구 증가가 두드러졌다.

그러나 한국전쟁 기간 동안 완전히 파괴된 진주는 인구 성장률이 0.2%로 사실상의 인구 감소를 나타냈다. 인민군이 점령하지 않았던 지역인 부산을 비롯해 마산과 진해 등은 피난민들이 몰려 전쟁으로 인해 오히려 인구가 크게 증가했지만, 진주의 경우 전쟁 기간 동안 미군 폭격으로 인구가 감소할 수밖에 없었다. 군 가운데에는 항구와 대도시를 끼고 있는 사천군, 동래군, 거제군의 인구 성장률은 전국 평균과 비슷했으나 대부분 농촌지역은 전국 평균 증가율을 밑돌거나 절대적으로 인구가 감소됐다.

시련을 딛고, 한국전쟁과 여성의 삶

한국전쟁과 부역자, 여성

여성의 삶 역시 한국전쟁과 밀접하게 연관되어 있다. ≪좌익사건실록≫1975에 나타난 진주지역 부역자 내역에도 경남여성들이 한국전쟁에 연계되어 있음을 보여 준다.

1951년 4월 1일에 진양군 여성동맹위원장이 경남 여맹위원장에게 보고한 빨치산 문건을 보면 진양군 관내 3개 면에 가입된 여맹조직원이 모두 14명이라고 되어 있다. ≪좌익사건실록≫1975에 따르면 진주 상봉동 여맹위원장 윤외분은 인민군에 대한 원호사업을 위해 1950년 8월 31일부터 9월 4일까지 자신의 집에서 인민군 25명에서 식사를 제공하고 군복을 세탁해 주었다. 또한 부위원장 조복희 외 동내 거주민 50명을 여성동

소정자.

맹에 가입하게 했다. 훗날 전향한 소정자는 조선공산당 진주시당의 여성당원으로 한국전쟁기 9·28 서울 수복 후 월북하여 간첩이 되어 남파됐다. 소정자는 그 후 전향하여 《내가 반역자냐?》1966라는 책을 썼다. 반면 마산 대한부인회 회장이었던 한신광은 그의 오빠가 인민군 부역자로 몰렸을 때 진주에 있는 대한부인회 회장을 통해 풀어주게 한 일도 있었다(한신광, 1980: 227).

〈표 2-1〉 진주지역 여성부역자 처벌 내역

이름	나이	직업	해방 후 전과	직책		기소 일자	구형		선고	
				점령 전	점령 후		일자	형량	일자	형량
이명시	48	가사	CIC 20일 구속	시 여성동맹원 시 보도연맹원	시 여성동맹원	1950. 11. 30.	1951. 1. 24.	15년	1951. 2. 8.	불명
조정순	53	가사	–	시 여성동맹원	시 여성동맹 위원장	1950. 11. 30.	1951. 1. 24.	13년	1951. 2. 8.	1년 집유 2년
유외분	37	행상	–	–	시 여성동맹 동 위원장	1950. 11. 7.	1951. 1. 22.	13년	1951. 1. 26.	불명

비고: 진주지역에서 국가보안법 및 비상사태하의 범죄처벌에 관한 특별 조치령에 따라 사법 처리된 부역자 17명을 대상으로 작성한 것임《좌익사건실록》 참조

자료: 김경현(2007: 382)에서 여성동맹원만 발췌함.

밤에는 빨치산에게 낮에는 토벌대에게, 이중의 성폭력에 노출된 여성

한국전쟁 기간 동안 여성들은 성폭력이나 강요된 성매매 등에 노출되어 남성과 달리 많은 고통을 겪었다. 진양군에 진입한 경찰의 만행에 대해 1951년 1월 25일 《경남로동신문》은 "부락 인민들의 식량과 의복과 가축

들을 모조리 약탈하여 갔을 뿐만 아니라 동리 부녀자들을 9명이나 강간·유린했다."라고 보도하고 있다. 이에 보급투쟁을 나온 빨치산들의 눈에 띌까 봐 미혼여성들은 바깥 출입을 못했을 뿐 아니라 머리도 단정하게 빗지 못하고 얼굴에는 숯으로 검게 발라 병을 앓는 것처럼 하여 숨어 지냈다. 실제로 1935년 하동 출생 이귀례도 빨치산의 눈을 피하기 위해 염병에 걸린 척했다(신동흔 외, 2013: 254~255). 성폭력에 대한 위협은 빨치산만 가하는 것이 아니라 토벌대로 마을에 상주하는 군인과 경찰들에 의해서도 이루어졌다(김종근, 2009: 222). 한국전쟁기 한국군에 의한 성폭력의 유형에는 강간, 여성성 또는 모성에 대한 폭력, 강제결혼 및 납치, 구금과정의 성고문이 있었다(김귀옥, 2012: 11). 결국 여성들은 밤에는 빨치산에게 낮에는 토벌대에게 위협을 당하는 이중의 고통을 겪고 살았던 것이다.

> 인민군들이 처녀들을 성폭행할 때도 있었기 때문에 아줌마처럼 보이기 위해서 땋은 머리를 밑으로 늘어뜨리지 않고 위로 올려서 고정시켰다.(일본 오사카 출생, 1934)

'빨갱이' 가족과 유족이 된 여성

국민보도연맹은 1949년 10월에 좌익전향자들을 중심으로 만든 조직으로, 좌익세력에 대한 통제와 회유를 목적으로 했다. 1949년 말까지 이 조직에 가입된 수는 무려 30만 명에 달했으며, 서울의 맹원 수는 1만 9,800여 명이었다(한국사사전편찬회, 2005). 한국전쟁이 발발하자 정부·경찰은 초기 후퇴과정에서 이들 국민보도연맹원에 대한 무차별 검속과 즉결처분을

생포된 빨치산들. 정충재, 《지리산은 통곡한다》 책 표지, 대제학, 1990년.

단행했다. 보도연맹원 사건은 한국전쟁 중 벌어진 집단적인 민간인 학살 사건으로 남한 전역에서 발생했다.

한 여성은 "어느 날 마을마다 좌익이라고 했던 분들을 모아 트럭으로 실어 나가서는 돌아오지 않았다. 우리 가족은 없어서 잘은 모르지만 주변 이야기들을 들어 보면 어떤 마을 사람들은 구덩이를 파 놓고 총살하고 어떤 마을들은 거제도의 가조도 앞과 지심도 앞의 먼 바다에 수장을 시켰다고 한다."(거제 출생, 1942)고 기억한다. 또 한 여성은 "보도연맹에 가입한 사람을 색출하여 적색분자로 취급하여 숙청하는 과정에서 많은 사람들이 잡혀 갔고 색출된 적색분자들의 손을 밧줄로 묶어 한산도 제승당 앞바다에 산채로 바다에 던져 죽게 했다."(통영 출생, 1942)고 기억한다.

전체 국민보도연맹원 중 80% 정도는 사상과 이념은 물론 좌우익이 무엇인지도 모르는 일반 민간인들이었다. 국민보도연맹이 무슨 단체인지도 모른 채 마을 이장이나 유지들의 감언이설에 속아 도장을 찍고 가입했다고 관계자들은 증언하고 있다(조성구, 1990: 160). 사상과 이념이 무엇인지도 모르고 가입했었기 때문에 대부분의 주민들은 소집령이 내렸을 때도 정기적인 교육으로 생각하여 경찰서와 지서로 향하거나 자신들은 아무런 죄가 없었기 때문에 도망갈 생각을 안 했다. 다음은 1927년 양산 출생의 한 여성의 이야기이다.

> 신랑이 보도연맹에 들어야 출세를 하고 잘 산다고 하던데, 나는 출세하든 말든 보도연맹에 들지 말라고 했는데 어느새 내 몰래 도장을 찍어 줬어. 그때는 보도연맹, 빨갱이고 사상이고 뭐고 다 몰랐어. 단지 보도연맹에 들라 해서 도장하나 찍어 준 게 그것뿐이야.(이령경, 2003: 41)

1950년 보도연맹사건으로 남편을 잃고, 마산 곡안리 민간인 학살사건으로 아들을 잃은 황점순처럼(김현아, 2004: 33~48) 국민보도연맹원이나 부역자 여성유족들은 이념적인 중압감 속에서 사회에서 차별받고 격리됐다. 가족구성원이 '빨갱이'로 지목되어 학살당한 유가족은 전쟁 당시 군경에 의해 집과 재산이 모두 불타 버렸다. 반공이데올로기로 인해 전후 국가가 실시한 응급구호정책 혜택은 '빨갱이' 가족이라는 이유로 받을 수 없었다. 특히 남편이 죽고 혼자된 좌익 관련 여성유족들은 '빨갱이' 가족이라는 이유로 주변으로부터 재산을 빼앗기기도 했으며, 부계혈통주의적 가족 제도하에서 '여성'이라는 이유로 재산상속 등의 권한도 없었다(이령경, 2003: 101). 이와 같은 상황에서 진양군 금산면 동사리에서 구장을 지냈던 남편의 죽음은 그의 아내에게는 죽음보다 더 큰 고통을 주었다(조성구, 1990: 162).

최후의 빨치산, 정순덕

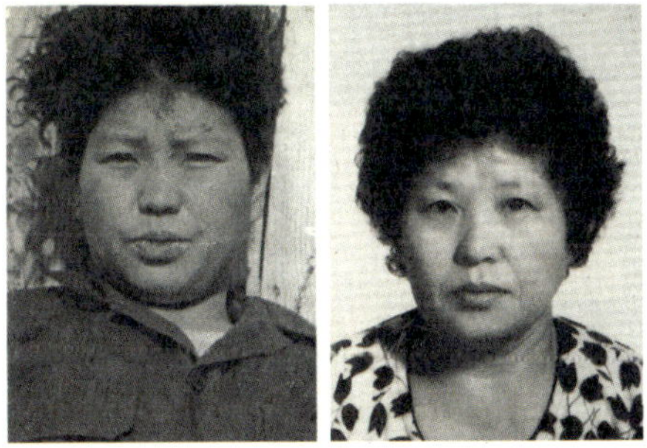

정순덕 생포 직후(좌)와 출감 직후(우).

빨치산은 주전선의 배후나 측면에서 그때그때 형편에 따라 아군을 도와 적군을 교란시킬 목적으로 활동하는 민간인으로 조직된 유격대를 뜻한다. 러시아어 파르티잔partizan에서 유래됐다. 남한 내 빨치산은 1949년 대토벌로 그 세력이 약화됐다가 한국전쟁을 계기로 다시 활발한 활동을 전개하게 된다. 그들의 활동 중심은 지리산이었는데 지형적으로 지리산을 가장 광범위하게 포함하고 있는 곳이 서부경남 지역이었다. 빨치산 세력이 왕성한 지역은 '낮에는 대한민국, 밤에는 인민공화국'으로 뒤바뀌곤 했다. 특히 산청군은 지리산에 가깝게 위치하고 있어서 빨치산들이 많았다.

특히 인민군 점령시였던 지역의 경우, 군경과 우익세력으로부터 부역자로 탄압받고 있던 좌익 인사의 가족들은 차츰 빨치산을 따라 입산할 수밖에 없었다. 《좌익사건실록》1975에 따르면, 1950년 11월 24일 대평면에 잔류하고 있던 진양군 당원 강고수 등 2명과 강고수의 가족 8명은 이날 빨치산 부대가 중촌리에 있던 면사무소와 초등학교 등의 관공서를 습격하고 돌아갈 때 빨치산을 따라 함께 입산했다.

1933년 경남 산청군 삼장면 내원리 가난한 소작 집안의 5남매 중 둘째

빨치산 문제를 다루어 화제가 됐던 1955년 영화 〈피아골〉, 1955년.

딸로 출생한 정순덕은 유년 시절 소학교를 다니지 못했다. 여순 사건을 거치면서 성석조와 17세에 결혼을 했다(전경옥·박선애·정기은, 2004: 443). 결혼 후 5개월 뒤인 6월 25일에 한국전쟁이 발발하자 남편 성석조는 민주청년동맹 활동을 시작하고 한국 군인과 교전이 시작되면서 자연스레 산으로 입산하게 된다. 당시까지 마을에 남아 있던 정순덕은 남편을 찾아내라는 군인들의 성화와 고문, 구타에 못 이겨 결국 11월경 남편을 찾아 3일 분량의 식량과 옷가지를 싸 가지고 산으로 들어가게 됐다. 또한 이 시기 국민보도연맹의 활동이 강화되어 빨치산의 가족들과 친인척에 대한 감시와 횡포가 심했었다. 정순덕이 입산한 것도 바로 국민보도연맹의 횡포를 피해 이루어진 것이다. 정순덕은 1963년 11월 최후의 여성 빨치산으로 생포됐는데 전향 장기수로 복역했고 2004년에 사망했다.

학도호국단 진주여중대대

한국전쟁 기간 동안 여학생들은 수업 외에 각종 활동에 참여했다. 방공호 파기, 계몽선전운동, 궐기대회, 위문활동과 봉사활동 등에 참여하여 후방에서 지원했다. 진주지역은 한국전쟁 동안 인민군에 점령됐는데 수복 후에는 학생 수가 많이 줄었다. 진주여자중학교의 경우 931명에서 500명 정도만 학교에 나와 수업을 받았다. 1949년 9월 28일에 문교부는 대한민국 학도호국단 규정을 공포했다. 학도호국단의 설립 목표는 '민족의식을 고양하고 체력을 단련하며 학술 기능을 연구, 연마한다. 학원과 향토를 방위하여 국가발전에 헌신, 봉사하는 정신과 실천력을 기른다.'로 규정되어 있다. 김경현의 《민중과 전쟁기억》2007에는 한국전쟁을 전후한 당시 학교생활에 대한 설명이 나오는데, 진주 수복 후 학도호국단 활동이 강화되어 진주의 중등학교는 군대식으로 편제됐고 진주여중의 경우도 '학도호국단 진주여중대대'로 편성됐다.

여학생들이 군대식 사열을 하는 모습. 《진주여고 80년사》, 1950년대.

이와 같은 상황은 《진주여고 80년사》2006에도 나타나고 있다. 어수선한 전후 사정으로 학생들은 공부에 전념하지 못하고 매일같이 군대식 사열을 하는 등 다른 일들에 시간을 더 많이 써야 했다. 진주 시내 각 학교 학생들이 군가를 부르며 시가지를 돌고 구령에 맞춰 힘차게 경례를 붙이며 행진하곤 했는데 완전히 군대식이었다. 또한 한국전쟁 중에 진주 사범학교가 불에 타 버려서 그 당시 일신학교였던 진주여자중·고등학교 강당을 사범학교 학생들이 사용하려고 했다. 일신학교 여학생들은 학교를 뺏길 수 없다면서 농성을 해서 막았다.

한국전쟁과 관련한 여성의 기억과 경험

한국전쟁 동안의 여성들의 존재는 오랫동안 가시화되지 못했다. 그러나 여성들의 삶은 공식적인 기록에서보다 직접적인 생애사 구술과정에서 역사적 진실로 잘 드러난다. 여성들의 다양한 경험은 전쟁이 승리와 패배의 결과만 가지고는 읽기 어려운 매우 복잡하고 복합적인 전개 과정이라는 것을 보여 준다.

식량탈취와 수탈

한국전쟁 때 인민군은 보급 투쟁이라는 이름으로 식량을 약탈했다. 다음의 사례들은 그러한 경험들을 구체적으로 보여 준다.

> 종갓집에 살고 있던 나는 한국전쟁 이후 10명가량의 인민군들이 집으로 들이닥치는 말 그대로 무단 침입을 당하게 된다. 그들은 무단 거주를 시작한 뒤 매일같이 식량 탈취를 일삼았다. 당시 아궁이나 집안 곳곳에서 몰래 집안 양식을 훔쳐 먹던 인민군들의 모습은 흔히 볼 수 있는 광경이었다.(울산 출생, 1945)

한국전쟁은 17살 때 일어났다. 골짜기 안까지 인민군이 쳐들어왔었다. 귀중품을 거름 무더기에 묻어 놓고 고성 땅까지 피난을 갔다. 개울가에 돌과 나무 등을 쌓아 놓고 숨어 있기도 했었다. 동네에 폭격을 가해서 무너진 집이 많았으며 인민군이 총을 들고 있었기 때문에 그들이 돼지나 가축을 잡아먹겠다고 하면 허락을 해주어야 했고 떡이 먹고 싶다고 하면 떡도 만들어 줘야 했다. 인민군들이 짐을 옮길 때 일손이 부족해서 마을사람들을 데려가기도 했는데 짐을 옮기다가 폭격을 맞아서 죽는 사람도 있었다. 그래서 일부러 다리가 아픈 척 절름발이 행세를 하는 사람도 있었다.(일본 오사카 출생, 1934)

당시 9세 정도였는데 기억해 보면 피난의 연속이었다. 짐이라곤 달랑 보자기에 급히 챙긴 몇 가지가 전부이고 인민군을 피해서 밤낮 할 것 없이 도망을 다녔다. 관공서, 학교, 일반 시가지 건물이 폭격에 의해 다 파괴됐고 먹을거리가 부족해서 쑥, 산나물, 소나무껍질을 이용해 풀죽을 끓여서 배고픔을 달래야만 했다. 이후 미국의 원조 식량으로 알레미라고 불리는 쌀로 끼니를 때우곤 했지만 이마저도 밤에는 인민군, 낮에는 국군에게 뺏겼다.(청주 출생, 1942)

미군 비행기가 오면 몰래 숨어서 머리에 풀을 꽂고 숨어 있고, 아버지를 인민군이 데려 갔다. 소, 돼지를 인민군이 막 잡아먹고, 사람을 골짜기에 몰아 놓고 총살, 직장, 가족 있는 사람을 몰살

하고 특히 순경, 교육자, 군인을 무조건 죽였다. 인민군 노래를 부르라고 강요하고 못 부르면 사살했다.(사천 출생, 1933)

부역

한국전쟁 기간 동안 점령지 지역 주민들은 부역을 하게 됐다. 이로 인해 후에 신고를 당할까 봐 두려워 도망을 치는 계기가 됐다. 실제로 한국전쟁 상황에 대한 한 여성의 회고에 따르면(사천 출생, 1928), 피난을 가지 않고 그 동네에서 생활했는데 어느새 인민군이 내려와 동네를 점령하고 동네사람들을 불러 모아 놓고 임의로 여성들을 반장, 부장으로 지정해 밥을 해 주고 옷을 지어다 주기를 명령했다고 한다. 옷 주방으로 지정된 여성은 주로 베를 짜서 속옷을 만들어 바쳤다고 한다. 그러나 이런 일을 한 것이 나중에 국군이 왔을 때는 적을 도와준 것이 됐고, 자의든 타의든 인민군을 도왔던 사람들은 지리산으로 도망을 갈 수밖에 없었다는 것이다.

10살 무렵이었다. 어느 날 갑자기 총성이 들리기 시작했다. 북한군들이 경찰서를 점령하려는 것이었다. 그때 나도 잡혔다. 잡혀가서 오랜 기간 동안 온갖 잡일을 했다. 그러던 어느 날 북한군의 감시 아래 탄통을 짊어지고 가고 있는데 옆에 큰 굴 같은 게 살짝 보였다. 감시하던 북한군에게 변소 간다고 하고 몰래 빠져 나와 굴로 죽을힘을 다해 도망쳤다. 어두워질 때까지 한참을 숨어 있다가 살짝 빠져 나왔다.(진주 출생, 1940)

중학교 3학년 때 한국전쟁이 발발했다. 인민군이 오라 하면 오고 가라 하면 가고 비행기가 오니까 숨고 그들의 말을 들어야만 살 수 있기에 인민군이 시키는 대로 따랐다. 인민군 노래라 불리었던 것을 매일매일 불렀다. 기사가 이러하다. '백두산 줄기줄기 피어린 자욱, 압록강 굽이굽이 피어린 자욱.'(논산 출생, 1932)

후방에서의 여성들의 역할

일반적으로 전쟁 중에서의 여성의 활동은 역사 속에서 잘 드러나지 않고 있다. 그러나 다음의 사례들을 보면 한국전쟁 기간 동안 여성들은 후방에서 여러 가지 역할을 했다.

전쟁 때문에 마을 남자들은 징집당해서 북으로 끌려가기 때문에 남자들을 마을 뒷산 굴속에 숨겨 놓았다. 남자들을 숨겨 준 것을 들키면 목숨을 잃을 수도 있는 상황이었지만 마을 여자들은 남자들을 위해 항아리에 쓰레기를 담아서 산에 버리는 척을 하며 음식을 해서 항아리에 넣어 몰래 밥과 반찬을 가져다 주며 남자들을 보살피기도 했다. 그리고 인민군이 쳐들어와 마을 사람 모두가 굴속에 숨어 있을 때 갑자기 갓난 여자아기가 울음을 터뜨리자 그 아기 때문에 모두가 죽을 수 없어 의논을 해 아기의 입을 강제로 막았던 기억이 난다. 가끔씩 그 아기의 생사 여부가 궁금하다.(거제 출생, 1943)

북한 인민군은 낮에는 산속에 숨어 지내다 밤이 되면 민가로 내려와 쌀이나 보리, 닭과 온갖 먹을 것들의 약탈을 서슴지 않았다. 그 와중에 '우리가 연명할 곡식은 조금이나마 남기고 가져가라.'고 인민군들에게 애원하여 다행히 굶는 것은 면했다. 집에 남자가 있으면 끌고 갔기 때문에 남자는 멀리서 인민군들의 발소리와 목소리가 들릴 때면 뒷문으로 재빨리 도망가 뒤뜰에 있는 큰 감나무 위에 올라가 숨어 있다 오기를 수없이 반복했다. 그러다 인민군들이 집안에 있는 남자의 옷이나 신발 등의 물건들을 발견하여 의심을 하면 '바깥양반이 집을 떠나면서 남겨 두고 간 것'이라며 그들에게 변명했다.(울산 출생, 1944)

당시 오빠가 순경직을 맡고 있었는데 개가 킁킁 짖는 소리를 듣고 빨갱이가 왔다는 신호를 다른 사람들에게 알리기 위해 총을 아기 포대기 밑에 넣어 놓고 계속 꼬집어서 아기를 울게 했다.(부산 출생, 1937)

학교를 가 보니 교실에는 친구들 대신 여기저기 상처투성이 환자들이 바글바글했다. 학교를 환자들의 병원과 피난민의 숙박시설로 내주고 학생들은 공장의 창고에서 공부했다. 집마다 어머니가 대표로 나와서 피 묻은 붕대를 씻어야 했는데 어머니가 아프셔서 초등학교 4학년이었지만 집을 대표해서 피 묻은 붕대를 씻은 기억이 난다.(부산 출생, 1941)

국군이 마을 사람들을 모아 놓고 빨치산들과 동조자들을 가려내는 모습.

인민군과 국군, 공식적인 기억을 넘어서

한국전쟁을 통해 이데올로기적 갈등이 더욱 심해졌지만 인민군에 대한 여성들의 기억은 다양하다. 이런 다양한 기억들은 공식적인 기록이나 반공주의적 이분법의 잣대로는 설명할 수 없는 부분이다. 한 여성의 경험을 살펴보면, 군복을 입은 인민군들이 동네 주민들에게 피해를 주거나 나쁜 행동을 하지 않았고 동네 주민들의 민심을 얻으려고 했다고 기억하고 있다. 그들을 도와주는 사람들 중에는 배운 사람들이 많았는데 옆집에 살던 동네 오빠들 중 3명이 이들과 연락한 사실이 적발되어 그 후에 죽었다고 회고하고 있다(남해 출생, 1933). 또 다른 여성은 북한 사람들은 나라에 대한 충성심 때문에 여성들에게 관심조차 없어서 지나가는 여성들을 해치지 않았다고 회고한다(출생지 미확인, 1937).

인민군이 많이 쳐들어왔다. 우리 집에 온 인민군은 오는 길에 부상을 입어서 다리를 절룩거렸다. 동네 사람들끼리는 여자들 잡아가고 죽이고 때리고 그럴까 봐 걱정했었는데 아무도 해를 당한 사람이 없었다. 다리를 절름거리던 그 사람은 자기 집에 가도 나 같은 각시가 있고 부모가 있고 가족이 있다고 해치지 않는다고 걱정 말라고 안심시켰다.(하동 출생, 1936)

인민군이 소문과는 달리 무섭거나 사람을 마구 죽이지는 않았다. 오히려 인민군이 떠나고 국군이 오면서 빨간 완장의 절대 권력과 무서움을 알았다.(진주 출생, 1938)

북한 사람이 남한 사람을 죽인 것보다 남한 사람이 남한 사람을 죽이는 경우가 허다했다. 그들은 북한에게 첩자 노릇을 사주 받았기 때문이다. 그래서 북에 한 번이라도 끌려갔다 온 사람은 마을 사람들에게 첩자 취급을 당해 그 일대에서는 취직도 어려웠고 그와 먼 친척일지라도 같은 성씨거나 같은 집안이라는 이유로 일자리를 구하는 것이 어려웠다.(남해 출생, 1940)

여성의 경제활동 참여와 '전쟁미망인'

가난의 굴레를 벗어나기 위하여

'생계전사'가 된 여성들, 다양한 형태의 경제활동 참여

1950년 한국전쟁은 여성의 삶과 여성의 역할에 심대한 영향을 미쳤다. 여성들은 남성들이 전선으로 나가 집을 비운 동안 가정 전선을 지키면서 전쟁으로 공백이 생긴 남성적 활동 영역에 대거 참여하게 됐다. 또 남성 가장을 대신하여 가족의 생계를 책임져야 하는 여성들은 생활 전선에 뛰어들어야 했다. 여성들은 전쟁의 피해자이자 희생자였다. 그러나 여성들의 전쟁 경험은 단순히 '궁핍', '억압' 등으로 치부해 버릴 수만은 없다.

산업 기반이 거의 전무한 상태에서 전쟁이 남긴 폐허를 가로지르며 여성들은 닥치는 대로 돈이 될 만한 일들을 찾아 나섰다. 교육의 혜택을 받지 못한 데다 특별한 기술이 없는 여성들은 '식모'오늘날의 가사 도우미나 삯바느질, 세탁 등 '집안일'의 경험을 살리는 노동들을 했고, 젊은 여성들은 방직공작 노동자로 일하거나 기술을 익혀 미장원이나 병과점에 취직하는 것이 큰 행운이었다. 이처럼 사회 구석구석에 다양한 모습으로 행해

Carl Mydans, 전쟁미망인, 《라이프》, 1951년.

전쟁미망인, 미국국립문서기록보관청, 1950년 10월.

졌던 여성들의 노동은 불안정한 생계형 노동이었다.

북한 흥남에서 미군의 해군함정을 타고 거제도로 피난을 왔던 한 여성월남인의 경우 남편과 상봉을 했지만 사실상 별거로 다섯 명이나 되는 가족의 가장으로 살았다. 그는 처음에 거제도 포로수용소의 포로들과 물품을 거래했고 나중에는 미군 부대의 매점인 PX에서 불법으로 유출된 물건을 거래하는 장사를 하기도 했다(김귀옥, 2004: 55).

전쟁으로 인해 남성이 대규모 동원된 1950년대 초반, 여성의 경제활동에 대한 참여율은 급격하게 높아졌다. 한국전쟁을 계기로 여성들은 생계를 유지하기 위해서 다양한 형태의 경제활동에 나섰다. 전쟁 직전인 1949년에 전체 직업종사자 중 여성의 비율은 35.6%로 낮았으나 1951년과 1952년에는 각각 47.6%와 44.6%로 증가했다. 농업 이외의 부분에서도 여성인구의 비율이 증가했으며, 특히 상업에 종사하는 여성이 급격히 증가했다(한일여성공동역사교재편찬위원회, 2005: 217).

여성교육의 향상과 함께 여성들이 한국전쟁을 계기로 알게 된 주체적인 인식과 경제적 긴박감, 직업여성에 대한 사회적 재인식, '전쟁미망인'에 대한 국가의 직업보도 정책, 노동법에 의한 남녀 차별 대우 금지 등으로 여성의 직업 진출은 매년 증가 일로에 있었다. 즉, 전쟁으로 유사시 여성의 생계유지와 독자적인 삶의 개척을 위해 능력개발이 필요하다는 인식이 생겨 났고, 이는 여성의 사회 진출을 증가시키는 계기를 마련했다.

《부녀행정 40년사》1987에 의하면, 1959년 당시 10인 이상 종사 사업장의 여성종사자 수는 1953년 상시 5인 이상을 고용하는 사업장을 대상으로 조사한 여성종사자 수 56,995명보다 거의 1만 명이 더 많았다고 한다. 이러한 사실로 미루어 보아 여성종사자 수가 대량으로 증가하고 있다는 것을 알 수 있다. 또한 업종별로 볼 때 제조업에 종사하는 종사자 총수는 66,738명 중 여성종사자가 58,361명으로 약 90%를 차지하고 있었다. 이는 기교를 요하는 수공업과 가공업 등에 여성들이 많이 진출했기 때문이다. 반면에 사무원이나 기술자와 같은 직업에 종사하는 여성은 의외로 적어 여성종업원은 남성의 약 3분의 1에 불과했다. 기능습득자의 경우 여성은 남성보다 2천 수백 명 정도가 적었다.

《경남도정 백년사》1996에 나타난 경남의 업종별 공업 현황을 보면, 1950년대 경남의 공장 수는 821개였고 총 종업원 수는 41,193명이었다. 이들 종업원은 주로 고무공업이나 도자기공업, 성냥공업, 제지공업 등에 종사하고 있었으며, 여성노동자가 전체 노동자의 52%였다. 근로기준법에 의하여 남녀의 차별대우를 철폐하도록 명문으로 규정하고 있으나 실제로 여성의 임금은 남성보다 훨씬 적은 절반 정도에 불과했다.

기혼여성의 직장 진출

해방 후 혼란한 정국과 뒤이은 한국전쟁을 겪으며 여성들은 생존을 위해 경제활동을 하지 않을 수 없었다. 이때 여성에게 주어진 일은 특별한 기술을 필요로 하지 않는 음식장사와 같은 소규모 장사나 공장 일이었다. 한국전쟁은 여성이 전업주부 역할을 할 수 있는 물질적 기반을 붕괴시켰다. 어머니는 아이를 키우는 동시에 생계를 위해 품을 팔아야 했으며 선택에 의해서 직업을 구하기보다는 자녀들과 자신의 삶을 이어가기 위해 억척같은 삶을 살아야 했다. 여성들은 교육, 의료 등 전문 분야에 진출하는 것과 더불어 장사, 공장일, 삯바느질, 식모 등에 종사했다. 한국전쟁은 여성을 생계 전선으로 내몰았고 이는 전통적인 여성의 성 역할에 일대 변화를 가져오게 했다.

또 하나의 특징은 경제활동에 뛰어든 여성들 중 기혼여성이 급속히 증가했다는 사실이다. 그동안은 여성의 직업의식 수준이 낮아서 결혼의 준비를 위해서 일시적으로 직업을 갖는 것이 대부분이었다. 그러나 해방 이후에는 기혼여성의 직장 진출이 급속도로 증가했다. 자신의 포부를 가지고 가정을 유지하면서 직장에 나오는 몇몇을 제외하고는 대부분의 기혼여성들이 가정의 경제를 타개하기 위해 경제 활동에 뛰어들었다. 이러한 추세는 전쟁터에 나간 남성을 대신하여 직장에 동원됐던 여성들과 해방 이후 불경기에 따른 남성들의 실업 등으로 인하여 기혼여성들이 경제활동에 참여하지 않으면 안 되는 상황이 조성됐기 때문이다.

농촌을 떠나 도시로 간 어린 소녀들은 먼 친척의 소개나 직업소개소의 권유로 식모가 되거나 값싼 노동력을 필요로 하는 공장의 임금노동자가 됐다. 아니면 달리는 버스에 매달려 '오라이-스톱'을 외치는 버스 차장이 됐다.

영화 〈미망인〉 광고, 1955년.

'전쟁미망인'의 삶과 이산가족

아직 죽지 아니한 아내, '전쟁미망인'

한국전쟁 이래 전사, 학살, 포로, 납치 등으로 '전쟁미망인'이 된 여성들이 많았다. '전쟁미망인'은 전사한 남편을 둔 여성을 가리키는 말이다. 남편과 함께 죽지 못하고 살아남았다는 의미에서 부정적인 뜻을 가진 '미망인'未亡人이란 말은 당대 채택됐던 용어로 가부장제에 바탕을 둔 개념이었다. '미망인'들은 가혹한 고통과 시련이 기다리고 있는 생활 전선으로 내몰리면서도 주변의 따가운 시선을 감수해야만 했다. 또한 아들을 못 낳고 자식이 없는 집에 후처로 들어가는 경우도 있었다.

1955년 한국 최초의 여자 감독 박남옥의 영화, 〈미망인〉은 어린 딸 하나를 데리고 사는 '미망인'이 남자들의 유혹을 뿌리치고 수절하며 거센 세파를 헤치고 살아간다는 내용을 담았다. 그해 히트곡 가운데 반야월 작사, 이재호 작곡, 이해연 노래의 '단장의 미아리 고개'는 사실상 '미망인'이 된 여성의 눈물을 담은 반공 가요였다.

1958년도 보건사회부에서 집계한 바에 의하면, 전국의 '미망인' 총수는 50만 5,300명에 달했다. 그중에 군경 미망인이 약 6만 명이고 나머지 44만 명이 일반 미망인이었다(김행선, 2009: 37). 여성들의 상당수는 남성가장인 남편이 없는 현실에서 스스로 생존해야 하는 현실에 부닥쳤다. 기혼여성의 정규직 진출이 거의 막혀 있었던 당시 상황에서 배우자가 사망한 '전쟁미망인'과 그 유족들의 삶은 매우 불안정했다. 《3·15의거사》2004: 185에 따르면 마산의 경우도 '전쟁미망인'이 1957년 말 당시 3,475명에 달했다. 1958년 1월의 조사에 의하면 '미망인' 가운데 구호를 필요로 하는 사람이 1,347명이었고, 50세 이상이 1,376명이나 됐다. 또한 6명 이상을 부양하는 사람이 154명, 3명 이상을 부양하는 사람이 2,210명이었다.

대다수의 '전쟁미망인'은 살림도구나 옷가지 등을 내다 팔며 생계를 유

함양의 향토민요

과부타령

오동추야 긴긴밤에 홀로 누어 한숨이라
굽이굽이 서러운 밤 너를 누가 알아주랴
눈물 흘러 위천수 되니 내 가슴에 붙은 불을
끄나 줄까 바랐더니 이내 가슴 다타온다

겉이 타야 남이 알지 속이 타니 누가 알랴
타는 가슴 답답하다 어느 누구 화답할꼬
밤만 되면 불이 붙네 청춘 과부 못살네라
북망산 머나먼 곳 임을 따라 나도 갈래

함양군사편찬위원회(2012b: 310).

지했다. '전쟁미망인'들은 남편을 잃은 슬픔을 뒤로한 채 가족의 모든 것을 책임져야만 했다. 가사노동, 자녀양육, 노부모 봉양과 같은 전통적 여성 역할은 물론이거니와 가족의 생계를 책임지는 기존의 남성 역할까지 모두 전쟁미망인의 몫이었다. 당시

영화 〈미망인〉의 한 장면, 1955년.

26세였던 마산의 강임순은 1950년 남편이 전쟁으로 나간 지 11개월 후에 전사통지서를 받았는데 남편을 잃은 슬픔을 길게 느낄 여유도 없었다고 한다. 전쟁이 끝남과 동시에 옷감이나 곡식 등을 이고 행상을 시작했고 삯바느질, 건어물 장사 등 자신의 생계를 위해 닥치는 대로 일을 해야 했기 때문이다(경남신문, 1985. 6. 22.).

1956년 마산 송성농에 '전쟁미망인원산장'이 개설되어 유엔한국재건단운쿠라: UNKRA의 원조로 마련된 재봉틀 10대로 '미망인' 13명에게 기술을 가르쳤다(3·15의거사편찬위원회, 2004: 185). 이처럼 '미망인' 구호대책은 시급한 것이었으나 재정적 뒷받침이 없어 전반적으로 이뤄지지는 못했다.

30~50만 명으로 추산됐던 '전쟁미망인'들은 그야말로 극심한 생활고를 극복하기 위한 노동을 수행하면서도 '이상화된 모성'의 역할 모델이 되어야 한다는 담론으로 '죽은 듯 살아야 하는' 고통을 경험했다. 당시의 사회 조건 속에서 남편을 잃은 여성이 재혼을 한다는 것은 대단히 어려운

일이었다. 남편을 잃은 여성들은 다른 남자들과 이야기를 하거나 다른 남자들과 친하게 지내기만 해도 이상한 소문이 나돌았다. 이러한 상황은 당시 《경남일보》에 실린 "어느 과부의 독백"이라는 글에서 잘 나타난다.

전후 '어머니 중심 가족'이 늘어나고 사회적 돌봄 영역이 확장되면서 그 어느 시기보다 모성이 중시됐다. 1950년대 모성은 '전쟁미망인'에 대한 성을 통제하고 아동 부양의 책임을 여성에게 전가하기 위해서 강조됐다. 한국전쟁 이후 발생한 다수의 '전쟁미망인'은 동정의 대상이면서 동시에 가부장제를 위협하는 존재로 인식됐다. 특히 '전쟁미망인'의 성문제는 가족제도를 위태롭게 하는 것으로 봤기 때문에 이에 대한 사회적 관심이 매우 높았다. '전쟁미망인'을 한 여성으로서가 아니라 가부장적 가족제도 내의 구성원으로, 자식의 부양자로 위치시키는 데 있어 모성이 자주 활용됐다.

여성 이산가족

한국전쟁을 겪으면서 많은 이산가족이 생겨났다. 이산가족으로 인해 배우자가 없는 여성들은 명실상부한 가장이 됐으며 그들의 삶도 '전쟁미망인'의 삶과 별로 다르지 않았다. 특히 사회경제적 배경이 불우한 월북 이산가족들은 개인집 식모, 또는 군부대 품팔이 노동을 하거나 행상, 자영업 등을 했다.

여성 이산가족도 전쟁미망인과 마찬가지로 가사노동, 자녀양육, 노부모 봉양과 같은 전통적 여성 역할은 물론이거니와 가족의 생계를 책임지는 기존의 남성 역할까지 모두 맡아야 했다. 일부 여성들은 '자유부인'과 같은 성적 주체로서 눈을 떠가기도 했지만 가부장제를 유지하는 역할을 마다하지 않았다. 그러나 이들 여성들이 한 가정의 가장이 되어 자식들의 생계를 책임지고, 교육을 담당하면서 사회생활을 경험하기 시작했다는 것은 여성의 지위 향상을 위한 의미 있는 출발점이라고 할 수 있다. 이러한 시련을 통해 여성들은 그들의 사회인식을 높이고 경제적으로 독립하는 것이 바로 여권신장의 길이라는 것을 깨닫게 되는 것이다. 여성들이 경제활동에 참여함에 따라 1961년 국가가 가족계획사업을 시작하기 전부터 여성들에 의한 출산조절 보급 운동이 이미 생겨났다.

독자소품, 어느 과부의 독백

이영범

"왜 동양의 도덕은 남자에게는 이롭고 여자에게는 불리하게끔 만들어져 있을까. 상처한 홀아비가 장가를 가는 것은 의당 있을 일인 줄 알고 있으면서도 왜 주인 잃은 약하고 외롭고 가련한 여자가 영원한 안식을 찾아 재혼을 하면 세상에서는 왜 정숙하지 않다고 욕들을 하고 남의 일에 안달을 부리는지 남자는 타 여성과 간통을 해도 좋은 말로 외도라고 별로 비난을 안 받고 도리어 남자들은 영웅호색이라고 떠받들고 여자가 불행한 사랑과 가정생활에 환멸을 느껴 진실한 사랑을 한 번 하면 서방질 한다고 욕하지 외도를 한다든가 내도를 한다든가란 말을 들을 수 없으니 동양이나 회교도에서 여자로 태어남은 불행을 지니고 세상에 나오는가 보다."

자료: 경남일보(1963. 3. 3.)

전후 현모양처론과 문화

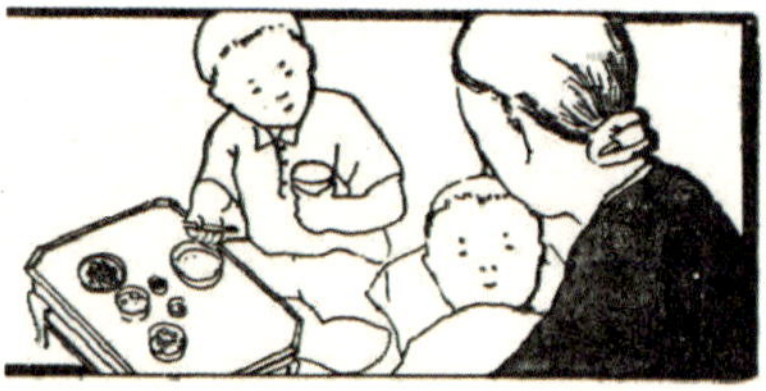

현모양처론

한국전쟁으로 조성된 남성 부재의 현실이 '전쟁미망인'을 비롯한 많은 여성들로 하여금 어떤 형태로든 경제활동에 종사하도록 했고 여성들은 사회와의 접촉을 통해 인식의 변화를 경험했다. 그러나 전쟁이 끝나고 남편들이 사회로 돌아오면서부터 여성들은 다시 가정이라는 울타리 안으로 복귀할 것을 요구받았다. 고등교육을 받은 여성들도 결혼 후에는 대부분 직장을 그만두어야 한다는 분위기였다.

그러한 상황 속에서 여성들에게 부과된 이데올로기는 현모양처론이었다. 해방과 한국전쟁을 거치면서 여성들은 어떤 형태로든 경제활동에 종사했지만 전후 사회적 혼란이 어느 정도 수습되면서 여성은 가정주부로서 자녀양육과 가사노동을 책임져야 한다는 현모양처론이 다시 부상됐다. 혼란한 사회에서 유일한 안식처는 가정이며 어머니·아내로서의 의무에 충실한 현모양처야말로 여성의 본분이라고 강조했다. 당시 문교부오늘날 교과부는 여성교육의 주안점을 현모양처에 두고 각 여학교에 생활관을 설치하도록 하여 현모양처의 부덕을 닦도록 지시했다.

어머니날 행사, ≪진주여고 80년사≫, 1968년.

이상화된 모성

어머니날 행사

한국전쟁 이후 사회가 얻고자 했던 것은 결국 '강한 어머니'의 탄생이었다. 간헐적으로 몇몇 단체에 의해 개최되던 어머니날 행사가 국가적 행사로 승격된 것은 1955년 8월 30일 국무회의에서 5월 8일을 '어머니날'로 제정하면서부터다. 어머니날은 '모성애에 대한 은덕을 널리 찬양하는 기념일'이었다. 1957년 5월 8일부터 보건사회부 부녀국에 이관되어 행사를 실시했는데, 이와 같이 어머니날을 제정하고 행사를 개최함으로써 여성의 삶의 목표이자 지향점이 어머니이고, 끊임없는 희생과 인내가 어머니의 미덕임을 국가 차원에서 각인시키는 계기가 됐다. 모성애는 전후 사회의 모든 사회악의 구원자로 표상됐는데 어머니날의 제정은 이런 이데올로기를 제도화하고자 하는 시도였다. 1961년 제3공화국시대로 접어들면서 '어머니날 행사'에서 모범어머니를 각 시·도 단위로 선출하여 표창했다. 결국 모든 행사의 초점은 어머니에 대한 감사보다는 어머니의 책임과 사명을 강조하는 데 있었다. '어머니날' 제정의 효과는 전통적인 여성상의 재현이었다.

어머니날 행사는 매년 큰 비중을 차지하고 이루어진 행사 중 하나로 경남지역에서도 장한 어머니에게 '장한 어머니 표창'을 지속적으로 수여했다. 1957년부터 진행된 진주여고의 어머니날 행사를 보면, 전교학생들이 모인 가운데 어머니들을 모시고 거기에서 장한 어머니에게 상을 드렸다. 이 상은 역경을 헤쳐 가며 꿋꿋하게 삶을 살면서 아들딸 등 자식을 장하게 기른 어머니에게 주어지는 상이었다.

남편따라 죽음 길을, 열녀 표창

국가와 사회단체는 끊임없이 '열녀', '효부', '절부'로 규정된 여성들을 모범의 대상으로 표창하고 그녀들의 삶을 소개했다. 실제로 당시 ≪경남일보≫1967. 4. 8. 보도를 보면 창녕군에서 죽은 남편을 따라서 죽은 부인에게 열녀 표창을 했다는 기사가 나온다. 1963년 8월 24일, 남편 손씨가 숨지자 '불효자식을 용서하옵시오'라는 유언과 함께 남편이 숨진 1시간 후에 24세를 일기로 부인이 남편 뒤를 따랐다는 것이다.

3대 바람치맛바람, 곗바람, 춤바람

1950년대는 '치맛바람', '곗바람, '춤바람'을 통칭하는 '3대 바람'이라는 말이 있었다. 이는 여성의 사회진출이 확산되고 가정에서의 역할이 높아지면서 일부 여성들이 경제적 처분권을 가지게 됨에 따라 일어나는 현상이라고 볼 수 있다.

이러한 분위기에서 '내 자식'의 성공과 행복이 바로 강한 어머니들의 삶의 목표였다. '내 자식'의 강조는 피를 나눈 '가족'이라는 개념을 강화시키면서 가족의 이익을 가장 중요시하는 가족이기주의를 발전시켰다. 따라서 강한 어머니들은 가족이기주의를 근대적으로 변형시킨 장본인들이었고 여성과 가족은 더욱 동일시됐다. 어머니들은 자식을 좋은 학교에 보내기 위해 맹렬히 투쟁했는데 돈을 많이 쓰고 로비도 불사하는 투쟁을 가리켜 '치맛바람'이라는 이름이 붙었다. 이는 오늘날 '헬리콥터 맘'과 유사한 현상이었다.

1955년 봄부터 사회문제화가 된 계 역시 가정생활의 한 부분이었다. 계는 일반적으로 은행에서 사금융사가 되지 않아 부득이하게 생활의 어려움을 극복하려는 경제적 이유에서 가정주부들 사이에 성행하게 된 것이다. 한국 사회에서 그 전까지는 여성에게 경제적 활동이 없었으나 점차 가정생활 수준이 높아짐으로써 주부도 어떠한 경제적 수입을 가져야 한다는 필요에서 계가 일반화됐다. 즉 한국 여성들의 경제적 자립의 한 과정으로 계가 생겨나게 된 것이다. 농촌에서의 상호부조의 원칙 아래 생겨난 혼인계, 농우계 등은 한국전쟁으로 사라졌고, 이를 대신하여 1·4후퇴

영화 〈자유부인〉 포스터, 1956년.

때 부산에서 소위 낙찰계 등이 탄생하게 됐다. 이는 1950년대 광주에서의 계 소동으로 일약 사회문제로까지 번지게 됐다. 당시 ≪경남일보≫1969. 10. 29.에도 "계라면 부인네들은 죽고 못 산다. 마치 공복인 계집애가 떡보다도 껌을 탐내는 것과 같이!"라는 기사가 실릴 정도였다.

또한 전후 사회에서 여성의 성은 논란거리 가운데 하나였다. 논란의 핵심은 잘못된 성의식과 행위로 인해 여성의 성이 왜곡된 형태로 폭발하여 사회악을 조장한다는 것이었다. 그 대표적 사례가 〈자유부인〉이다. 〈자유부인〉은 소설가 정비석이 1954년 1월 1일부터 8월 6일까지 서울신문에 연재한 소설의 제목이다. 작품에서 묘사되는 성 윤리와 작품의 상업성을 둘러싸고 작가와 교수 그리고 문학평론가와 변호사까지 가세해 논쟁이 일어났고, 이 소설은 단행본으로 출판되어 14만 부 이상이 팔리는 등 문화적 충격을 일으켰다. 그뿐만 아니라 1956년에는 소설이 영화로도 제작되어 큰 성공을 거두었다. 그러나 논쟁의 결과, 사회에서는 '자유부인'을 결코 허용해서는 안 된다는 결론이 나왔고 '자유부인'의 여성이미지는 '일탈된' 나쁜 여성들을 판단하는 기준이 됐다. 이 시기의 나쁜 여성들은 사치와 허영에 빠져 가정을 뛰쳐나온 '자유부인'으로 표상됐다.

'춤바람'이라는 말이 있듯이 당시에는 댄스가 성행했다. 댄스는 미군이 유행시켰는데 미군과 특정 상류층 부인들 사이에서 추던 사교댄스가 대중적으로 퍼져 나갔다. 경찰은 1947년 1월부터 댄스홀에 미군의 출입만 허용하고 일반인의 출입을 금지시켰다. 그러나 무허가 댄스홀과 댄스강습소는 여전히 성행했다. 이에 대한 단속이 심했지만 이러한 춤바람은 이후에도 계속 이어졌다. 비밀 댄스홀을 급습하여 5명을 검거했다는(경남일보, 1963. 6. 19.) 당시의 신문기사를 보면 경남에서도 이러한 바람이 불었음을 보여 준다.

여성의 권리 찾기

축첩반대운동

이 당시의 여성들은 자신들의 정체성을 형성했고 단체 활동을 통해 역동성을 보여 주었다. 대한부인회를 비롯한 여성단체들의 축첩반대운동은 이승만으로 하여금 축첩방지법 제정을 실시하도록 하여 입법이 추진되는 효과로 이어졌다. 이승만의 축첩 공무원 방지에 관한 입법 의지에 따라 정부는 정기적으로 축첩 공무원에 대한 숙청을 단행했다. 1950년에는 250명의 축첩 경관이 적발되어 파면을 당했으며 공무원 감원 문제가 제기될 때마다 제 일차 대상은 축첩 공무원이었다.

1950년 5월 30일에 있을 제2대 국회의원 선거를 앞두고 대한부인회를 주축으로 한 여성계는 축첩자에 대한 투표 거부 운동을 전개했다. 그리고 지침을 각 시·군 지부에 전달하여 맹렬한 운동을 전개하기로 결정했다. 축첩자에 대한 투표 거부는 전국적으로 전개됐다. 축첩반대운동은 박순천이 간통쌍벌죄를 입법화하는 활동을 하는 데 중요한 밑거름이 됐다. 1952년 피난지 부산에서도 대한부인회를 비롯한 여성단체들이 트럭에 현수막을 달고 시위를 벌이면서 간통쌍벌죄 법 제정 문제의 중요성을 알렸다.

여성들은 전쟁으로 인한 반공이데올로기와 이승만 정권의 정치적 필요성으로부터 자유로울 수 없었던 상황에서도 주체적이고 능동적인 정책 대상으로서 자신들을 설정했다. 이는 비록 느리기는 하지만 그들 스스로 여성도 하나의 인격체로서 사회발전의 원동력이라는 의식을 갖게 됐다는 것을 의미한다.

간통쌍벌죄

여성들은 정조 관념이 여성뿐만 아니라 남성들에게도 요구되는 규범이라는 사실을 깨닫고 이를 요구하기 시작했다. 축첩의 관행에 대해서 보다 본격적인 관심을 나타냈던 것이다. 해방과 더불어 도입된 서구의 법이념에 따라 1953년 제정된 형법에 '간통쌍벌죄' 조항을 둠으로써 남성의 축첩을 비로소 범죄시하게 됐다.

최초의 간통쌍벌죄 고소 사건은 1954년 2월 27일 서울지방법원에서 개정된 이른바 '500만 환 위자료 청구소송 사건'이다. 이 사건의 재판 과정이 사회의 관심을 모은 이유는 여성의 고소로 간통쌍벌죄가 적용된 최초의 형사 사건이었다는 점이라는 것이다. 그뿐만 아니라 소송의 직접적 발단이 남편의 축첩 행위에 있었던 만큼 재판부의 최종적인 판결은 사회에 만연되어 있었던 축첩 행위에 대한 법률적 기준이 된다는 점, 500만 환이라는 거액의 위자료를 청구했다는 점, 그리고 여성들이 폭발적인 관심을 표명하며 법정을 가득 채우는 등 일찍이 볼 수 없었던 행동을 보인 점 등이 사회의 관심을 모으게 했다. 그러나 이러한 관심에도 불구하고 재판부는 1954년 5월 15일 간통죄로 고소당한 한위동과 장인혜에 대해 공소기각을 선고하여 형사상 무죄로 처리하고 민사상의 책임만을 추궁함으로써 당시의 법조계와 사회가 남성의 축첩을 범죄시하는 데 소극적이었음을 보여 주었다. 그러나 이러한 형법상의 간통죄 처벌 조항은 2015년 2월 62년 만에 역사 속으로 사라졌다. '성적 자기결정권' 존중이라는 시대의 변화를 반영하여 헌법재판소에서 위헌 판결을 받은 것이다.

생활개선운동과 여성

의식주 생활의 서구화를 주요 내용으로 하는 생활개선운동은 여성을 계몽의 대상으로 보는 것으로 미군정기인 1946년 9월 여성문제를 전담하는 행정기구인 부녀국이 설치되면서 시작됐다.

대한민국 정부수립 후에는 1949년 부녀국 내에 생활개선과가 신설되면서 본격화됐다. 부녀국이 주도한 주요한 생활개선운동으로는 매년 2회에 걸친 국민생활합리화 강조주간을 통한 계몽활동, 국민생활합리화 3대 목표 제정, '신생활특수모범부락'의 설치 및 운영, 의례규범의 제정, 한국잠정영양규정이 있었다.

이승만 정부는 전쟁이 끝난 뒤에도 '전시 생활개선법'을 폐지하지 않고 전시 생활의 연장에서 '생활의 합리화'를 추진했다. 보건사회부의 계몽영화 순회반은 전국을 돌며 주민들을 대상으로 계몽영화를 상영했고, 부녀국은 각 조에 생활개선 모범부락을 선정하여 중점 관리방식을 통해 농촌 생활개선운동을 전개했다 1954년에는 부녀국을 중심으로 하여 '국민생활 합리화 3대 목표'를 설정하고 더욱 체계적으로 운동을 추진하고자 했다. 그 3대 목표는 "도의생활인격완성, 공민훈련, 정신무장, 평등관념, 풍속쇄신, 건설부흥창의존중, 자원개발, 기술연마, 협동일치, 내핍생활, 과학생활인습타파, 보건후생, 의식주생활 합리화"이었다.

1950년대 신생활운동은 보건사회부 부녀국이 주도했고 문교부, 내무부, 농림부 등이 공조하여 전개됐다. 생활개선사업을 특정한 부락에 중점 지도함으로써 실생활의 향상을 보여 주고 자각심을 촉구하여 자진해서 분발, 실천하게 하고자 했다. 각 도의 1개 부락에 생활개선모범부락을 설정하고 각종 사업을 총집중하여 중점 지도를 했다. 경남은 1950년대 후반 신생활 모범부락으로 의령군 가례면 가례리를 설정하고 낙후됐던 이 마을을 중류이상의 부락으로 발전케 했다. 생활개선운동의 또 하나의 방향인 근대적인 자녀양육과 어머니 역할의 강조는 보건사회부 후원으로 창립된 '대한어머니회'를 통하여 실천됐다.

《경남일보》1961. 10. 21. 기사에서도 진주시촉진회에서 전 시민을 대상으로 당면한 신생활운동의 결실을 거두기 위하여 농대현재의 경상대학교의 여대생 및 시내 각급 학교의 여교사들에게 신생활여성계몽지도를 실시했음이 나타나고 있다. 여대생 75명을 2개 반으로 나누어 21일, 22일 양일간 실시하고, 102명의 여교사들을 7개 반으로 나누어 열흘에 걸쳐 나머지 시내의 전부를 순회 지도했다.

실제로 한 여성은 생활개선운동을 했으며 제사를 지내지 말라는 등 관혼상제에 대해 교육을 받았다고 기억하고 있다(사천 출생, 1945). 생활개선운동이 일상을 개혁하는 운동이었던 만큼 그것의 중심은 의식주의 개량에 있었고 이를 위해서는 가정이 그 주체이자 대상이 되어야 했다. 그것은 가정을 근대적으로 개조하기 위한 가정개량운동이었으며 교육의 대상은 여성이었다. 1950년대 신생활운동은 가시적인 성과를 내지는 못했지만 그 논리는 이후 재건국민운동과 새마을운동으로 계승됐다.

가족계획 포스터,
보건사회부–대한가족협회, 1968년.

여성의 사회참여와 부녀행정

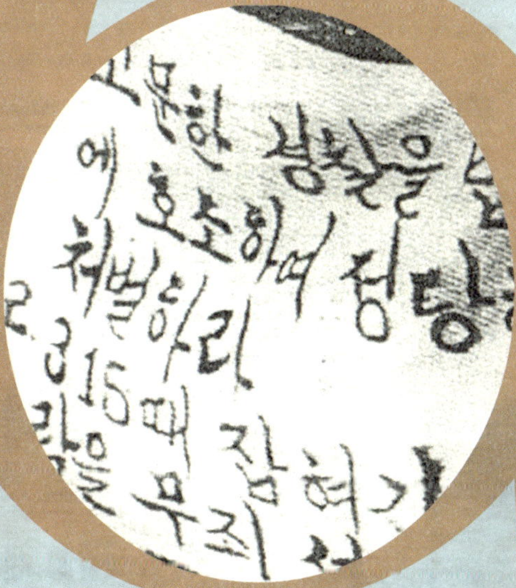

3·15 부정선거를 규탄하는 현수막,
≪진주여고 80년사≫, 1960년.

마산에서도 시위가 있었는데 경찰에 의해 나보다 한 살 많았던 한 학생이 죽었다. 후에 학생의 시체가 마산 앞바다에 떠올랐다. 그때 나를 비롯한 모든 사람들은 정말 많이 화가 났었다. 신문에 난 사진을 보고 나는 정말 충격을 받았었다. 얼굴을 알아볼 수 없었기 때문이다. 부정선거에 김주열 학생 시신까지 나오자 사람들은 모두 분노했고 4·19혁명으로 이어졌다.

寫眞說明 : : 데모隊와 合流한 市民들이 鍾路二街를 行進하고 있는 光景

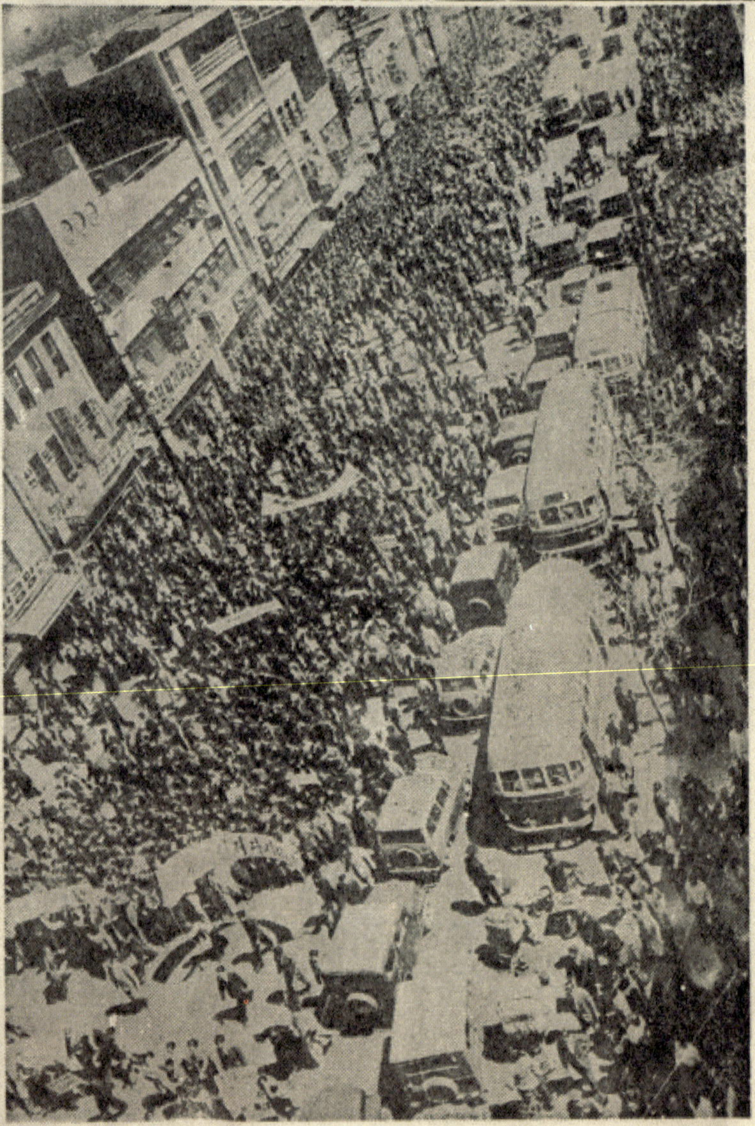

시민들의 부정선거 규탄 거리 행진, 동아일보, 1960년 4월 7일.

민주화·산업화의 물결과 여성

3·15부정선거와 4·19혁명

1960년 3월 15일 정부통령 선거를 전후하여 마산에서는 적어도 4차례 시위가 발생했는데 대부분이 학생들이었고 상당수는 여학생들이었다. 4월 11일 선거일에 실종된 김주열 학생이 눈에 최루탄이 박힌 채 마산 앞바다에서 시신으로 발견되자 격분한 마산 시민과 학생들은 정부에 항의하는 시위를 대대적으로 벌였다. 당시 부녀자들의 시위와 더불어 200여 명으로 추산되는 할머니들의 시위도 있었다. 이러한 시위는 4·19혁명을 전국적으로 확산시키는 데 결정적인 역할을 했다.

실제로 경남지역의 한 여성은 4·19혁명 때 데모를 하기 위해 돌을 들고 아침마다 집을 나섰고 친구들과 고무신을 신고 몸에 멍이 들어 가며 데모를 했다고 기억하고 있다(일본 출생, 1940). 《마산시사》2011에 나타난 여고

진주여자고등학교 학생들의 4·19혁명 참여. ≪진주여고 80년사≫. 1960년.

생들의 구호를 살펴보면 "정의는 민주의 횃불이다. 껍질만 남은 자유 필요치 않다."(마산여고), "학생에게 자유를 달라. 범인을 잡아 법률에 호소 정당한 처벌을 하라. 고문한 경찰을 법률에 호소하여 정당한 처벌을 하라. 3·15 때 잡혀간 사람 무죄 석방하라."(성지여고), "협잡선거 물리치고 다시 재선거하자."(제일여고), "공명선거 다시 하자."(마산간호고교) 등이었다. 다음 글은 당시의 상황을 전해 준다.

> 마산에서도 시위가 있었는데 경찰에 의해 나보다 한 살 많았던 한 학생이 죽었다. 후에 학생의 시체가 마산 앞바다에 떠올랐다. 그때 나를 비롯한 모든 사람들은 정말 많이 화가 났었다. 신문에

난 사진을 보고 나는 정말 충격을 받았었다. 얼굴을 알아볼 수 없었기 때문이다. 부정선거에 김주열 학생 시신까지 나오자 사람들은 모두 분노했고 4·19혁명으로 이어졌다. 전국적으로 시위가 일어났다. 이때는 학생이고 어른이고 모두가 참여했고 경찰이 총과 칼을 가지고 있었다. 의사였던 아버지는 시위 후에 다친 사람을 치료했고 나는 심부름을 했었던 기억이 난다.(시흥 출생, 1945)

"3·15 때 잡혀간 사람을 무죄석방 하라" 마산 여고생들의 시위 현장, 경향신문, 1961년 9월 2일.

3·15 부정선거를 규탄하는 현수막을 든 여학생, 《진주여고 80년사》, 1960년.

늘어나는 여성 취업인구

여성 능력개발의 중요성 인식

1961년 5·16 군사 쿠데타는 한국사회를 격변의 소용돌이 속으로 휘몰아갔다. 그 이후 전개된 1960년대는 공업화 사회로 전환하면서 경제성장 위주의 정책이 실시되던 시대였다. 여성의 취업은 수출 중심의 경제정책에 따라 저임금의 노동력으로 활용된 미혼여성을 중심으로 크게 증가했다. 또한 정부 주도로 강력하게 추진된 가족계획사업에 따라 자녀수가 감소하는 등 가족구조가 변화되어 여성의 삶에 커다란 영향을 미치게 됐다.

이 시기 특징은 일제강점기 신여성들의 지도자적인 활약과는 달리 일반 여성들이 생활의 수단으로써 사회경제활동에 참여한다는 것이다. 이에 여성들이 종사했던 직업의 수와 범위가 확대됐는데 경제활동 여성의 수가 늘어나게 된 사회적 배경으로는 여성에 대한 교육기회의 확대와 사회참여 의식의 확산 등을 들 수 있다. 기존의 직업에 종사하던 여성들이 수적으로 증가했을 뿐 아니라 이전에는 여성들이 참여하지 않았던 관청이나 회사, 자유업 등 각 부분으로 여성인력의 진출이 확대됐다.

노동청 조사 결과에 따르면 1968년에 여성취업인구는 3백9만 3천 명으로 1967년보다 18만 3천 명이나 늘어났으며, 이 중에는 가정을 가진 주부들도 상당수 됐다. 실제로 여성의 경제활동 참여와 관련한 여성능력 개발은 1960년대 말 커다란 사회적 이슈였다. 한국여성단체협의회의 1969년도 전국여성대회의 주제가 '여성능력의 개발과 효과적 기여'였고, 크리스찬 아카데미는 '여성자원'에 관한 세미나를 개최했다. 노사문제연구회와 여성문제연구회도 '여성과 직업'에 관한 토론회를 열고 여성의 능력자원을 타진했다.

그러나 당시에는 교육을 받았던 대부분의 여성이 사회로 진출하기보다는 결혼을 하고 가정에서 주부 역할을 담당하는 일이 일차적이었다. 직업을 갖는 일은 가정 내 경제적 문제를 타개하기 위한 일이거나 '미망인'의 일로 여기는 사회적 경향이 있었다. 당시의 사회적 분위기는 고등교육을 받은 여성이 직업을 갖는 일이 격려되기보다는 문제가 있는 것으로 여겨지기도 했다. 사회는 여전히 여성의 직업 활동을 비하하여 보는 경향이 지배적이었고 여성은 직장인으로 가정 주부로 모든 일을 잘해야 한다는 인식을 갖고 있었다.

이러한 문제를 놓고 1969년 4월 8일에 당시 이화여대 법정대 학장이었던 이세영 박사는 한국직업여성클럽 월례 발표회에서 "의식주 생활을 간소화하여 비능률적 비과학적 생활을 청산할 수 있어야 한다. 탁아소 등 사회보장

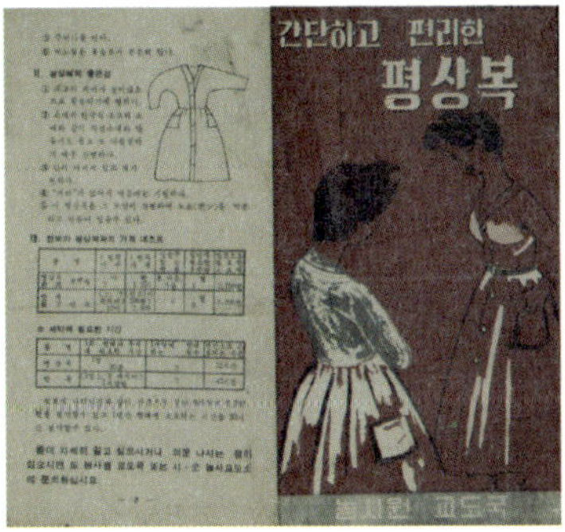

간단하고 편리한 평상복 홍보 리플릿, 개인소장, 1960년.

제도가 뒷받침되어야 한다. '풀 타임'제의 직장보다 '파트타임'제의 직장제도가 도입되어야겠다."고 하면서도 "그러한 주부는 남보다 두 배나 부지런히 매사에 치밀한 계획을 세우고 요령과 능숙, 지혜를 짜서 노력할 줄 아는 여성이 되어야 한다."(경남일보, 1969. 4. 20.)고 보고 있었다.

새로운 직업에 도전하는 여성

이 시기의 여성노동은 안정적인 직업보다 유동적이고 불안정한 직업이 주를 이루고 있었다. 또 남녀 차별에 따른 차별적인 임금구조는 제조업의 경우는 물론이고 농업, 광업, 일용노동 등 모든 노동시장에서 그대로 적용됐다. 그러나 여성들은 노동을 하면서 새로운 경험을 하기 시작했다. 전쟁의 피폐함은 여성들의 생활을 고단하고 힘겹게 했지만 다양한 방식으로 행해진 경제활동 경험은 가정 내에서 경제권을 장악하거나 자녀교육을 책임지는 식으로 여성의 지위를 변화시켜 갔다.

당시 신문에서 소개하는 직업여성들을 보면 교환원이나 타자수, 섬유 노동자 등 생산직 직조공, 피복공 등이 있었다. 또 여성의 위치와 여성적 특성을 요구하는 직업으로 산파, 미용사, 간호사, 보모, 탁아원의 원모, 소년심판소, 가사조정재판소, 여배우 등이 있었다. 1967년 8월 3일자 《경남일보》는 하루 6만 회의 호출량을 담당하는 진주우체국 전화교환원 이경영의 하루를 새로운 직종으로 소개했다.

또 남성의 분야이던 직업 전선에 여성들이 새로 들어가게 된 직업들로는 교사, 의사, 약제사, 관리, 사무원 등 대부분 전문직 성격의 직업들이 있었다. 그러나 대부분의 당시 여성들의 직업 분포는 비숙련 기술직에 집중되어 있었다. 이 시기 경제활동의 특징은 전반적으로 직업을 갖는 여성이 늘어나고 여성들이 참여하는 직업 활동의 범위가 확대됐다는 것이다. 그리고 기혼여성과 '미망인' 등 경제적인 이유에서 직업 활동을 선택할 수밖에 없는 여성들이 증가하는 경향을 볼 수 있다.

경남 최초의 여교감

이 시기 여성이 비중 있게 참여하고 있는 여성의 전문직으로는 교사, 의사, 간호사 등을 들 수 있다. 여성들이 참여한 전문직 중 남성과 가장 동등한 대우를 받는 것이 교육계, 특히 초등학교 교사였다. 초등·중등 교원은 여성들이 가장 많이 진출한 전문직이었다. 원래는 사범학교를 졸업해야 교원자격증이 주어지는데 당시에는 교사가 모자라서 고등학교 졸업생도 2개월의 강습을 받으면 교원자격증을 주었다. 사범학교 졸업생은 정교사, 고등학교 졸업생은 준교사의 자격증을 주었다.

《마산교육사》2002에 보면 경남의 경우 1960년대 초반에는 남교사와 여교사의 수가 각각 236명과 72명으로 여교사의 비율이 23%에 불과했으나 1960년대 말에는 거의 남교사와 비슷한 비율47%을 보여 여교사의 수가 점진적으로 증가하는 것을 보여 주고 있다. 이러한 흐름의 결과 1963년 진주 천전초등학교의 54세의 여교사 김악지가 하동군내 북천초등학교에 경남 최초의 여교감으로 승진했다.

전문직 여성, 간호사

여성들은 생활난 속에서 다양한 활동을 통해 가족의 생계를 꾸렸는데, 이는 자연스럽게 여성의 적극적인 경제활동으로 이어졌다. 여성의 신식교육기회가 늘어나면서 교사나 간호사 등 전문 직종에 종사하는 여성의 수도 늘어났다. 당시 간호학과를 졸업하면 간호사 자격증을 취득할 수 있었는데 양호교사가 부족해서 간호사 자격증이 있는 사람들 중에서 양호교사를 뽑았다. 1939년 일본에서 태어나서 해방 후 한국으로 온 양갑례도 하동군에서 양호교사로 활동하고 그 뒤 진주 천전초등학교 양호교사로 재직했다. 진주로 와서는 조산소 강습을 받아서 자격증을 따고 '양조산소'를 개업했고 그 뒤 조산소협회 회장도 역임했다. 당시에는 자녀를 많이 낳아서 조산소가 번영했다.

또한 1960년대 국가경제개발계획에 맞춰 가족계획사업과 결핵퇴치사업, 예방접종사업이 진행되면서 간호사 대체인력이 크게 요구됐다. 이에 따라 1962년 간호보조원 면허취득자가 크게 늘었으며 1967년부터는 간호조무사가 배출됐다. 이러한 분위기를 반영하여 1967년도 입시에서 진주

간호고등학교 지원율은 40명 모집에 256명이 지원하여 경쟁률이 6.4 대 1이었다. 이들은 졸업 후 도립병원 등에서 근무를 했고, 일부는 조산사가 되기 위해 병원에 근무하면서 시험을 통해 자격증을 받거나 대도시로 가서 6개월의 훈련 과정을 거쳐 조산사가 됐다(정면숙 외, 2012). 이때 조산사 수입은 상당했는데 일부는 1960~1970년대 파독 간호사로 활동했다.

경남 진주 시내 다방 레지스터 인기투표

1960년대 사람들에게 커뮤니케이션의 주요 마당으로 인기가 있었던 것은 다방이었다. 다방을 중심으로 다양한 주제들이 논의됐던 것이다. 1960년 1월 《경남일보》에서는 '다방을 하나의 사교장이나 접객업소로 취급하기보다는 만인의 응접실 또는 휴식처로 인식해 시민들과 외지인들에게 편안한 휴식공간이 되어야 한다'는 취지에서 종사자들의 봉사정신을 고취시키기 위해 인기투표를 실시하기도 했다. 다방 24개를 대상으로 관제엽서에 다방 이름과 레지스터 성만 기재하여 신문사 편집국에서 모았다. 당시 도착분 1,542매의 중간 집계는 1위 낙원, 2위 혜성, 3위 옥천이었는데(신경남일보사, 1999: 208) 최종 결과가 실린 1월 21자 신문은 소실되어 찾을 길이 없다.

인구변동과 공업단지의 형성

1960년대 경남은 커다란 전환기를 맞게 됐다. 즉 1962년까지는 부산시가 경남에 속해 있었으나 정부행정구역 변경에 따라서 1963년 1월 1일자로 부산시가 정부 직할시로 승격됐기 때문이다.

이촌향도의 시기

《경남도정백년사》1996에 따르면 1960년대 경남 인구 성장은 전체적으로 정체된 시기였다. 1962년 부산이 직할시로 승격하여 분리됨에 따라 경남의 인구는 1965년 약 317만 명으로 전국 인구의 10.9%로 줄어들었다. 부산을 제외하고 보면 1960~1966년 중 전국 평균 인구 증가율 2.9%에 못 미치는 약 0.9%의 인구 증가를 보였다. 시·군 가운데는 1962년 특정 공업지구로 고시되어 공단 건설이 시작된 울산이 6.7%로 가장 높은 증가율을 보이고 진주와 진해가 각각 4.0%와 3.3%의 증가율을 나타냈다. 나머지 시·군들의 인구 증가율은 전국 평균보다 낮아 전반적으로 서울과 부산 등 대도시로의 유출 현상이 뚜렷했다. 특히 마산시는 이 기간 동안 인구가 0.3%가 감소했다.

1966년~1970년 동안은 전국 인구 성장률도 둔화되기 시작하여, 연평균 1.95%로 낮아지는 한편 본격적으로 산업화가 진행되면서 이촌향도 현상이 급격하게 진행됐다. 따라서 경남 지역별로 보면 공업도시로 성장이 본격화된 울산과 마산이 각각 9.7%와 5.1%를 보이고 진주와 진해가 2.9%, 충무가 1.7%의 인구 증가를 나타낸 것 외에 삼천포를 포함한 모든 군 지역의 인구가 절대적으로 감소했다. 따라서 1960년대는 도시 지역으로의 인구 유출이 본격화되는 이촌향도의 시기라 할 수 있다.

秋夕二題

서울驛構內에 歸省客법석

불경기…불경기…비명을 올리고있지만 二三일상오 서울역두와은행창구에서는 제법 추석경기를찾아볼수있었다
○…추석을 하루앞둔 이날 낮 서울역은 근거리추석귀성객들로 법석대어 차표를사느라고 아귀다툼을하고 있었다 그러나 여객안내 들은 예매표를 미리사달라고

二三일하루동안에 서울역은 약三、○○○만환의수입을올렸다고…평일에는 一천二、三○○만환정도…
○…토요일이자 추석하루전날인 二낭상오일

서울驛에 서북석대는 귀성군중들

말하면서 질서유지를호소하여 사고없는 명랑한풍경을 이루었다
○…불경기에탓인지 평년에비하면 승객의숫자는적은편이나 그런대로

銀行窓口도 돈찾는손몰려

부은행창구는 불경기를 코웃음치듯 돈을찾아가는손님들로 발을들여놓을자리가없을정도의 호경기? 아침일찌부터 돈을맡겨놓은 사람들이 은행에찾아들어 은행에서는 一열대기를 연하면서 출납계직원들은 진땀을빼고있었다 모은행창구같은데선 납세하러온손님들은 은행손이모자라되돌아갈정도…

은행창구에 모여있는사람들

이촌향도한 추석 귀성객, 동아일보, 1961년 9월 24일.

경제개발계획과 공업화

1945년 해방 이후부터 1962년 경제개발계획 이전까지 경남지역 경제를 개괄하면 농림과 어업 위주의 1차 산업 중심의 경제로 요약된다. 즉 생산성이 낮고 영세한 농림과 어업 위주의 산업구조가 그대로 유지돼 만성적 인플레이션과 실업, 빈곤의 악순환을 거듭함으로써 보릿고개로 대변되

는 빈곤의 질곡에서 벗어날 길이 없었다. 당시 경남지역 경제를 살펴보면, 1962년 농림, 어업 분야의 도내 총생산에 대한 비중이 59.8%, 도내 총인구에 대한 비중이 71.6%를 차지함으로써 농림과 어업이 경남지역 경제를 전담하고 있었음을 알 수 있다. 이처럼 1960년대 경제개발계획 이전까지는 농림과 수산업 등 1차 산업 위주의 산업구조였으나 경제개발이 시작되면서 공업화가 급속하게 진전됨에 따라 경공업에서 중화학 공업 위주로 변했다. 해방 후 경남의 산업 경제는 경제계획에 따라 한국 동남단 임해공업지역으로서 입지 조건을 갖춰 공업화와 수출의 급성장에 힘입어 변화해 왔다.

1962년 경남의 총가구 수는 52만 851호였다. 이 중 농가 호수는 36만 2,486호로서 총가구 수에 대한 농가 호수의 비율이 매우 높은 69.6%였다. 그러나 그 후 점차적으로 감소 추세를 보였다. 농가 호수의 절대적인 감소 현상은 1962년부터 시작된 정부의 경제개발정책에 힘입어 공업의 급격한 신장과 더불어 산업화와 도시화에 따라 전업 및 이농 현상이 빠르게 진행됐기 때문이다. 이는 울산공단, 마산수출자유지역, 창원공단, 진주공단, 거제조선기지, 양산공단 및 지방공단 그리고 농공단지가 설치되면서 상공업 분야의 고용·기회가 크게 증가했기 때문이다.

마산 공업단지와 여성노동자

경남은 1964년 6월에 공업단지가 마산에 들어서고 1970년 4월 3일에 수출자유지역이 마산에 들어서면서부터 대규모 여성노동자가 취업하게 됐다. 당시 《경남일보》1969. 1. 16. 보도를 보면, 마산 시내 양덕동에 있는 한

직물생산광경, 국가기록원, 1962년.

일합성회사 방직부 여공 등 1백여 명의 종업원들이 회사의 저임금에 불만을 품고 공장을 이탈하여 타 지방으로 떠나려다 회사 측의 만류로 뜻을 이루지 못 하기도 했음을 알 수 있다. 또 여성들은 직업안정소 등에서 직업을 구하려 했지만 여러 가지 사회문제를 발생기키기도 했다. 그러한 예로 "이곳들은 다방과 요정, 구직 여성을 한 덩어리로 삼위일체가 되어 직업과 직장을 알선하고 있으나 때로는 이곳을 스쳐가는 구직여성이 각가지 꼬임에 빠져 악의 구렁텅이인 사창가로 흡수되어 귀중한 몸을 영영 망치는 수가 있어 큰 사회문제"(경남일보, 1968. 7. 28.)라는 기사가 당시의 상황을 단적으로 말해 준다. 한 여성은 당시의 공장의 실상을 다음과 같이 회상한다.

> 미싱사를 꿈꾸고 들어간 봉제공장에서 3년간은 정작 재봉틀은 손도 대지 못하고 잔심부름이나 청소만 했다. 3년이 지나고 보조 미싱사로 진급을 하고 꿈에 그리던 자기 재봉틀을 갖게 됐다. 그렇게 또 2년이 지나고 나서야 정식 미싱사가 될 수 있었다. 봉제공장의 인력구조는 재단사-시다미싱 도우미-미싱사-마도매사옷의 마무리를 짓는 사람-아이롱사, 그렇게 해방 후 여전히 남아 있는 일본어가 대부분이었다.(통영 출생, 1937)

여성과 교육

함안초등학교 선생님이 삶은 감자를
학생들에게 나누어 주는 모습,
경상남도교육청, 1960년대.

초등교육의 의무화와 여성교육

1948년 제정된 대한민국 헌법은 제16조에 의무교육을 기본 원칙으로 규정했으며, 헌법의 원칙에 따라 1949년 제정된 교육법은 '모든 국민은 자녀를 만 6세부터 12세까지 취학시킬 의무가 있다'고 규정했다. 그 결과 해방 당시 64%에 불과하던 취학률이 1959년에는 94%에 달할 정도로 높아졌는데 취학률의 증가는 여성에게는 곧바로 교육기회의 양적인 확대를 의미했다. 이는 국가 차원에서 여성의 학교교육을 보편화하고 발전시키는 계기가 됐다. 해방 직후 미군정기부터 제1공화국 시기에 실시된 6-3-3-4의 단일 학제의 적용, 초등의무교육 실시, 성평등한 교육기회의 제공과 남녀공학의 실시 등의 교육정책으로 여성의 학교교육을 위한 기틀이 마련됐다.

이처럼 미군정기 이후 제1공화국 시기에는 일제 말에 비해 교육기회가 확대됐다. 당시 취학률의 확대는 '콩나물 교실'이라는 표현에서 잘 나타난다. 《함양교육사》2005에 따르면 1964년 3월 20일 통계 자료에서 함양군내 아동 수가 21,116명인데 교실 수는 283실로 교실 하나에 평균 74.8

6·25 때 교실이 불타버려 야외에서 수업을 하고 있는 함안초등학교 학생들, 경상남도교육청, 1959년.

밀양 반월초등학교 학생들이 직접 학교 건물을 짓고 있는 장면, 경상남도교육청, 1951년.

명의 아동을 수용해야 하는 것으로 그 당시 교실이 얼마나 부족했는지를 알 수 있다. 경남 창녕군 초등학교 상황은 《창녕교육사》1997에 잘 나타나고 있다. "일본군의 교육시설은 대부분 일제가 건축한 규격화된 목조 기와 건물이었다. 거기에다 해방이 되자 학생 수가 갑자기 늘어나 교육시설이나 교육환경은 생각할 수도 없었고 심하면 운동장, 나무 밑, 학교에 딸린 창고나 농막사 등에 개별 자리종이, 비료포대, 핀지 등를 깔고 앉게 하여 수업을 진행했다."라는 것이다.

등교할 때의 복장은 검은 고무신을 신은 치마저고리 차림이었으며 머리는 단발머리 모양이었다. 당시에는 가방이 없어서 보자기 같은 것을 책보로 하여 다녔고 노란색 도시락 통을 가지고 갔다. 버스와 같은 운송수단이 없어서 1시간 이상씩 걸어 다닌 경우가 많았다. 한국전쟁 동안에는 학교가 불탔기 때문에 학교에서 정상적인 수업은 받지 못했고 남의 집 사랑방이나 산, 강변 등으로 돌아다니면서 수업을 받았다. 이러한 상

피난 시절 대학교 졸업식 광경, 국가기록원, 1950년.

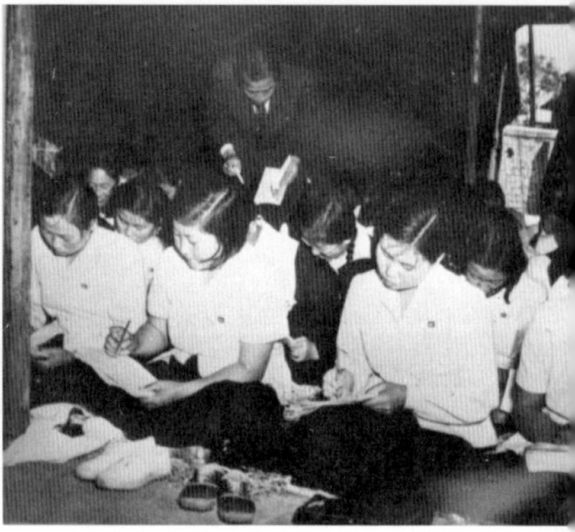

피난 시절 여대생 학습 광경, 국가기록원, 1950년.

황은 한국전쟁 이후에도 계속됐다. 이는 "한국전쟁이 끝나고 학교가 다시 시작됐을 때 학교 건물은 이미 불에 타 폐허가 되어 버린 상태라 선생님께서 땅바닥에 칠판 같은 것을 세워 두고 가르치셨다. 아이들도 땅바닥에 앉은 채 공부를 했는데 책상도 의자도 전혀 없어서 나무판자 같은 것을 양쪽 어깨에 메고 그 위에 글을 썼다."(거창 출생, 1939)는 한 여성의 회고에서 잘 나타난다.

문맹률이 높았던 여성들에게 초등의무교육의 실시는 실질적으로 학교교육을 받을 수 있는 기회를 제공함으로써 여성들에게 글을 읽고 쓸 줄 아는 능력과, 제한되지만 삶의 선택을 할 수 있는 여지를 준다는 점에서 여성의 삶을 변화시킬 수 있는 가능성을 줬다. 1969년도의 경남 초등학교 총수는 818개교로 1962년도의 735개교이 수치는 1963년 1월 1일 부산 직할시로 승격된 부산시를 제외했다.에 비해 83개교가 증설됐다.

그러나 이러한 양적 확대가 곧바로 남녀 간의 교육기회의 평등을 의미

하는 것은 아니었다. 경제적 궁핍과 남성우위사상으로 가난한 집안의 딸들은 진학을 포기할 수밖에 없었다. 해방 이후 초등학교의 여학생 비율은 1952년에 36%, 1960년에 45%로 여성의 취학률이 남성의 취학률에 비하여 상대적으로 낮은 수준이었다. 목표가 초등의무교육의 실시에 있었기 때문에 중등 이후의 교육에서는 남녀의 교육기회가 여전히 크게 차이가 났다. 이러한 남녀 간의 교육기회의 불평등은 중학교·고등학교와 대학교로 갈수록 더 심했다.

그러나 많은 여성들에게 최소한의 문자해독 능력을 부여한 의무교육제도는 이후 여성의 의식 변화를 가져오는 계기가 됐으며 전반적으로 초등·중등·고등학생 및 대학생 수를 크게 늘리고 여학생 수가 증가시켰다. 1950년대 여중생 수는 남중생 수의 3분의 1 정도에 불과했지만 꾸준히 증가하여 1960년대 경남에서는 중학교에서의 남녀 비율이 유사해졌다.

고등교육 단계에서 남녀공학 실시에 따라 여학생들도 새로운 분야로 진출하는 기회를 주었다. 이전에는 남성들만 종사했던 분야에 여성들이

삭발의 효심

《경남일보》 1968년 2월 14일자 사회면에는 '삭발의 효심'이라는 기사가 실렸다. 당시 산청 금서초등학교 4학년인 김명연 양이 병석의 아버지와 끼니를 걱정하는 어린 동생들을 보다 못해 삭발을 하고 머리카락을 판 350원으로 쌀 다섯 되를 사서 명절을 보낸 애절한 사연의 기사이다. 학교에 등교하여 수업시간에도 머리에 수건을 쓰고 있는 명현 양이 학우들의 놀림감이 되자 담임선생이 명연 양의 머리에 있는 수건을 벗겨 본 후 이 사실을 알게 되어 전교생이 김 양 돕기 운동을 벌였다.

학교별 교련대회, 《진주여고 80년사》, 1968년.

재건국민운동 시민행진에 참여하고 있는 여학생들, 진해군항마을역사관, 1961년.

진출할 수 있었다. 특히 생계유지가 필요한 여성이나 직장생활을 한다는 식의 사고도 점차 변화되어 고등교육을 받은 졸업자들이 교직 이외에도 다양한 분야에 사회 진출을 시작했다.

여학교의 교육과정

1960년대 학교의 중점 교육의 방향은 재건교육과 반공교육, 체육교육이었다. 우선 재건국민교육으로 5·16 군사 쿠데타 이후 군사정부는 생활 주변의 부조리를 개선하여 새로운 사회를 만들고자 하는 데에 주안점을 두었다. 당시 국민 복장을 간소화하고 근검절약을 중시하여 정신자세를 바로잡도록 했는데 청소년 단체 봉사활동 계획에 조기청소와 꽃밭 가꾸기는 주간행사였다. 여학생들도 이 운동에 적극적으로 참여했다. 당시 여학생들은 고아원 방문 등과 같은 봉사활동을 많이 했다. 진주여고의 경우 1956년 소녀-Y 클로바 클럽이 창립됐고 1966년에는 아카시아 클럽이 창립되어 매년 문산 고아원현재의 보육원 등을 방문했다.

고아원 봉사활동. 《진주여고 80년사》, 1960년대.

《진주여고 80년사》2006에 의하면 체육교육은 점점 성숙되어 가는 교육제도와 함께 더욱 강화되어 갔다. 정부는 학생들에게 건전한 발육을 위한 체육교육을 시행하는 한편, 각급 학교 입시전형에도 체능시험을 포함시켰다. 그 외 반공교육으로 고등학교 이상의 학교에서 교련 등 군사훈련을 실시했다. 당시 웅변대회의 주된 주제는 반공과 멸공, 승공 통일이었으며(진주여자고등학교·진주여고총동창회, 2006: 238~239) 낭시 보도(경남일보, 1968. 2. 14.)를 보면 여학생들이 '북괴만행 규탄대회'를 열었음을 알 수 있으며 재건국민운동에도 참여했음을 알 수 있다. 이러한 배경 속에서 1968년 12월 5일에 정부는 국민의 윤리와 정신적인 기반을 확고하게 하기 위하여 '국민교육헌장'을 반포했다.

'알뜰한 가정생활을 영위'하기 위한 여성교육

가부장적인 문화 속에서 구성되는 구체적인 교육 내용과 과정은 한계가 있었다. 교육기회 면에서 상급 수준으로 올라갈수록 남녀 간 성별 차이

새롭게 마련된 일신관, 《진주여고 80년사》, 1980년대.

가 크게 나타났다. 구체적인 교육 내용에서도 남성과 여성을 차별화하는 가정과 실업과 같은 교과 구별을 포함하여 실질적인 교육목적이나 동기 등에서 성차별이 존재했다. 명실상부한 성평등한 교육기회를 획득하기까지는 많은 장애가 여전히 남아 있었으며 여성고등교육이 결국은 아내, 어머니 역할과 관련지어 여성교육이 필요하다는 논리를 당연시하고 있었다. 이에 학생들은 며칠 동안 교내 생활관에 들어가 손님접대와 식사법, 오락과 문안편지 쓰기, 큰절하는 것 등을 배웠다. 진주여고의 경우 1960년 10월에 진주여고 개교 당시의 명칭이었던 일신여학교의 이름을 딴 '일신관'일신생활관'이라고도 함을 개관했다.

일신관은 개관하자마자 경남도내 각급 여학교 생활관의 모범이 되어서 다른 지역에서도 견학을 하러 올 정도였다. 이곳은 모든 재학생들이 반드시 한 번은 입소해야 하는 의무교육의 장이었으며 정규교과목이 아닌 생활관 자체의 교육 내용에 따라 생활했다. 입소생 대표의 선서로 시작되는 생활관에서의 생활은 반드시 한복을 입어야 하며 손님 맞는 법, 어른께 진짓상 올리기, 큰절 올리기 등의 전통예절 학습과 직접 시장에 나가 장을 보고 식사 준비하기, 자신의 도시락을 직접 싸 보기, 옷 세탁하기, 화단 가꾸기 등의 가사노동을 직접 체험하는 시간을 가졌다. 이 때문에 진주여고는 1960년부터 1962년까지 문교부현 교과부의 생활관 운영 연구학교로 지정됐다. 1961년 11월 27일에는 '생활지도관을 통한 가정생활을 어떻게 지도할 것인가'라는 주제의 연구발표회를 도내 대표 교사 60여 명이 참관하는 가운데 진행하기도 했다(경남일보, 1961. 11. 27.).

진주여고의 일신관을 소개한 기사를 보면 "가정생활의 과학적 방법 습득, 전국에서 으뜸가는 개량된 시설 갖추고 정숙한 몸짓, 갸륵한 부덕 닦아"(경남일보, 1966. 9. 11.)로 되어 있으며 "바람직한 여성상을 '일신의 꽃'들, 진여중고편"(경남일보, 1969. 4. 30.)이라는 제목으로도 일신관을 소개하고 있다. 그뿐만 아니라 기사 내용에는 "특히 여성으로서 갖춰야 할 교양과 인품을 도야하며 민주적이고 자주적인 가정생활 운영을 실습해 보는 '일신관'은 본교 운동장 동편에 무궁화 꽃잎으로 단장된 아담한 주택이다. 여기서는 가정 관리, 식단 짜기, 밥상 다루기, 예법, 꽃꽂이 및 실내장식 등을 실습하는 곳인데 이 일신관을 한번 거쳐 나오게 되면 허다한 여성들 중에도 그 누구보다 알뜰한 가정생활을 영위하게 된다."고 보고있다. 이러한 교육관은 1960년 당시 진주여고 3학년 급훈에서도 드러나고 있다.

여고생의 결혼관

1960년대 초 졸업을 앞둔 여고생들의 결혼관을 당시 《경남일보》1962. 1. 5.의 '앙케트' 조사에서 알 수 있다. 1962년 진주여고 졸업예정자 138명을 대상으로 조사였는데 중매결혼을 절대적으로 찬성했고 과반수가 시부모와 동거를 찬성하지 않았다. 결혼 연령은 대부분 21~25세가 적당하다고 생각했으며 배우자와는 4~5세 정도 나이 차이가 나는 것을 좋다고 봤다. 자녀는 2남 1녀, 2남 2녀를 선호했다. 배우자 조건으로는 인격과 성격을 주로 보며 배우자 직업으로는 기술자, 교사, 교수, 은행원을 선호했다.

• 진주여고 급훈1960년

3학년 1반 순결. 명랑. 협조.
3학년 2반 어진마음. 민첩행동.
3학년 3반 참되자. 부지런하자.
3학년 4반 바르자. 애쓰자.

자료: 진주여자고등학교·진주여고총동창회(2006: 227)

초창기 생활관에서의 생활모습. 《진주여고 80년사》, 1960년대.

〈표 3-1〉 진주여고 졸업생 결혼관1962

특성	구분 및 빈도
결혼 방식	연애결혼(18), 중매(120)
결혼 연령	21~23세(60), 24~25세(57), 26~27세(17), 28~30세(4)
배우자 연령	동령(2), 2~3세 위(33), 4~5세 위(78), 6~7세 위(20), 8~10세 위(4), 10세 이상(0)
배우자 서열	장남(21), 차남(95), 막내(22)
시부모와 동거 여부	찬성(50), 반대(88)
자녀 수	1남 1녀(6), 2남 1녀(57), 2남 2녀(50), 3남 1녀(2), 3남 2녀(20), 3남 3녀(3)
배우자 조건 (복수응답허용)	인격(138), 성격(138), 환경(117), 경제(89), 혈족결혼(59), 사상(83), 취미(81), 포부(92)
배우자 직업	기술자(38), 교사(19), 교수(15), 은행원(13), 농장주(11), 의사(8), 변호사(7), 사장(7), 육군장교(3), 회사원(3), 운동가(3), 무역(1), 공군장교장관(1), 카우보이(1), 음악가(1)
합계	138

생활관에서의 꽃꽂이 수업,
《진주여고 80년사》, 1980년대.

생활관에서의 성교육 수업,
《진주여고80년사》, 1980년대.

생활관에서의 전통예절 수업,
《진주여고 80년사》, 1980년대.

생활관에서의 다도 수업, 《진주여고 80년사》, 1980년대.

생활관에서의 제례 수업, 《진주여고 80년사》, 1980년대.

여성과 부녀행정

1948년 8월 정부수립을 계기로 미군정이 설치한 부녀국의 업무와 직제가 새롭게 재편됐다. 11월 4일에 부녀국 산하에 지도과와 보호과가 설치됐는데 지도과는 '여성의 지도와 교양에 관한 사항'을, 보호과는 '부녀아동의 보육과 보호시설에 관한 사항'을 담당했다. 이후 부녀행정은 지도사업과 보호사업으로 나누어져 진행되어 왔다. 1949년에는 부녀국 산하에 생활개선과가 신설됨으로써 3개 과로 확대됐지만, 이듬해 3월에 보호과와 지도과가 '부녀과'로 통폐합됨으로써 부녀국은 다시 2개 과로 축소됐다. 지도사업이 독서권장, 주부교양 강연회, 지도자 양성강연회 등을 개최하는 것이었다면, 생활개선사업은 좀더 구체적으로 합리적인 생활방식을 권장하는 것이었다. 1955년 2월에는 보건부와 사회부가 '보건사회부'로 통합됐고 부녀국은 생활개선과가 '생활과'로 개칭됐다.

그러나 정부 조직 내 부녀국의 위상은 불안정했고 1950년 발발한 한국전쟁은 부녀행정의 성격과 방향에 영향을 미쳤다. 전쟁으로 인해 부녀행정의 업무는 응급구호 및 원호사업에 집중됐다. 1969년도 직제가 개정됨에 따라 보건사회국 사회과 부녀계는 부녀아동과로 승격됐고 그 안에 부녀지도계와 아동계를 설치했다.

경남의 경우 윤필오가 1956년 6월 23일부터 1962년 9월 10일까지 부녀계장을 맡았다. 1963년 1월 1일에 부산시가 직할시로 승격됨에 따라 부산시 부녀계와 경남 부녀계로 분리됐다. 1969년 4월 19일 도직제 개정으로 보사국 사회과 부녀계는 부녀아동과로 승격되고 그 안에 부녀지도계와 아동계를 두게 됐다. 이는 1970년에는 도내 6개 시에 부녀아동계를 설치하게 되고 1971년 4월 21일에는 19군에 복지부녀계를 설치하게 된다(보건사회부, 1987: 578~579).

1950년대가 전쟁과 그 후유증을 수습하는 소용돌이 속에서 복지정책이 부재했던 시기라면 1960년대는 박정희 정권의 정당성 확보라는 정치적 과제와 빈곤의 극복이라는 현실적 과제를 동시에 해결하기 위해 부분적으로 사회복지제도를 도입한 시기였다. 도에서 행한 부녀계몽사업에는 문맹퇴치와 미풍양속 고취, 건전가정 육성과 부녀교육 등이었다. 생활개선사업으로는 부업 장려와 절미저축, 가정의례 간소화 사업들을 지역별로 실시하고 이를 위한 부녀조직화를 시도했다.

부녀상담

경남에서도 부녀사업으로 부녀자의 교양과 자질을 향상시키고 과학적인 가정 관리를 도모하기 위하여 각종 강습회를 개최했다. 부녀교실을 운영하고 클럽활동을 전개하여 부녀자를 사회에 참여시킴으로써 여권을 신장하고자 했다. 또한 부녀상담소와 부녀사업관을 운영하여 불우여성을 선도하고 일반 부녀자의 복지증진을 기했다. 이 사업은 1962년 부녀복지원이 시 사회과에 3명, 시·군 사회계 내 28명 등 31명이 배치되면서부터 본격화됐다.

1963년 마산에 설치된 부녀상담소를 비롯하여 진주 등 경남도 시·군에 상담원을 배치하여 상담이 필요한 여성을 대상으로 상담을 실시했다. 일반 여성은 가정의 문제점에 대한 해결방안을 모색하여 건전한 가정을 영위토록 했으며, 보호가 필요한 여성은 그들에게 스스로 재생의 힘을 주는 힘을 주는 길로 인도했다.

경북에서 나온 《부녀교실》1967에 의하면 경북도부녀상담소가 1966년도에 취급한 상담 건수가 총 1,253건이었는데 그중 726건이 일반부녀관계 상담이었고 나머지 527건이 무단가출소녀들과 '윤락여성'들의 선도에 관한 상담이었다. 무단가출소녀들의 태반은 상담소 측의 설득으로 귀가 조치했으나 그중에서도 되돌려 보낼 수 없는 딱한 사정에 있는 '윤락여성'오늘날 매매춘 여성 등은 상담소 산하 기술학교에 보내어 기술을 습득하도록 조치했다. 이 밖에 상담소를 찾는 상담 내용은 거의 모두가 '남편들의 부실不實로 빚어지는 가정불화', '이혼에 따른 위자료 및 자녀 문제' 등이었다. 상담소를 찾는 여성들의 호소 가운데는 무식과 봉건 사회적 부덕이 원인이 되는 경우도 허다했다. "'합의이혼서'인 줄 모르고 날인을 해 주었다가, 동거하던 여인이 자녀들의 취학에 필요한 호적초본을 발부받고 비로소 사실을 알고 울부짖는가 하면, 칠거지악을 오늘에까지 우겨대는 남편족의 봉건적인 권세 앞에 억눌려 축첩을 허용하는 여인의 고민 등" 상담소에는 이러한 여성들의 초췌한 얼굴들이 끊일 새가 없었다. 실제로 아내 몰래 이혼 수속을 한 남편이 문서위조죄로 구속되기도 했다(경남일보, 1963. 7. 10.). 이혼 사유를 보면 아내는 '남편의 폭행, 학대'를 그 으뜸으로 내세우나 남성은 '여자가 관심을 두지 않는다, 결혼 상태를 더 이상 유지할 수 없다'는 등 추상적인 사유를 내세운 것이 많았다(경남일보, 1969. 5. 4.).

그러나 당시는 "파탄이 일고 있는 가정이라고 할지라도 한국적 구조가 이혼을 억압"하고 있었다. ≪경남일보≫1969. 5. 4.에는 당시의 이러한 분위기를 잘 표현하고 있는데 "첫째, 조강지처는 버려서는 안 되고 일부종사해야 한다는 유교적 윤리관, 둘째, 남편의 축첩 방탕이 가능했고 여성들도 이를 관대하게 보아 왔기 때문, 셋째, 여자의 경제적인 무능력, 넷째, 이혼은 곧 자녀와의 이연인연을 끊음, 離緣을 의미함, 다섯째, 이혼한 여성에 대한 재혼의 가능성이 거의 없기 때문"이라는 점에서 결혼 생활이 파탄났더라도 이혼을 못하는 경우가 많았다. 이러한 상황은 한 여성의 회고에서 잘 드러난다.

그 당시에 이혼이 어디 있었어. 생각도 못하고 살았지. 사실 나도 한 번 도망갔었어. 너무 힘들어서 몰래 살짝 고향으로 와서 있었어. 그 때 큰 애들은 어느 정도 컸을 때지. 그런데 첫째 아들이랑 딸이 날 데리러 왔어. 그래서 다시 집으로 들어갔지. 그 시절에 여자들은 이 가정 아니면 안 되는 줄 알았고 여기 아니면 못 먹고 죽을까 봐 그냥 참고 살았지. 이혼이란 건 생각 못했고 해 봤자 도망밖에 없었어, 거의 다시 오는 경우가 대부분이었지. 그리고 이혼을 하게 되면 여자 행실 문제라고 주위에서 욕하고 사람

으로도 취급하지 않았어. 다 여자 책임이었지.(통영 출생, 1936)

1960년대 이후 경제개발과 산업화 추세에 따라 1964년 마산 지역에 약 3,000명의 여공을 수용하는 한일합성섬유류 생산이 생겼다. 1970년에는 1,119명의 여공을 수용하는 수출자유지역 공단이 설치됨으로써 마산은 미혼여성의 집단지가 됐다. 이에 여성단체들은 장래에 건전한 어머니가 되어야 할 이들에 대한 선도가 필요하다고 보고 일요일을 이용하여 단체별로 교대로 시청각 교육을 실시하는 등 주 1회 이상 성교육과, 저축, 신상문제 등을 교육과 상담을 통하여 지도했다.

1968년에는 조직적으로 부녀자를 계도하기 위하여 도내 2,153개 마을 단위에 부녀교실을 만들었으며, 이 조직으로 부녀자의 자질향상을 도모했다(보건사회부, 1987: 581~584). 1969년에는 150여 곳의 부녀교실을 운영하여 부녀자의 자질 향상 및 의식주의 생활개선과 가정 부업을 지도하여 건전한 가정을 영위하도록 했다. 이 부녀교실은 그 후 새마을부녀회로 연결됐다.

부녀보호사업'윤락여성' 선도

일제강점기 때 허용했던 공창제도는 해방 후 1947년 과도입법의원에서 공창제도폐지령이 통과되면서 공식적으로 폐지됐다. 그 이후 공창은 사창으로 전환됐는데 오늘날의 성매매 피해자 여성을 '윤락여성'으로 불렀으며 이를 규제하는 법명도 '윤락행위등방지법'이었다. 이 법률의 명칭은 성적 쾌락을 즐기는 남성의 행위에 대한 규제와 비난은 찾아볼 수 없고 여성 자신이 도덕적으로 잘못된 선택을 해서 피해를 입는 것이라는 관점에서 나온 것이다.

'윤락여성'● 선도

정부는 '윤락행위등방지법'을 통해 사창가를 없애고 특정 지역 내에 집결되어 있는 윤락여성을 선도하기 위하여 정기적으로 교양강좌를 개최하여 계몽했고 직업보도를 실시하여 점차적으로 자립할 수 있도록 했다. 《부녀행정 40년사》1987에 따르면 한국전쟁 중인 1952년에 경남도내 윤락여성의 수는 11,514명으로 전국에서 수위를 차지했고 1957년에는 3,342명이었다. 그 이후 경남 윤락여성의 수는 1962년 6월 당시 1,671명, 1964년 말에는 233명으로 기록되어 있다(보건사회부, 1987: 112, 116). 1961년 진주에서는 윤락여성 79명을 적발해서 검거했는데 귀가조치 18명, 보호자 인계 15명, 취직알선 1명, 훈계방면 45명이었다(경남일보, 1961. 6. 21.).

1962년 각 도에 윤락여성의 진로를 상담하고 취업과 자립을 돕기 위한 부녀직업보도 시설 등은 관이 주도했다. 《부녀행정 40년사》에 따르면 경남의 연도별 부녀상담원 배치상황은 1962년에 3명, 1966명에 5명, 1967명에 10명, 1968년에 26명, 1969년~1970년에 28명이었다. 1962년에 4월에

● '윤락여성'은 성매매와 관련하여 여성 개인의 책임을 강조하는 적절하지 않은 표현이지만 당시에 사용했던 표현이므로 여기에서는 그대로 썼다.

특정지역 설치로 마산, 진주, 진해 등 3곳에 221명을 수용했고 부산에는 5곳에 1,450명을 수용하여 선도했다. 진주의 경우 1962년 5월 19일에 선도위원회를 발족하여 이들을 적극적으로 선도하고 재생의 길을 걸을 수 있도록 했다. 윤락여성들의 선도를 맡은 선도위원회는 우선 시내 옥봉동에다 적선지구를 설정하고 시내 각 처에 흩어져 있는 이들을 이 구역 안으로 모이게 하여 여기서만 윤락 행위를 하도록 했다. 5·16 군사 쿠데타 이전에는 윤락여성들이 170명이었지만 당시에는 83명이었는데, 20세 미만이 25명, 21세~25세가 41명, 26세~30세가 12명, 31세~35세가 5명이었다. 학력은 미취학이 46명, 국졸 30명, 중졸 5명, 고졸 2명이었다(경남일보, 1962. 5. 22.).

〈표 3-2〉 특정지역 설치

지 역		설치 연월일	윤락여성 수	용의자	포주	선도위원 수
계	4곳		261	22	11	85
마 산	상남동	1962. 05. 13.	61			15
	중앙동	1962. 10.	40			20
진 주	옥봉동	1962. 04. 14.	83	22	11	25
진 해	충외동	1962. 05. 31.	77			25

자료: 보건사회부(1987: 586)

"윤락여성 주변, 저 무지한 시골처녀들이 하나씩 둘씩 유토피아를 꿈꾸며 도시로만 모여든다. 그러나 현실은 비참한 것. 그들을 기다리고 있는 종착역은 어디가 될 것인가?"라는 기사(경남일보, 1966. 3. 22)에서 알 수 있듯이

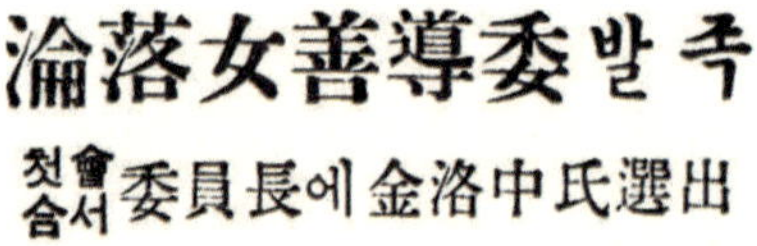
淪落女善導委발족
첫會合서 委員長에 金洛中氏選出

윤락여성 선도위 발족, 동아일보, 1962년 2월 7일.

대개 '윤락여성'이 되기 전까지 어디서 무엇을 했느냐는 물음에 전직 식모였다는 답변이 압도적이었으며 대부분 "처음에 시골서 푸른 꿈을 안고 상경하여 식모살이로 들어갔다가 그 집 식구들에게 변을 당하거나 동네 부랑아들에게 넘어가 이런 길에 들어서게 됐다는 것이다. 또 가냘픈 여자로서 제 능력 이상의 경제력을 책임지거나 편모나 나쁜 아버지, 어린동생을 위해 발 벗고 나선 결과 윤락여성이란 낙인이 찍혀 버린다."고 한다.

마산시 상남동 일대는 주민의 결의로 마산시와 마산경찰서, 주민대표로 정화위원회를 결성하여 장기적인 대책 수립을 마련했다. 경고문을 부착하는 등, 윤락 행위를 조장하는 업주들의 생계 대책 등을 마련하여 결국 상남동은 1973년 6월 10일자, 중앙동은 1973년 12월 30일자로 윤락가가 철거·폐지됐다. 진주시 옥봉동 일대는 1957~1968년까지 약 11년간 폭력배, 치기배, 포주 등에 의하여 유지포주 35명, 윤락여성 100명 정도되고 있었는데 이 지역 주민들이 자녀교육 문제와 집값의 하락, 불명예를 회복하기 위하여 1968년 3월 5일에 자발적으로 정화위원회를 결성했다. 1968년 11월 4일에 진주시, 진주경찰서, 마을 주민, 정화위원회 대표가 협의한 결과 윤락여성들과 포주와의 부채는 무효로 하고 선의의 제3자와의 거래는 옥봉동 정화위원회에서 책임지기로 했다. 1968년 11월 5일 새벽에 시,

경찰서, 정화위원회가 합동하여 버스 2대를 대기시키고 업주의 눈을 피해 문산, 개양역 등 시외 역에서 윤락여성 63명을 귀가 조치함으로써 옥봉동 윤락가는 철폐됐다. 옥봉동 윤락가가 철폐된 이후 1974년부터 진주시 강남동 역 부근과 인사동 제일극장 주변에 윤락여성이 하나둘씩 모여들어 기거하게 됐다. 인사동 주변은 촉석루 성역화 작업으로 1976년에 정화됐지만 1980년대까지 진주역 주변 여인숙 가에 30여 명의 윤락여성이 기거하고 있었다(보건사회부, 1987: 587).

여성회관

1952년 부녀사업관 조례 제정으로 부산시 동광동에 부녀사업관을 설치했는데 이것이 현재의 '경상남도 여성회관'이다. 부녀사업관은 군경유자녀 또는 극빈자녀를 대상으로 연간 2회의 직업보조를 실시하여 기술을 습득하게 한 후 자영업 또는 취업을 자립하도록 했고 일부는 귀향하여 지역사회개발을 위하여 일하게 됐다. 이 부녀사업관이 현재는 창원시 용호동으로 청사를 이전하고 1971년 3월 26일에 경상남도 여성회관으로 개칭하여 개관했다.

부녀계몽사업

전쟁이 끝나자 정부는 농촌 부녀자의 문맹퇴치와 반공반일사상을 토대로 한 정신훈화와 애국심 고취를 위한 계몽사업에 치중했다. 당시 도 사

대학생 농촌문맹퇴치 계몽운동, 국가기록원, 1962년.

회과 부녀계 직원 3명과 시·군에 배치된 부녀촉탁 1명이 각 동 집회소나 사랑방을 이용하여 '어머니교실'이라는 명칭으로 순회 지도를 했다.

문맹퇴치

경남에서는 성인교육의 중대성을 감안하여 도내 전 지역에 이를 실시하기로 했다. 특히 부녀자들은 애국반 단위로 강습반을 편성하고 주로 농한기나 야간을 이용하여 한글을 깨우치도록 했다. 한 여성도 이장의 권유로 사천군에서 교육을 받았는데 교육받을 당시에 사천군에서 2주간 합숙생활을 했다(사천 출생, 1945).

부녀지도계몽과 가족계획

1947년 10월 23일에 설치된 부녀계는 미흡한 조직이지만 여성의 지위를 향상하고 소양을 높이는 일에 힘썼다. 도내의 각종 여성단체들과 손잡고 전재동포구제와 신생활전개를 위한 부녀계몽, 부녀복지향상 등 스스로의 자질을 연마하기 위한 강연회 등을 열었다.

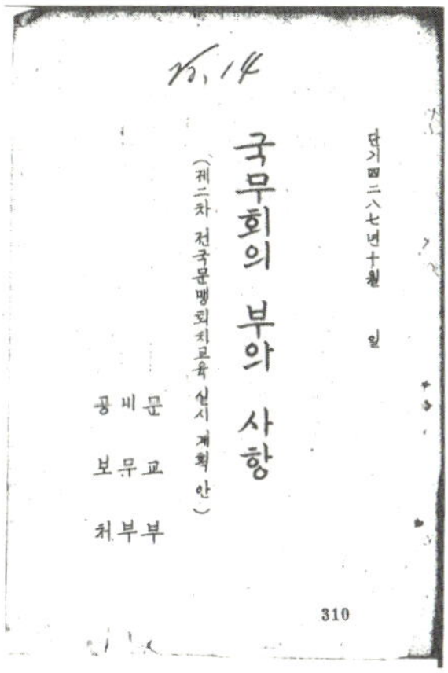

제2차 전국문맹퇴치 교육실시 계획안, 국가기록원, 1954년.

1960년대 초반 한국부인회 등 여성조직을 통하여 반공사상을 고취시키기 위한 부녀계몽사업이 전개됐고 1962년 경상남도 조산원협회와 재건촉진회가 합동으로 가족계획사업을 벌여 대대적인 계몽활동을 했으며 마산 시내에 가족계획상담소를 설치하여 기구와 약품으로 가정방문 또는 집회를 이용하여 계몽했다. 시·군마다 시범 부락을 1개 마을씩 선정하고 26개 전 시·군 조산협회 분회가 활발히 움직였다. 그리고 젊은 20~30대 여성을 대상으로 독서운동을 전개하여 양서를 보급하고 독후감을 모집하는 등 여성의 교양을 높이기 위한 사업을 시작했다.

1962년~1964년은 가족계획상담과 서비스가 제공되는 시기로 주로 가족계획 홍보활동이 전개됐다. 보건소 183곳에 가족계획상담소를 개설했고 민간단체로 대한가족계획협회가 창설됐다. 각 지방 읍·면 14,747곳에 가족계획요원이 배치됐고 먹는 피임약을 관리하는 요원인 군 간사가 배

산아제한 계몽운동, 국가기록원, 1977년.

가족계획 포스터, 보건사회부–대한가족협회, 1968년.

치됐다. 1964년에는 5월 1일을 가족계획의 날로 정하고 전국적으로 집중적인 가족계획계몽과 운동을 전개했다(신현옥, 1999: 56). 보건소에서는 홍보용 포스터를 붙이고, 보건소에서 주민들을 모아 놓고 홍보교육도 했다. "많이 낳아 고생 말고 적게 낳아 잘 키우자.", "덮어 놓고 낳다 보면 거지꼴을 못 면한다." 등의 표어가 있었고 "3, 3, 35"라고 해서 "세 명의 자녀를 삼년 터울로 35세 이전에 낳자."는 말도 했다. 경남에서도 진주에서 "알맞게 낳아서 훌륭하게 키우자. 인구팽창은 인류의 고민거리, 경제성장 앞지르는 증가율"이라는 구호로 진주시가족계획대회가 성황리에 열렸고 가족계획유공자에게 표창도 했다. 당시 의령군의 가족계획 종합실적은 정관시술 450명, 루프시술 3,941명이었다(경남일보, 1967. 5. 16.). 24세 때 결혼해서 삼남매를 둔 한 여성(진해 출생, 1938)은 남편이 예비군 훈련소에 가서 정관수술을 했는데 특히 공무원들은 강제적으로 정관수술을 하도록 했다고 기억하고 있다.

1968년부터는 행정적인 지원하에 마을 단위로 가족계획어머니회가 조직됐다. 정부는 이들 조직을 실적에 따라 차등적으로 지원함으로써 보다 효과적으로 조직을 통제할 수 있었다. 사실 가족계획이 성공을 거둔 것은 마을 여성조직의 활동에 힘입은 바가 컸다. 국가가 좀처럼 개입하기 어려운 부분인 성의 영역에 가족계획어머니회를 활용함으로써 효과적으로 변화를 이끌어 낼 수 있었던 것이다(소현숙, 2001: 179~180).

모자원

한국전쟁은 전쟁피해여성을 대거 양산했다. 많은 피난민들이 경남에서 거주하게 됐고 여성들은 자구책을 강구하지 않으면 안 됐는데 여성복지 증진을 위한 시설로 주로 모자원이 설립됐다. 모자원과 같은 모자보호시설은 모자 복지법 제19조 제1항에 생활이 어려운 모자가정을 일시 또는 일정 기간 수용하여 생계를 보호하고 퇴소 후 자립 기반을 조성하도록 지원하는 것을 목적으로 하는 시설이라고 규정하고 있다. 모자원은 한국전쟁으로 인한 16세 미만의 아동 2명 이상을 가진 '전쟁미망인'을 수용하는 것을 목적으로 하고 있으며 수용보호기간은 3년이다. 직업보도, 기술습득 등을 실시하여 취업으로 자급자립적 생활을 조장하고, 생계대책이 마련되거나 수용보호기간이 3년이 되거나 자녀가 18세가 되면 퇴소하여야 한다(경상남도사회복지협의회, 1998: 177). 1958년도에 전국 수산장은 83곳이고 이 중 경남은 11개였다. 재봉기 495대, 편물기 510대였는데 경남은 재

재건운동본부 주최 신생활 간소복 패션쇼, 국가기록원, 1961년.

봉기 78대, 편물기 85대였다.

한국전쟁 이후 피난민의 집결지였던 경남은 기아, 미아, 고아, 노약자, 임산부, 불우여성 등이 다수 발생한 지역이었다. 한국전쟁 직후 경남의 경우 사설 모자원은 1957년 당시 24개로 전국 64개의 1/3을 넘었다. 그러던 것이 1963년 1월 1일 부산이 직할시로 승격되고 경남에는 갱생원, 성로원, 방주모자원 등이 존재했다(경상남도사회복지협의회, 1998). 김해의 희망모자원은 1959년 새벗동산 육아시설로 개원하여 1972년 10월에 시설 목적을 변경하여 모자세대 수용보호시설이 됐다. 또 통영 신애원은 1959년 3월에 미감아 수용보호시설에서 출발하여 1965년 보육원을 인가받았으며 1973년 7월 5일에 모자보호시설로 정관을 변경했다. 24살부터 모자원의 원장에 취임했던 김경련은 후에 통영군에 적십자를 결성하게 된다. 그때는 봉사활동에 대한 인식이 그리 많지 않아 통영시청의 각 과장들의 부인들과 함께 활동을 하기 시작했다. 또 통영에 여성단체협의회를 만들자는 의견을 내고 이 단체의 3대 회장을 역임했다. 김경련은 무려 52년간 회장직에 있다가 정년퇴직했다.

살림 잘하는 주부상

박정희 정권은 정통성을 확보하기 위해 반공의식을 고취하고 '잘 살아 보자'는 식의 경제개발계획을 추진했다. 그리고 노동력의 재생산과 소비절약의 단위인 가정을 중시하고 사회와 국가발전의 기초는 건전한 가정에 있다는 점을 강조했다. 이러한 전제 아래에서 여성은 가정을 책임지는 어머니로서, 자녀양육자로서, 가정관리자로서의 역할에 충실해야 했다. 건전한 사회의 기초로서 가정을 강조하는 일은 국가재건국민운동, 신생활운동, 새마을운동을 거치면서 여성의 정신적 개혁을 강조하는 교육으로 행해졌다. 국가와 사회는 각종 강습회, 부녀교실사업, 재건부녀회, 가족계획어머니회 등 여성조직을 통해 여성들에게 근대적 윤리를 가르쳤으며 '자랑스런 주부상', '살림 잘하는 주부상' 등을 만들었다. 여성저축중앙회는 해마다 살림 잘하는 '알뜰한 주부'를 뽑아 표창했는데 '알뜰한 주부'란 "규모 있고 계획성 있는 살림살이를 하여 딴 사람의 모범이 되는 주부."(경남일보, 1969. 3. 15.)로 봤다. 실제로 진주에 거주했던 당시 35세의 김혜순은 가계부로 빈곤을 극복을 했다는 것으로 여원사 세성 제1회 '살림 잘하는 주부상'을 받았다(경남일보, 1968. 4. 19.).

여성의식의 변화와 조직적 활동

진해 우량아 선발대회, 진해군항마을역사관, 1960년대.

여성의식의 변화

한국전쟁이 끝나면서 외래문화가 유입됐고 댄스의 성행, 파마의 유행, 양장 등이 나타났다. 좌절당한 사회 참여에 대한 욕구는 자식에 대한 교육열로 표출되기도 하고 대중문화의 흐름에 따른 소비의 주체가 되기도 했다. 외래문화의 유입은 주거, 의복, 식문화에 많은 영향을 미쳤다. 핵가족으로 변화됐고 주거 형태에도 변화가 일어났다. 가전제품의 보급은 대중문화, 소비문화 확산을 예고했다. 미니스커트는 의복에 일대 혁신을 주도했으며 여성들은 일상적으로 바지를 많이 입게 됐다.

과학적 육아법에 대한 소개는 여성지의 주요 내용이었고 분유를 먹은 아기들은 우량아 선발대회를 통해 외형적 건강함을 겨루었다. 라면을 비롯한 각종 조미료 종합선물세트가 유행하면서 텔레비전이나 잡지에서는 개량화된 부엌을 배경으로 한 광고가 많이 나왔다. 전쟁으로 인한 사회

아세아민속예술미인대회 시가행진, 국가기록원, 1963년.

변동에 따른 복식의 변화는 양장과 양복의 보편화 현상으로 나타났다. 또 여성들의 사회진출이 많아지면서 직장여성들이 양장하는 경향이 많아지게 됐다.

아세아민속예술미인대회

1957년부터 한국일보 주최의 미스 코리아 대회가 시작됐다. 미스 유니버스대회에 파견할 대표를 선발하기 위한 행사였다. 서구 사람들과 겨루기

미스경상남도 선발대회, 국가기록원, 1962년.

위해 우선 몸매가 좋아야 했으며 당연히 수영복 심사는 필수였는데 이는 다른 종류의 미인대회에까지 파급됐다.

1963년 《경남일보》는 주위의 반대를 무릅쓰고 '제1회 아세아민속예술미인대회'를 개최했다. 6월 12일, 13일 양일간에 걸쳐 센트럴 라이온스 클럽 한국지부에서 열린 '아세아민속예술미인회 경남선발대회'는 서양적 미적 기준에 치중하던 각종 미인대회와는 달리 동양적인 미인을 뽑는다고 처음부터 목적을 밝혔다. "우리 여성이 자기의 아름다움을 나타내는 것을 꺼려 하는 봉건적인 인습을 타파하는 데 있다는 것을 이해해 기정된 절차에 따른 심사를 받는 데 최선을 다한다. 심사는 얼굴, 몸매의 매력과 함께 인격이 기준이 될 것이며 말씨와 풍기는 교양, 음악, 무용 등의 소질도 크게 반영된다."는 것이다. 햇님 강미연, 달님 최소영, 별님 장수남이 뽑혔다.

女性(여성)들의 조직화

1950년대 두드러진 여성 활동을 했던 단체는 대한부인회와 여성문제연구원을 들 수 있다. 여성문제연구원은 황신덕, 박순천, 이태영, 이희호 등 17인의 발기로 1952년에 발족하여 여성의 지위 개선을 위한 본격적인 연구 활동을 시도했다. 이 단체는 우선 남녀 쌍벌죄 적용을 규정한 형벌개정안을 국회에 제출하여 실질적인 축첩제 폐지를 위해 노력했다. 1956년에는 가정법률상담소가 창설됐다. 한편 대한어머니회와 대한여성복지회 등 여성의 지위 향상을 위한 문화단체와 전문직 여성들의 친목단체인 여기자클럽, 여성항공협회 등이 나타났다.

한국여성단체협의회

1959년에는 여성단체들이 한국여성단체협의회를 조직하여 기존의 활동을 보다 조직적으로 활성화하고자 하는 의욕을 보였다. 이는 본격적인 여성운동으로 보기는 어렵지만 이는 여성들이 가정과 사회에서 여성의 지위에 눈뜨기 시작했음을 의미한다. 이후 한국여성단체협의회는 가족법 개정에 노력하게 된다.

한국전쟁 이후 1960년대까지 관 주도의 하향식으로 조직된 여성단체의 주된 활동 중 하나는 여성에 대한 반공교육과 국가의 정책선전이었다. 이 시기 여성단체의 특징은 관과 긴밀한 협조 아래 조직은 물론 활동 내용에서도 관에 추종하는 사업 내지는 친목 및 봉사단체의 성격을 면치 못했다는 것이다. 따라서 조직화된 역량이 미흡하다는 한계가 있었다. 그러나 한국전쟁을 거친 1960년대 한국사회는 여성들의 경제활동, 가정 내에서의 위치 변화, 근대적 제도의 도입, 교육기회의 확장, 외래문화의 수입 등으로 여성의 의식 변화를 가져 온 역동적인 시기였다.

새마을부녀회

1968년에 여성의 자질을 향상하고 여가선용, 그룹 활동, 정부시책계몽을 위하여 발족된 부녀교실은 그 후 새마을부녀회로 통합되어 발전됐다. 당시 마을 단위에는 부녀교실을 비롯하여 가족계획어머니회, 생활개선구락부, 농협새마을부녀회 등 같은 대상자에게 각기 다른 기능을 가지고 부녀자 계몽을 해 온 여성단체가 있었다. 그러나 중앙에서 말단 부녀조직 일원화 계획을 실시하면서 새마을부녀회로 명칭이 통합되어 정비·강화됐다.

가족계획어머니회

1968년부터는 행정적인 지원하에 마을 단위로 가족계획어머니회가 조직됐다. 12~15명의 여성들로 구성된 어머니회는 가족계획요원의 지도를 받았다. 초기에는 회원이 19만 4,614명에 이르렀으며 10년이 지난 후에는 조직 수가 2만 7,292개로 늘어났고 회원 수도 약 56만 명이나 증가한 74만 9,647명이 됐다(신현옥, 1999: 85). 가족계획어머니회는 먼저 계몽된 부인들을 중심으로 모임을 조직했고, 가족계획의 실천에 힘을 실어주는 데 목적이 있었다.

경남여성단체의 다양한 활동

가족생활의 변화와 함께 여성의 사회참여와 단체 활동이 요구됨에 따라 새로운 여성단체들이 조직되기 시작했다. 그러나 대부분의 단체들은 그 조직 기반이 서울에 한정되어 있었으며 조직은 주로 행정 단위에 기반을 둔 관 주도적인 것이었다. 아직 여성의 지위 향상이나 권리 의식 등은 여성단체 활동의 전면에 부상되지는 못했다. 그러나 1960년대 경남에서는 마을의 여성들이 모여서 농촌 일거리돕기, 마을 청소하기 등의 활동을 했고, 봉사활동을 주최하거나 마을의 행사나 축제를 준비하는 등 부녀회 활동을 하기도 했다. 또한 여러 여성단체가 조직되어 문맹퇴치, 반공사상계몽, 원호가족돕기 등의 활동에 주력했다.

1947년에는 대한적십자사가 부녀봉사대를 발족하여 3만 명의 봉사원들이 다양한 여성자원봉사활동을 조직적으로 전개했다. 봉사원들이 주로 하는 일은 독거노인을 찾아 목욕을 시켜 드리거나 말동무가 되어 드리고 반찬을 만들어 배달을 하는 일 등이다. 2015년 현재 단성 지역에는 설립 당시부터 활동을 해 온 분들이 4명 살고 있다.

1967년 5월 8일에는 마산시 초등학교 발전을 위한 후원회로 '마산 현모회'가 발족됐다. 이 단체는 마산 시내 각 초등학교에서 추천된 자로서 교육장이 수여한 모범 어머니상 수상자로 구성된 교육청 산하 여성단체이다. '마산 현모회'는 발족 후 약 30년 동안 초등교육의 열악한 교육

"간소한 복장으로 새살림 이룩하자" 6·25사변 제11주년 기념 여배우들의 시가행진, 국가기록원, 1961년.

환경을 개선하고 시대의 흐름에 따라 문화시설을 개선하고 보완하기 위해 봉사를 했다. 《마산교육사》2002에 의하면 '마산현모회'는 각 초등학교 장의 추천을 받아 마산시 교육장이 수여하는 '모범 어머니상'을 수상한 어머니들로 구성이 됐기에 보다 더 큰 자부심과 긍지를 가지고 활동할 수 있으며, 상을 받았다는 사실 때문에 보다 더 몸과 마음을 수련하는 수련의 장으로 본회를 이끌어 나가고 있다고 평가한다.

대한조산협회는 회원의 자질을 향상하고 회원의 권익을 보호하기 위해 설립됐다. 또 조산 윤리를 준수하여 국민의 보건을 향상하고 조산사업을 발전시키는 데 기여하는 것을 목적으로 한다. 대한조산협회는 1946년 7월에 대한산파협회로 출발하여 1957년 7월에 대한조산협회로 개편됐다. 대한조산협회 경남지부는 한신광이 제2대 지부장을 지냈으며 1956년과 1962년에 제6대 및 제10대 회장을 지냈다(이꽃메, 2006: 117). 1961년에 대한가족계획협회가 창설되면서 시작된 가족계획사업은 1962년에 정부에서 인구정책의 하나로 가족계획을 채택하고 그 사업을 구체화하면서 본격화됐다. 대한가족계획협회는 1961년에 창립됐고 1963년에 경남지부가 설립됐다. 대한민국 전몰군경미망인회는 1963년 8월에 창설됐고 경남도지부도 거의 같은 시기에 설립됐다. 1945년에 대한간호협회 경남부산지부가 조직됐고 1963년 4월 8일에 부산지부와 분리됐다. 1963년~1964년에 초대 회장은 최계월이었다.

한국부인회 경남지부

한국부인회의 전신은 대한부인회이다. 대한부인회는 1949년 2월에 독립촉성애국부인회와 서울시부녀회를 통합하여 반관반민 단체로서 조직되어 동시에 전국적인 조직화 작업에 착수했다. 여성의 권익 옹호와 지위 향상을 위하여 축첩반대 운동을 주도하고 간통쌍벌죄 제정 및 민법의 친족상속편 개정 시도에 참여하면서 중요한 역할을 했다. 그러나 1954년 박순천이 사퇴하면서 대한부인회는 정치적 자율성을 갖고 활동할 수 있는 길이 막혀 버렸다. 지역의 대한부인회는 독립촉성애국부인회 조직이 그대로 대한부인회로 계승됐다. 경남도본부는 1949년 4월에 창설됐는데 회장은 정봉금이었다.

이는 그 후 한국부인회 경남지부로 됐다. 1963년 11월 9일에 부산시 지부 결성대회에 대의원 192명이 참석하여 허무인을 회장으로 뽑았다. 같은 날 마산시 마산대학 강당에는 대의원 189명이 참석하여 도지부 초대 지부장에 한순남을 선출했다1963~1964. 2대 지부장은 노병주1964~1965, 3대 지부장은 조수옥1965~1982이 맡았다.

대한어머니회 경남지회

대한어머니회는 1945년 해방과 1950년 한국전쟁으로 국가의 재건과 발전에 기여할 수 있는 개인이나 단체가 절실했던 시기를 배경으로 창립됐다. 1957년 가을에 여성교육의 필요성을 절감한 여성들이 모였고, 어머니들의 재교육 담당 단체를 만들기로 준비한 6개월 후인 1958년 3월 7일에 대한어머니회가 발족했다. 3월 17일에 황신덕, 강주심, 한소제, 이태영 등 1,500여 명의 여성이 모여 '강력한 국가는 깨달은 어머니로부터'라는 슬로건 아래 정관을 제정했다.

대한어머니회는 어머니들의 자질 향상을 위한 교양강좌 및 강습회, 가족계획과 어머니 보건에 관한 사업, 자녀지도를 위한 연구 및 선도 사업, 가정법률에 관한 연구 및 모권운동, 소비자 보호운동 및 가정 경제 합리화 사업 등을 추진했다. 또한, 초대회장 고황경은 여의사들에게 자문과 협조를 구하여 가족계획사업을 중심으로 여성운동을 전개하고자 했다. 대한어머니회에서는 회원들을 중심으로 유아와 어머니 건강을 위한 산전·

산후의 건강관리, 자녀지도, 가정경제, 가정법률 등에 대해 전문가의 강의와 영화 상영 등을 실시했다(이임하, 2004a: 53).

대한어머니회가 주요 사업으로 추진한 평생교육사업은 어머니 학교 등 주부교실을 운영하고, 모자보건과 건전가정을 위한 모성보건상담실을 설치하여 운영했다. 또 훌륭한 어머니 표창, 국어순화운동, 소비자보호, 청소년 보호, 노인복지, 사회정화운동 등 여성들의 폭넓은 사회적 참여와 활동을 지향했다. 1959년에 6월 광주, 진해, 1963년에 대구, 1967년 10월에 전북, 충남, 충북 지회가 결성됐다(황창연 외, 2009: 190~191).

지방연합회가 형성되고 활성화되면서 중앙과 지방은 관계를 더욱 긴밀히 하고 연합회 간의 활발한 교류를 위해 지방순회 강연을 실시했다. 1961년에는 8회에 걸쳐서 지방순회 강연을 했다. 연제는 '인간 개조'에 대한 것이었으며 대전, 대구, 부산, 마산, 광주, 청주에서 고황경 회장이 강연을 맡았다. 1968년에 창립된 경상남도지회는 1989년까지 배두이가 회장을 맡아 활동했다.

1970

경남여성들의
경제활동과 지역성장

재건운동본부 주최 최신 생활간소복 패션쇼,
국가기록원, 1961년.

당시 여자 운전사를 소재로 하는 영화와 소설이 성행하기도 했다. 그러나 연약한 여자 운전사가 강도와 절도를 당하는 사건과 생명까지 잃는 사건들이 연달이 일어나기도 했다.

호기심으로 여자 운전사를 시작한 지 3년이 된 마산수출자유지역 구로가와 회사 운전사인 김미순은 "영업용 택시를 굴리다가 자가용에 근무한다면서 처음 핸들을 잡을 때 긴장이 됐지만 '다른 사람도 하는데 왜 못해!' 하는 심정으로 일을 하자 마음이 담담해졌으며 차가 신기하기도 하여 아직은 권태를 느끼지 않는다."라고 했다.

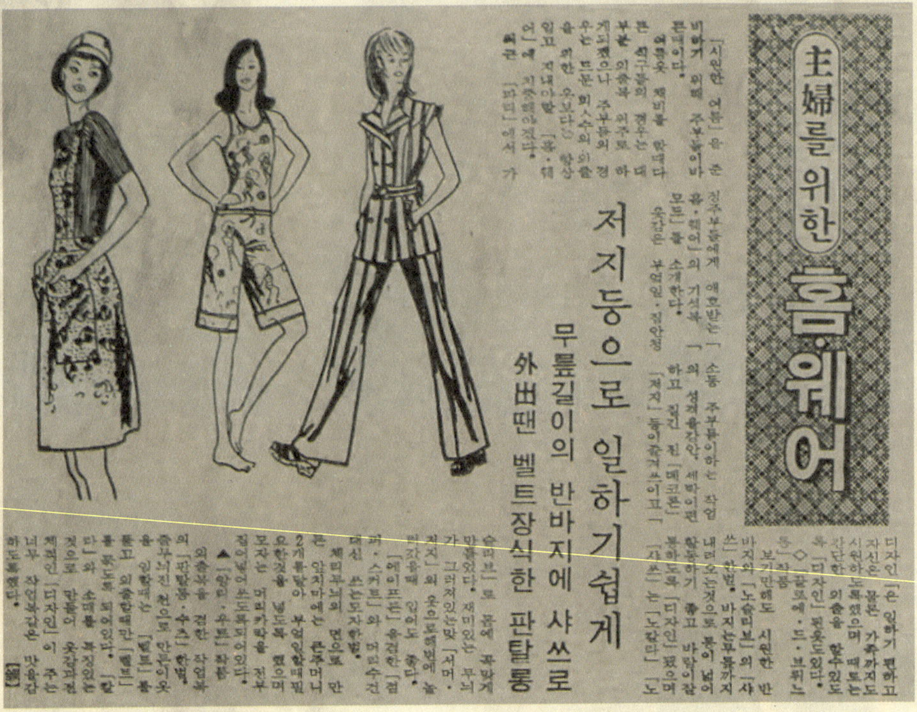

主婦를 위한 홈웨어

저지등으로 일하기쉽게

무릎길이의 반바지에 샤쓰로

外出땐 벨트장식한 판탈롱

주부들을 위한 홈웨어, 경남매일, 1972년 5월 30일.

산업화 이전 경남의 여성들은 남성들과 달리 집안일을 하고 남는 시간에 채취한 수산물을 손질하거나, 논 노동과 밭 노동, 상업 부분에서의 보조적인 일을 해 왔다. 경남여성들이 해 왔던 이런 일들은 생활을 유지하기 위한 일상적인 일이자 생산적인 노동이었다. 하지만 여성들의 이런 보조적인 일들은 돈을 받고 일하지 않았으므로 경제활동으로 간주되지 않았다. 그래서 산업화 이전 경남지역 여성들은 경제활동에 대한 참여율이 낮은 것으로 간주됐고 경남여성들의 경제활동이 돈벌이 경제활동으로 간주된 것은 산업화 이후이다.

경남지역에서의 산업화는 1970년대 수출 위주의 산업화 정책에 따라 구마산과 구창원에 공단이 들어서면서 본격적으로 진행됐다. 특히, 마산지

마산수출자유지역 옛 풍경, 마산자유무역지대관리원.

마산수출자유지역, 국가기록원, 1976년.

역에 구마산수출자유지역현재 자유무역지역임이 입주하게 된 것은 경남 근교 농촌 지역의 미혼여성들이 많았기 때문이었다. 구마산수출자유지역이 들어서면서 미혼여성들의 경제활동에 대한 참여도 활발해졌다.

구마산수출자유지역 내 기업들과 공단지역 밖에 있는 하청 기업들의 입주는 경남에서 여성들의 경제활동 참여율을 높이는 데 중요한 역할을 했다. 경남지역 산업화 과정에서 미혼여성들의 생산 활동으로 경남지역은 많은 외화를 벌 수 있었고 이를 통해 경남경제뿐만 아니라 국가경제를 성장시키는데 중요한 역할을 했다. 이와 함께 1970년대 경남지역 여성들은 제조업 공장에서 경제활동을 하는 것 외에 여러 영역에서 돈을 버는 경제활동을 했다.

구마산수출자유지역과 미혼여성들의 경제활동

구마산수출자유지역은 현재 마산자유무역지역으로 1970년 한국 최초의 외국투자기업공단으로 조성되어 오늘날 창설 40여 년이 넘었다. 구마산수출자유지역은 1970년 4월 3일부터 2000년 7월 1일까지는 생산중심의 수출자유지역Free Export Zone으로 운영되어 왔으나, 2000년 7월 13일부터는 자유무역지역의 지정 등에 관한 법률에 따라 생산은 물론 무역·물류·유통·정보처리·서비스업 등의 새로운 기능이 추가된 자유무역지역Free Trade Zone으로 확대·개편되어 운영되고 있다.

우리나라 수출선진기지로서 구마산 자유무역지역이 설치된 것은 박성희 정권 시절에 수출 확대와 국제수지 개선이라는 시대적 요구에 따라 전국경제인연합회이하 '전경련'이라 함의 구상에 의한 것이었다. 당시 전경련 소속 기업인들이 1963년 3월에 산업시찰차 일본에 들렀다. 그때 일본에서 기업을 경영하고 있던 재일교포 기업인들이 모국에서의 기업 활동과 재산 반입 문제를 해결하기 위해 '특수지역'을 만들면 되겠다는 구상에서 시작되어 1969년 7월에 자유무역지역의 설치가 결정됐다.

지역적으로 구마산에 자유무역지역이 조성되자 특히 이웃 일본이 투자에 높은 관심을 보였다. 당시 경제대국을 자처하고 있던 일본에게 한국은 거리가 가깝고 임금이 싸며 우수한 노동력이 풍부한 나라였기 때문이었다. 일본 외에 투자업체 국가들 중에는 미국, 핀란드 등도 있었다. 수출자유지역에 입주하는 외자기업의 경우, 5년 동안 세금을 한 푼도 내지 않고 재료와 자본, 기술과 인력을 마음껏 동원하여 제품을 생산하고 판매할 수 있다는 특혜가 제공됐다. 반면에, 한국의 구마산시는 근로자의 취업기회를 확대하여 실업자를 구제하고, 일본의 고급기술을 배워 기술인력을 양성한다는 목적을 갖고 있었다.

마산수출자유지역에서의 생산 가동은 1971년 일본인 투자회사인 신화전공을 비롯해 22개 회사가 입주하면서 시작됐으나 2015년 현재에는 103개 회사가 입주해 있다. 구마산지역 공단의 설치는 외국자본의 유치를 통해 경제성장을 하고자 했던 국가 산업화 정책에 따른 것으로, 외국 자본을 적극적으로 유치하기 위해 좋은 투자 환경을 제공했다. 외자기업에 관한 특별법을 제정해 노동자들의 노동기본권인 노동 3권을 유보했고, 외국인 기업들의 기업 활동을 원활하게 지원하기 위해 우편과 은행, 도로 등의 편의시설을 제공했다.

해산물과 농축산물을 주로 생산했던 경남지역에서 수출 공단의 입주 가동은 공업중심 산업화의 신호탄이었고, 지역경제의 성장을 촉진시키는 것이었다. 수출 공단의 초기 입주기업들은 대부분이 일본 중소기업이었으나 자유무역지대로 변경된 후부터는 한국기업의 입주2015년 현재 43.6%가 국내기업가 늘어나고 있다. 2000년 이후 자유무역지역은 외자기업 중심이라는 특성은 사라졌고, 미혼여성노동자의 비중도 감소됐다.

그동안 이 지역은 외국자본의 도입과 수출·고용 증대로 한국의 무역 진흥 기반을 구축하며 국가와 지역경제의 성장에 크게 기여했다. 또 세계 최초로 조성된 자유무역지역인 대만의 수출가공구와 함께 세계에서 성공한 자유무역지역으로 평가받고 있다. 자유무역지역의 입주업체는 수출을 목적으로 물품을 제조·가공 또는 조립하는 기업체로서 외국인 투자기업과 합작기업이 주를 이루고 있다. 이곳에 입주한 기업들은 수출 전망이 밝고 외화가득률이 높을 뿐만 아니라, 제조기술이 우수하고 노동 집약도가 높은 국내외의 기업체들이라 할 수 있다.

배움과 가족의 생계를 위한 일자리

1970년대, 1980년대 경남지역에서 여성들은 임금을 적게 주는 저임금 직종이나 기술을 필요로 하지 않는 미숙련 생산직 직종진자진기 부문과 섬유부문, 신발제조분야 등에 종사하는 경우가 많았다. 이외에 버스 안내양과 간호보소사, 일반 기업의 비서나 전화교환원, 그리고 은행원 등의 사무·서비스 분야에서 일을 했다. 1970년대 이런 분야에서 돈벌이 경제활동을 했던 미혼여성들은 결혼이나 임신을 하게 될 경우 동시에 퇴직하거나 승진과 승급의 기회가 제한되거나 아예 배제되는 것을 당연하게 여겼다. 구마산수출자유지역에서 일을 했던 경남의 여성들도 마찬가지였다.

구마산수출자유지역이 설립되자 경남 근교의 미혼여성들의 마음이 설렜다. 그 당시 경남 근교의 미혼여성들은 구마산출자유지역에서 일을 하게 되면, 공부 잘하는 남동생이나 오빠를 계속 공부시킬 수 있다는 등, 가난한 가족의 생계비를 보탤 수 있다는 등, 돈을 벌면서 공부를 할 수 있다는 등의 이야기를 들었기 때문이다.

韓國은女職工虐待한다

紡織工場서12時間就業

여자 방직공의 하루 12시간 노동, 경향신문, 1959년 1월 8일.

구마산출자유지역 설립 초에 이곳에 일하러 온 미혼여성들의 숫자는 1,119명으로 총 고용노동자의 98.7%였다. 이후 1970년대 말에는 31,153명으로 늘어났고 1980년대 말에는 23,076명으로 감소됐다. 2015년 5월 현재는 총 고용노동자 수가 6,358명이고 여성노동자가 2,311명36%으로 여성고용이 대폭 줄어들었다. 구마산수출자유지역은 미혼여성노동자들의 일터이자 가족의 생계를 도우며 공부를 했던 곳이었고, 젊은 경남여성들의 꿈을 키웠던 곳이었다.

그 당시 구마산출자유지역에서 일했던 경남여성들의 나이는 18세에서 30세 이하였다. 이중 절대 대다수가 결혼을 하지 않았고 기술직이 아닌 생산직으로 일했다. 주로 일을 했던 분야는 전자·전기 분야로 단순반복적인 작업을 했으므로 숙련을 필요로 하지 않았다. 이들이 하던 일은 별다른 추가 직무 훈련도 필요하지 않았고 승진이나 승급이 없었다. 승진을 한다고 할지라도 승진할 수 있는 최고 자리는 조장이나 반장에 불과했다.

1970년대 구마산수출자유지역에서 경남여성들이 일했던 직장은 70% 이상이 일본계 중소기업이었다. 이들은 언제라도 회사가 철수를 하면 직장을 잃을 수 있다는 불안을 가지고 있었다. 이들 대부분은 결혼·임신과 동시에 퇴직을 했으므로, 자녀가 성장한 후에 재취업을 해도 그 이전에 일했던 경력을 인정받을 수가 없었다. 현실적으로도 결혼을 한 여성노동자의 경우, 비영리 탁아소가 절대적인 부족하고 직장 탁아소도 없는 상태에서 임신과 출산 후에 직장생활을 계속할 수가 없어서 직장생활을 그만둘 수밖에 없었다. 이것이 경남여성들이 결혼을 한 후, 미혼 시절에 다녔던 직장을 그만두고 부업으로 경제활동을 하게 된 큰 이유였다.

수출 일꾼인 공단의 미혼여성과 노동조건

낮은 월급과 성별 임금 격차

구마산출자유지역에서 일했던 미혼여성들은 주로 섬유와 의류, 봉제와 전기·전자업 등의 분야에서 장시간 근로와 저임금의 노동조건에서 허리띠를 졸라매고 열심히 일을 했다. 그러나 그들의 인권과 노동권의 보장은 매우 열악했다. 이곳에서 일했던 경남의 여성들은 수출 산업의 역군으로 지역경제 성장과 국가경제 성장의 중심축이었지만, 이면에는 열악한 노동조건과 낮은 임금 문제 그리고 고용 불안을 갖고 있었다. 경기변동에 따라 일부 업체는 노사 문제로 인해 공장을 폐쇄하고 떠남으로써 지역경제 및 지역사회에 큰 파장을 일으키기도 했다.

이 때문에 먼 타향에서 온 여성노동자들은 직장을 잃게 되어 배움의 길과 보다 나은 미래에 대한 꿈이 좌절되는 경우도 많았다. 또한, 자신

금성라디오공장 작업 광경, 국가기록원, 1962년.

의 월급을 부모님의 생활비나 오빠의 학비로 보내는 경우에도 배움의 길을 버려야 했다. 이는 배움과 가족의 생계를 위해 직업 현장에 뛰어들던 1970년~1980년대 그 시절 미혼여성들의 자화상이자 산업화와 경제성장 시대의 우리 사회의 단면이었다.

1970년 초반 구마산출자유지역에서 일했던 미혼여성들의 한 달 평균 월급은 11,177원이었지만 남성들의 월급은 26,683원이었다. 남성노동자 월급에서 40% 정도 낮은 월급을 여성노동자들이 받았다고 할 수 있다. 1980년 초반에는 여성들의 평균 월급이 123,494원이었고 남성들은 평균 월급이 278,072원으로 10년 사이에 10배 정도 올랐으나 성별 월급 격차에는 큰 변화가 없었다. 그 당시 구마산출자유지역에서 여성들이 일하고 받았던 월급은 근로기준법에 명시되어 있는 하루 8시간 기준으로 일당을 1년으로 환산해 12달로 나눈 금액을 기본급으로 해서 각종 수당과 상여금을 합친 통상임금이었다.

그 당시 구마산출자유지역에서 생산직으로 일한 경우, 통근수당25일 출퇴근 기준으로 하고 통근버스가 있는 곳은 수당이 없었음, 근속수당3년 근속이 기준, 중식대25일 기준, 가족수당, 생산수당, 상여금통상임금 기준, 특별상여금 등이 기본급 외로 지급됐고 상여금은 600%였다. 그러나 여성노동자들은 남성노동자들과 달리 단순한 노동을 하고 부양가족 수가 적으며 생계비가 적게 들어 간다는 이유로 같은 일을 해도 남성보다 낮은 임금을 받는 것이 정당화됐다. 이외의 수당이나 상여금에 있어서도 직급과 근속연수에 따라 성별 격차가 있었으므로 남성노동자와 여성노동자 간 성별 임금 격차는 단순한 임금 차별로만 끝나는 것이 아니었다.

1980년 중후반 구마산출자유지역에서 일했던 여성노동자들 중 자취를 한 경우에는 월 평균 2만여 원을 받았으나 방세와 전기세, 오물세와 주부식비, 연료비 등을 제외하면 생활하기가 매우 어려웠다. 이때의 여성노동자들의 고달픈 생활은 일간신문에 실린 한 여성노동자의 일기에서 잘 나타난다.

장시간 노동과 열악한 작업환경

보통 노동시간은 인간의 생리적 욕구를 충족시켜야 하는 육체적 한계와 인간의 정서적 욕구를 만족시켜야 하는 정신적 한계에 의해 결정되므로,

국제노동기구ILO 조약이나 근로기준법에 그 기준치가 명시되어 있다. 특히 모성을 지닌 여성의 경우 근로기준법에 과도한 노동시간은 금지되어 있다. 하지만, 1970년대 노동시간은 월 평균 잔업 25~30시간, 연장근로 15~20시간이었다. 1980년대 중후반 구마산수출자유지역도 근로기준법에 명시돼 있는 8시간 노동시간을 기본으로 하고 있었으나 실제는 달랐다. 구마산수출자유지역 사업장의 50% 이상에서 하루에 2시간씩 주 2~4회 정도 잔업이나 특근을 하는 것이 보통이었다. 그러니 이들은 하루 평균 노동시간 9시간에 주당 평균 노동시간 48~52시간의 장시간 노동을 했다.

그러면 작업환경은 어땠을까? 이들의 하루 평균 노동시간이 9시간이었으니 이들은 하루의 3분의 1 이상을 작업장에서 보냈다. 자녀를 출산해야 하는 모성을 지닌 여성들에게 작업환경은 매우 중요하다. 여성노동자들의 생활 현장으로 작업현장의 위해성은 특히, 자녀출산과 정서에 미치는 영향이 크다고 볼 수 있다.

1970년대 미혼여성들의 대부분이 전자·전기나 정밀기기 사업장에서 일

오늘도 라면 한 그릇으로 아침 끼니를 때웠다. 비가 촉촉이 내린다. 얼룩진 천장무늬 사이로 고향의 그리운 얼굴들이 떠오른다. 동생 진이의 학비를 빨리 보내야 할 텐데…. 감기가 심해지는 것 같다. 서둘러 출근을 재촉해야 한다. 머리가 멍하다. 엄마의 다정한 손길이 눈물겹도록 그리워진다. 외로운 타향살이 1년, 또 하루의 고독을 씹으며 오늘도 나는 봄을 외면한 눈먼 소녀가 되어 버리는 것이다.

자료: 경남신문, 1982년 11월 18일.

을 했다. 구마산수출자유지역에서 자동화 시스템을 갖춘 전자·전기나 정밀기기 사업장의 경우, 여성노동자들은 보통 서서 작업을 하거나 앉아서 일을 했다. 장시간 일을 할 경우, 요통이나 허리 디스크를 앓게 되며, 조립된 물건이나 생산한 물건을 옮길 때 무리하게 작업을 해서 허리나 어깨, 손목 등에 인대가 늘어나게 됐다. 약품을 다루는 경우에는 작업 현장에서 피부병이니 손가락골설, 경견완증에 걸리게 되며, 납땜을 하는 경우에는 화상 등의 병을 종종 얻었다. 이들은 이런 사업장의 작업 성격상 납땜공정과 부품세척의 일을 했고, 작업은 약품냄새와 기계소음, 먼지와 분진 등이 있는 환경에서 이뤄졌다. 이런 작업환경은 여성노동자들의 건강을 해칠 수밖에 없었다. 회사에서는 위생시설이나 안전장치와 보조장치들은 거의 다 갖추고 있었지만 이런 작업환경의 위해성을 방지하기에는 역부족이었다. 여성노동자들은 늘 '기계소음, 많은 먼지, 잘 안되는 환기, 악취나 약품냄새 그리고 많은 유해가스, 눈부신 형광등 불빛, 서 있기가 힘듦' 등의 어려움을 호소했고 이런 열악한 작업환경에서 일을 했다. (강인순, 1996: 77~78).

지역신문에 나타난 경남여성들의 경제활동

공단지역 밖 경남여성들의 경제활동

경남의 여성들은 공무원, 교사, 보모, 위탁모, 은행원, 미용사, 간호사, 버스 안내양, 다양한 가내 부업, 사무직, 회사 비서, 전화교환원, 여자 운전사, 가사도우미식모나 파출부, 한복 바느질 등 여러 분야에서 돈을 벌었다. 이런 경남여성들의 경제활동은 지역신문인 경남매일경남신문의 전신의 1970년부터 1979년까지 실린 기사를 보면 잘 드러난다.

여성공무원

정부 수립 이후 첫 여성공무원 시험은 1973년 11월 25일에 실시됐다. 이로써 여성도 관리로서 진출할 수 있는 길이 열리게 됐다. 정부가 여성공무원을 본격적으로 채용하게 된 것은 정부기능이 확대되고 행정사무의 내용이 질적, 양적으로 변화됨에 따라 여성공무원의 수요가 늘어났기 때문이다. 또한, 행정사무 중 금전출납 등의 회계사무, 통계, 기록정리업무, 민원창구업무 및 여성 직업보도업무 등은 섬세성, 정밀성, 친절성이 요구되

첫 女性公務員 시험
——여성官吏에의 길 넓혀——

첫 여성공무원 시험, 경남매일, 1973년 10월 16일.

어 남성보다 여성이 더 적합하다는 것도 작용했다. 여성공무원의 수요와 배치는 업무 수행의 효율화와 민원창구업무의 명랑화부드러움이나 즐거움을 주는 의미로 해석됨를 위해 바람직하다는 이유에서였지만, 1970년대 초 이전에는 공무원 채용시험에 여성합격자 수는 극히 적었다.

1972년에 실시된 5급 체신요원 공개시험의 경우, 총 합격자 771명 중 여성은 51명으로 극소수에 불과했다. 1973년의 5급 행정직 시험에서도 합격자 1,318명 중 여성은 92명에 지나지 않았다. 총무처는 1972년 체신부로부터 여성공무원 80명을 추천받았으나 51명밖에 추천 임용하지 못했으며, 국세청의 요구에 따라 1973년에는 92명 중 70명을 각 지방 국세청과 세무서에 임용 배치했다. 1973년 당시 부처별 여성공무원의 수요 현황과 지역별 현황은 표와 같다.

총무처가 1973년에 여성만을 위한 공무원 채용시험을 실시한 것은 당시 각 부처의 여성공무원 수요 인원이 800명에 이르렀고 종전과 같은 시험으로서는 충당할 수가 없었기 때문이었다.

1973년 부처별 여성공무원의 수요 현황과 지역별 현황경남매일, 1973년 10월 16일.

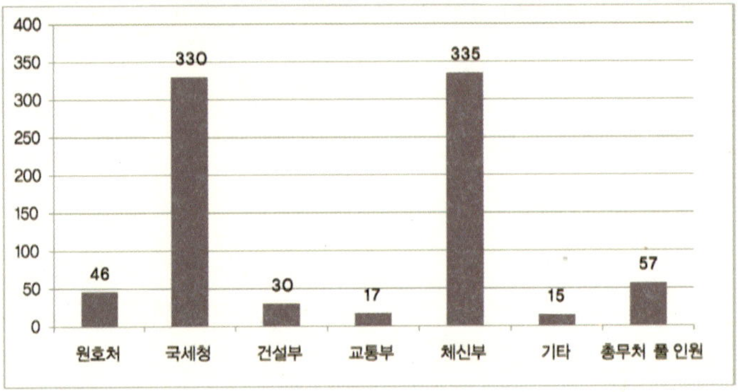

부처별 여성공무원 수요 현황

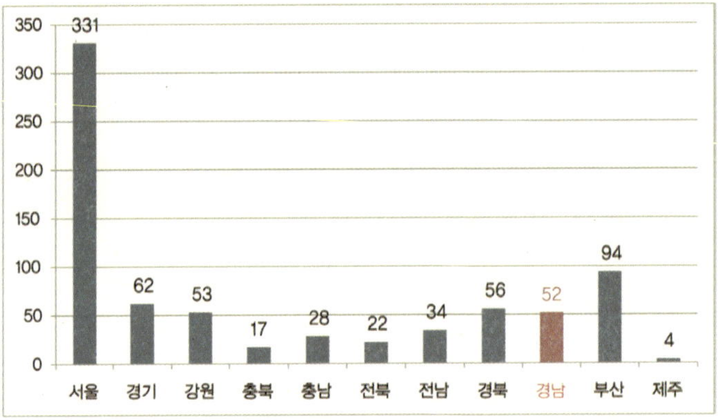

지역별 여성공무원 수요 현황

女차장 지원자가 없다

박봉에 고된일 하루19시간 근무

男子交替는 감감

會社側의 처우改善 앞서야

버스 안내양의 하루 19시간 노동, 경남매일, 1973년 3월 27일.

버스 안내양(구)버스 차장

1960년 이래 서민들의 대중교통수단은 버스였다. 1970년대 후반 서울지역에 지하철이 개통됐지만 경남지역의 경우에는 지하철이 없어서 여전히 버스는 중요한 대중교통수단이다. 버스 차장은 오늘날 사라진 이름이다. 버스 차장은 버스나 기차 등 대중교통에서 차량운행과 관리 등을 책임지는 책임자, 승무원을 지칭하는 말이다. 보통 시내버스, 시외버스, 고속버스 차장은 운전사를 도와 운행 안내를 하거나 요금 받는 일을 하는 직업이다. 하지만 차장의 '장'은 우두머리를 뜻하는 장長이 아니라 손바닥 장掌을 쓰는데, 어원이 확실치는 않지만 '차를 손바닥으로 친다'하여 그렇게 됐다는 설이 지배적이다. 버스 차장의 경우, 시내버스에는 앞문과 뒷문에 각각 1명씩 2명이 있었다.

경남의 경우, 시내버스와 시외버스는 남성 차장과 여성 차장을 교대로 배치하다가 시내버스는 전원 남자로, 시외버스는 전원 여자로 나눠 배치

버스 안내양, 1970년대.

하기도 했다. 1970년대 중후반으로 넘어가면서 승객들이 버스 차장을 여성으로 바꿔 달라는 요구가 늘어나자 여성 버스 차장이 늘어났다. 그러나 워낙 일하기 힘든 조건이라 여성 버스 차장을 구하기가 힘들었다. 버스 차장은 자동요금 정산기가 도입되면서 사라진 직업 이다.

남성 버스 차장은 일과를 마친 후 차를 수리하거나 차를 밤새도록 지키는 일도 했으며, 여성 차장은 차를 닦는 일을 해야 했다. 이들은 2일 근무하고 1일 휴무제로 일을 했는데, 주 60시간으로 법정 노동시간을 초과해서 일을 했다. 하지만 4~5일 만에 하루 쉬는 경우가 허다했다. 아침 5시부터 오후 12시까지 일을 해야만 했으므로 항상 잠이 부족해 버스가 운행하는 사이 버스 차장의 졸고 있는 모습은 1970년대 우리가 흔히 볼 수 있는 모습이었다.

이들의 월급은 1972년 당시 2만 4천 원최저 1만 5천 원에서 최고 3만 원이었다. 이에 반해 운전사의 월평균 임금은 6만 원최저 4만 원에서 최고 8만 원이었다. 버스 차장들은 버스 요금을 받는 일을 했으므로 운행 마감 후 몸수색을 당하기도 해 그 당시 여자 차장들의 인권문제는 심각했고 인권 사각지대에서 일을 했다.

15살에서 20대 초반의 나이로 버스 차장으로 취직 했던 경남여성들은 합숙소에서 또래 여성들과 함께 생활하면서 비좁은 공간에 끼여 모자란 잠을 잤다. 새벽부터 덜컹거리는 버스에 올라 문에 매달려 힘차게 버스 차체를 두드리면서 '오라이, 오라이'를 외쳤기 때문에 그 당시 버스 차장 하면 불쾌감과 함께 피곤에 찌든 고달픈 모습이 먼저 떠오른다. 하지만, 다른 한편 초등학교부터 고등학교까지 버스를 타고 통학을 했던 남학생들에게 차장 누나들은 묘한 감정의 대상이 됐다.

출근시간에 사람들이 많아 문이 안 닫히면 문 좌우를 잡고 다니던 차장의 모습은 매우 흔했고, 모자란 잠 때문에 졸다가 힘이 부쳐서 움직이는 버스에서 길가로 떨어져 안타까운 삶을 마감한 경우도 종종 있었다. 여자 차장들은 서 있기도 힘들 만큼 공간이 없는 버스 안에서 남자들 사이에 끼여 성희롱을 당하기도 했지만 그들은 한국의 압축적 경제성장기에 나름대로의 큰 역할을 했다(경남매일, 1973. 3. 27.). 현재 그들의 나이는 50대에서 60대쯤이 됐을 것이다.

전화교환원

전화교환원은 주로 여성들이 일하는 직종으로 통화 상내사의 요구에 따라 기기를 조작하여 통화하고 싶은 사람에게 연결해 주는 일을 했다. 수동식 전화기는 자석식과 공전식이 있었는데, 사용할 때 교환원이 반드시 필요했다. 자석식은 전화기에 붙은 핸들을 돌리면 교환원이 나오고, 교환원에게 전화번호를 말하면 교환원이 전화를 연결해 줬다. 공전식은 전화기를 들기만 하면 교환원이 나오는 방식이었다. 교환원은 '교환수'라고 불리기도 했다.

전화교환원 업무 광경, 국가기록원, 1961년.

수동식 전화 연결은 전화 가입자가 적었기 때문에 가능했다. 1960년에 전화 가입자는 86,600여 명에 불과했다. 서울 지역의 경우도 겨우 몇 만 명에 지나지 않았다. 1960년 2월 24일에 서울 영등포 전화국이 개통될 때 총 42명의 전화교환원이 근무했다. 부분적으로 자동전화도 개통됐는데, 1971년에 서울~부산 간 장거리자동전화가 개통되면서 장거리 전화에 교환원을 거치지 않고 직접 연결되는 시대가 열렸다. 전화교환원이 필요치 않은 자동식 전화의 등장과 함께 1987년에 전국 자동교환망이 구축되면서 전국 어디서나 전화교환원을 거치지 않고 전화를 할 수 있게 됐다.

그러나 여전히 오늘날도 여자 교환원이 일하고 있다. 병원과 호텔에서의 예약과 안내, 전화번호 안내 등의 분야다. 컴퓨터 기술의 발전으로 많은 기업에서 전화교환원이 할 일을 자동응답서비스ARS로 대체하면서 전화교환원의 수요는 점점 줄어들었다. 한때 진화교환원은 전화통신공사의 정규직으로 안정적인 여성 직업으로 인기를 끌었으나 미래에 고용감소가 예상되는 직종으로 분류되고 있다.

우리는 社會初年生
79年을 달릴 부푼꿈의 主人公들 <끝>
마산 전신전화국
징수계 羅귀영嬢
職場은 새로운 生의 出發點
딱딱한 業務에 몰래 눈물 흘리기도
상대방 입장되어 충돌 안빚게 노력

마산 전신전화국의 전화교환원, 경남매일, 1979년 2월 5일.

경남의 경우, 1970년 마산전신전화국 동마산 분국만 해도 114명의 여성전화교환원이 일을 했으며, 이들의 업무는 국제접수대, 번호안내, 교환감독상담 등이었다.

1979년 낭시 경남지역에서 여자교환원으로 일을 했던 여성들의 취업 동기를 들어 보면, "10년 전만 해도 여성들의 사회진출은 극히 드물었고 전통적으로 여자들은 전통적으로 집에서 규수 수업이나 받고 시집가는 것이 보통이었는데, 사회에 봉사하고 가정도 도울 수 있는 직업이 교환원이라고 생각했다." 혹자는 "교환원은 '친절'이라는 슬로건을 제일로 하는 직업으로 생각되어 택했다." 또는 "그냥 일을 하다 보니 11년이 됐다." 그

함안중학교 고아원 방문, 경상남도교육청,
1972년 5월 18일.

리고 "전화 속 목소리가 예쁘고 곱게 느껴져서 여성은 한 번 해 볼 만한 일"이라고도 했다. 하지만 이들이 공통적으로 이야기하는 것은 "현대사회는 다기능사회로 모든 사회구성이 다원화되어 있다. 저희가 하는 일이 소통 업무이므로 일반인이 원활한 사회생활을 영위하도록 도움을 주고 있다는 데 자부심을 느낀다."라는 것이었다(경남매일, 1979. 2. 5.).

위탁모나 복지시설 보모

복지시설의 보모나 위탁모는 여성들의 전용 직업 분야로 여성이 미혼이거나 아기 엄마이거나 모성을 가졌다는 데서 나온 직업이다. 보모의 일은 유아들에게 젖을 먹이고 옷을 갈아입히고 잠을 재우고 그리고 성인으로 키우는 즉, 엄마의 대리 역을 하는 것이다. 고아원현재의 영아원·육아원은 해방 이후 만주와 일본의 귀환동포의 고아들을 수용하고 한국전쟁 이후 수

많은 전쟁고아들을 고아원에서 수용한 데서 시작됐다.

1970년 초 당시 전쟁고아 이외에 축복받지 못한 생명과 가난한 부모로부터 버림받은 어린이들이 고아원에서 위탁 양육과 보육을 받았다. 마산에 고아원이 생기는 시기는 해방 직후이다. 1970년 초 마산에서는 고아원 10곳에서 1,148명의 원아영아에서 18세까지들이 부모도 모른 채 보모의 손길로 생활하고 있었다. 혈연으로 구성된 가정보다 단위가 큰 가정이 곧 고아원이라고 한다면, 그 당시 보모는 그 엄마보다 더한 존재였다.

女性
직장을 찾아서 ⑫
보모는 엄마보다 더한존재
職業의식대신 母性을 밑바탕으로
月收 宿食제공받고 6~7천원
고아원 보모
조혜선양

고아원 보모, 경남매일, 1972년 11월 11일.

마산시 장군동 인애원의 보모로 일했던 조혜선25세은 6세 유치부 아이들을 맡아 엄마의 대리모 역할을 했는데, 그녀는 "직업적인 보모가 아니라 내 집에서 내 동생을 돌보는 것"이라고 생각했다고 한다. 당시 이 직업을 가진 대부분의 여성들은 "타 직업과 달리 직업의식만 가져서는 부족하다."는 점을 인식하고 있었다. 이른바 보수가 요구되는 직업이라기보다는 천직이라는 사명감이 있어야 한다는 것이었다. 그래서 복지시설의 보모로 일을 하고 있는 조혜선은 "보모는 선택된 인간이 아니면 섣불리 발을 붙여서는 안 된다."라고 강조했다.

인애원의 규칙은 1인 1기를 습득하고 만 18세 이상이 되면 인애원에서 나가야 했다. 인애원 보모는 아침 6시에 기상해서 저녁 9시 아이들이 취침할 때까지 일을 했다. 인애원 보모인 조혜선은 "개성이 다양한 여러 아이들은 돌보면서 별별 기발한 일들이 많지만 제 사랑은 제가 지닌다고 유달리 행동거지가 예쁜 아이들이 있다."라고 했다. 엄마가 자기 아이를 돌보면 대가가 없지만 집단적으로 아이를 돌보는 보모는 월급을 받을 수 있는데, 그 당시 조혜선의 한 달 보수는 6,000원~7,000원 정도였다.

또한, 마산 홀트 복지회 위탁모로 일했던 박복록은 "새벽 4시부터 하루가 시작된다. 다른 직업처럼 출근이라는 것이 없이 아이에게 먹을 우유를 데우고 두 아들의 출근을 위해 아침을 준비한다."라고 했다. 헌신과 사랑으로 15년 동안 일을 한 박 씨는 "울음소리로도 욕구, 병명을 척척 알아내고 아이의 티 없는 재롱에 피로를 못 느끼지만 아이가 입양되어 떠날 때는 마음이 가장 아프다."라고 했다(경남매일, 1972. 11. 11.).

여자 운전사

자동차 학원을 나오거나 조수로 일을 하든지 간에 운전사가 되려면 도에서 시행하는 운전면허시험에 합격을 해야 한다. 1981년 2월 24일 당시 마산·창원·진해지역에서 활동하고 있는 경남지역 여자 운전사는 60명 정도였으며, 이들 중에는 미혼도 있고 기혼도 있었다. 이들 여자 운전사의 대부분은 가계를 유지하기 위한 수단으로 운전을 했으며, 하루 수익금을 맞추기 위해 밤늦게 장거리 지역에도 위험을 안고 운행했다. 여자 운전사는 늘 위험을 안고 운전대에 앉았는데, 이는 남자와 달리 대부분의

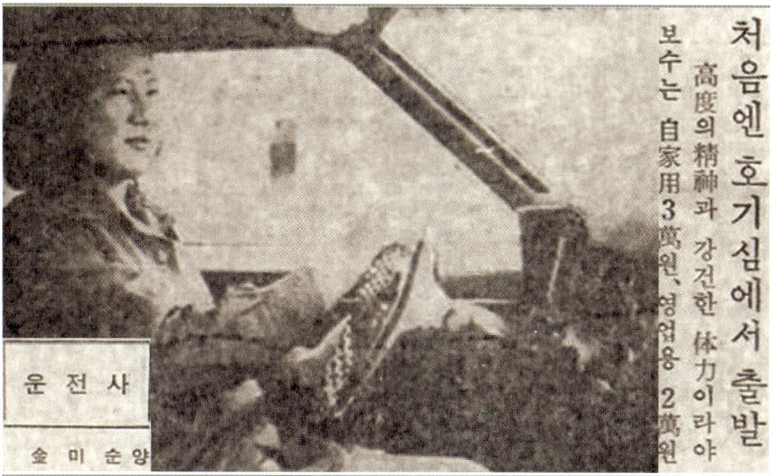

여자 운전사, 경남매일, 1972년 11월 23일.

여성들이 힘이 약해 강도나 사고의 대상이 되기 쉬웠기 때문이었다. 하지만, 택시 운전은 남녀를 불문하고 운전면허를 따면 누구라도 할 수 있는 직업이었다. 1981년 당시 경제상황은 불황을 겪고 있었지만 운전사라는 직업은 타 직업에 비해 소득이 높은 직업이었다.

자가용 운전사와 달리 택시 운전사는 17시간의 중노동을 했다. 택시 운전사의 경우, 1981년 당시 수익금은 남녀 구분 없이 평일에는 28,000원이었고 토요일과 일요일에는 30,000원이었다. 여자 운전사들의 소망은 개인택시를 우선 배정받는 것이었다. 개인택시를 배정받으면, 수익금을 맞추기 위해 밤 8시 이후에는 인적이 드문 곳이나 장거리 운행을 하지 않아도 되기 때문이다. 여자 운전사들이 제일 짜증이 나는 것은 술에 취한 남자 손님들이 희롱하는 것이었다.

운전사라는 직업은 일정한 장소에서 일정한 근무시간 안에 일하는 직

馬山여자運轉士「수난」

작년7월부터 4명 연쇄被殺·실종

業體도 취업기피…39명중 5명남아

마산 여자 운전사의 수난, 동아일보, 1981년 6월 26일.

업과 달리 고도의 정신력과 강인한 체력이 요구되는 직업이다. 보통 여자 운전사보다 남자 운전사가 많았지만, 그 당시 여자 운전사를 소재로 하는 영화와 소설이 성행하기도 했다.

1970년대와 1980년대에는 연약한 여자 운전사가 강도와 절도를 당하는 사건과 생명까지 잃는 사건들이 연달아 일어나기도 했다. 오늘날에는 여자 운전사를 신기하게 여기지도 않지만, 호기심으로 여자 운전사를 시작한 지 3년이 된 마산 수출자유지역 구로가와 회사 운전사인 김미순은 "영업용 택시를 굴리다가 자가용에 근무한다면서 처음 핸들을 잡을 때 긴장이 됐지만 '다른 사람도 하는데 왜 못해!' 하는 심정으로 일을 하자 마음이 담담해졌으며 차가 신기하기도 하여 아직은 권태를 느끼지 않는다."라고 했다. 영업용 택시는 아침 8시부터 밤 10시까지 운전을 하지만, 자가용은 늘 대기상태에 있다가 연락이 오면 시외로 달려야 하고 운전을 하지 않을 때는 작업장에서 일을 해야 했다. 그리고 간단한 차 정비를 해야 했지만 김미순은 "운전과 정비가 다르므로 어느 부분이 고장 났는지 알아도 수리를 못 하고 타이어만 갈아 끼우는 정도밖에 못한다."라고 말했다. 수리는 서비스 공장에서 기름은 주유소에서 자동차와 관련해 분업이 잘 되어 있으나 서비스 공장이 없는 곳에서 고장이 나면 연락하는 등 시간이 지체되는 것이 보통이었다.

월급은 자가용 운전사가 30,000원, 영업용이 20,000원인데 팁이 있는 경우는 더 많았다(경남매일, 1972. 11. 23.).

여자 의상디자이너

여성복, 남성복, 아동복 등 각종 의상에 대한 시장조사를 통해 정보를 수집하고 트렌드를 예측하여 디자인하는 직업을 디자이너라고 한다. 오늘날 디자이너는 머리부터 발끝까지 다양하게 분화됐지만 1970년대에는 디자이너하면 의상디자이너를 지칭했다.

근대화 물결을 따라 한복이 평상복이 아닌 의례용 의복으로 바뀌고 양장이 평상복이 되자 의상디자이너라는 직업이 등장했다. 그 당시는 디자이너는 디자인화를 그리는 정도로도 디자이너라고 했지만 완전한 디자이너는 작품 구상은 물론 재단·재봉까지 할 줄 알아야 했다. 양장협회와 노동청에서 주관하는 양장과 양복의 실기 시험과 학과 시험에 합격하여 경험과 학력에 준하는 급수 시험에 합격해야 몇 급 디자이너라는 자격이 주어졌다.

1970년 초 당시 경남 마산에서는 마산 시내 100여 개 군소양장점의 여성 디자이너라고 하면, 그저 디자인화나 그릴 줄 알고 재단이나 하는 정도였고, 공인된 디자이너는 한 명도 없었다. 그들이 디자인까지 하려면, 양재학원을 다니거나 양장점에서 실무를 익혀야 했다.

구마산시 창동의 나이테 의상실을 운영했던 강경희는 "손님의 교양과 지성이 의상을 주문할 때 쉽게 드러난다."고 했다. 또, "양장점의 풍토는 양장이라는 자체가 토착이 아니어서 뚜렷한 주체가 없고 손님의 취미와 주문에 따라 비위를 맞춰 주어야 했다. 뚱뚱한 몸매를 가늘고 날씬하게 보이게 만드는 게 디자이너의 역할이다."라고 했다.

여성 직업 중에서 미개척지에 불과한 디자이너들은 아침 10시부터 밤 10시까지 꼬박 일을 했고 한 달에 두 번의 휴일을 빼고 근무해 월 20,000원~40,000원의 월급을 받았다. 그녀에 의하면, "거리에 넘실거리는 미니, 맥시, 샤넬의 유행도 이들의 손끝에서 나오고 일류 디자이너라면, 명성과 부가 명사 급이었다."라고 했다. 해마다 바뀌는 유행에 따라 의상도 바뀌는 흐름은 위성 TV의 중계로 세계가 동시에 갈아입는 세태로 나타났고, 영화나 TV에 유명배우가 입고 나오는 옷을 자기 체격은 보지 않고 그대로 만들어 달라는 손님들도 있었다.

디자이너라는 특성은 아름다워지고 싶은 인간의 본능에 멋과 아름다움을 만들어 내는 것이었고, 손님의 주문과 디자이너의 구상이 어울릴 때는 예술작품을 만들어 내는 것이었다(경남매일, 1972. 11. 2.). 오늘날에는 기성복이 보편화되어 맞춤 옷은 부유한 소수 여성들이나 이용할 수 있게 됐다. 더구나 천값보다 삯이 더 비싼 옷값은 옷 한 벌에 한 달 봉급의 반 이상이 날아갈 정도로 비싸다.

여자 미용사

1972년 당시 마산 시내만 해도 미장원이 146개였고, 종사자 342명 중 자격증 소지자가 162명, 자격증 무소유자가 180명이었다. 자격증이 있다고 해서 일류 미용사가 되는 것은 아니었다. 미용사가 되는 길은 미용학원을 다니든지 미장원에서 기술을 익혀 왔든지 간에 국가가 실시하는 미용사 자격시험에실기와 학과 합격해서 자격증을 따야 했다.

파마만 해도 1972년 당시 200원에서 1,500원까지, 머리를 펴는 아이롱

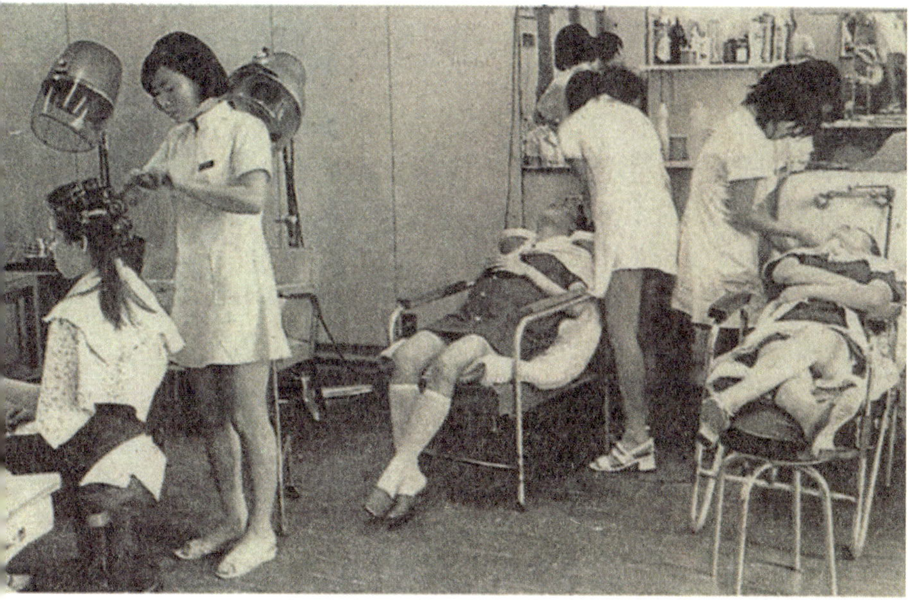

1970년대 미용실 풍경.

은 100원에서 200원까지 급지미용실 소재지의 등급에 따라 차이가 있었다. 마산 시내에서 1급지라면 오동동지역, 2급지는 그 외 지역, 3급지는 시 변두리로 미용요금이 지역에 따라 달랐다. 그렇지만 급지에 따라 미용사의 기술이 차이가 나는 것은 아니었다 특히 시설은 번화가에서부터 변두리까지 다양했다. 회전의자와 삼면이 거울인 미용기구가 잘 갖춰진 번화가의 미용실이 있는가 하면, 좁다란 거울 하나에 나무 의자에다 경영주가 혼자 미용 일을 하는 변두리 미용실, 그리고 시설 기준에 미달하는 곳도 있어 사실상 미용실의 시설은 천태만상이었다. 당시 시설 기준에서 의자 4대, 종업원 4명, 면적은 6평 2홉 8작이 있으면 미용실 허가가 났다.

가운을 단정히 입고 마산시 크로바 미용실에서 일했던 성정희는 아침 7시부터 밤 9시까지 12시간 동안 미용 일을 했는데 월급에 비해 중노동

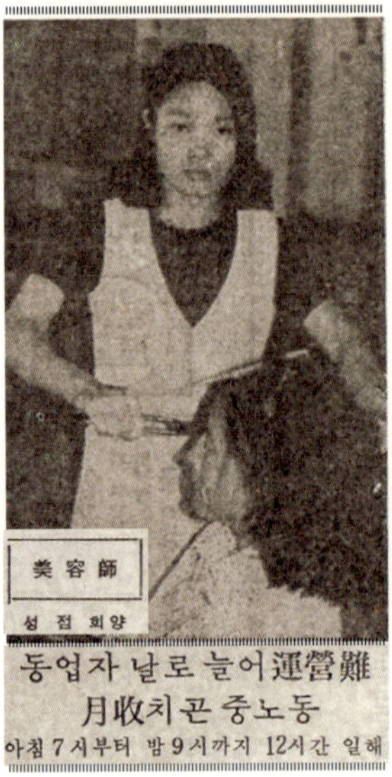

미용사, 경남매일, 1972년 9월 14일.

을 했다. 한 달에 2번 있는 휴일(1일과 15일)에는 영화 구경을 가기도 했다. 그녀는 미용사가 되기 위해 6개월 동안 학원을 다녔고, 머리를 펴 주는 아이롱 일을 한 지는 5년이 됐다.

숙식을 제공받으면서 월 14,000원을 받았고, 팁까지 계산하면 월수입이 17,000원이었다. 일류 미용사는 월 20,000원을 받았다. 성정희는 "고향에 동생 넷이 농사를 짓고 있으며, 결혼은 2년 뒤에 할 예정이며, 최소한 의자 4대에 종업원 4명이 있어야 하는데 동업자들이 날로 늘어 운영난을 겪고 있다."라고 했다.

경남에서 그전만 해도 여성 직업으로 미용사가 할 만했었지만, 1970년 초반에 미용 관련 동업자가 늘어나면서 아침 7시부터 밤 9시까지 12시간 동안 일해야 세금을 겨우 낼 정도로 힘든 직업이었다(경남매일, 1972. 9. 14.).

여자 면도사

경남 하동군 옥종면 이용소에서 여자 면도사로 일했던 문향숙은 온종일 남자들의 담배 냄새와 머리 냄새, 땀 냄새를 맡으며 하루 일과를 보냈다. 그녀는 부산시 중구 중앙동 K이용소에서 2년간 면도 일을 했다. 면도사 일을 시작한 것은 1969년 8월부터였다. 1969년 3월에 날품팔이라도 해서 자식들 공부를 시켜야 한다는 아버지를 따라 고향 하동에서 중학교를

양지를 向해 알찬꿈을엮는

女子 面刀師

慶南 河東郡 玉宗面 文향숙孃

혼자힘으로 동생 셋 보살펴

"잘해준다"에 피로도 잊어

<내일의 보람찬 희망을안고 오늘도 이용소에서 열심히 일하고있는 文향숙孃>

여자 면도사, 경남매일, 1973년 10월 15일.

중퇴하고 부산으로 왔다. 양재라도 배워서 아버지를 돕고 뒷바라지를 하려고 기술을 배워 봤으나 너무 어렵고 돈이 많이 들어서 쉽게 기술을 익힐 수 있는 면도사로 첫 돈벌이 일을 하게 됐다. 문향숙은 "이 일을 한 지 벌써 4년이 됐고 남자 얼굴을 만지면 이상한 감각이라곤 전혀 없이 빨래판을 만지는 것 같다."라고 했다.

보통 이용소의 여자 면도사라는 직업은 남자 얼굴을 만지며 면도를 하다 보니 숱한 유혹과 놀림을 받는 직업이었다. 예를 들어 손님이 면도를 하는 아가씨 얼굴을 빤히 쳐다본다든가, 실수로 손님의 손가락이 입 안으로 들어가면 손가락을 빤다든가, 여름철 옷을 엷게 입고 있으면 자

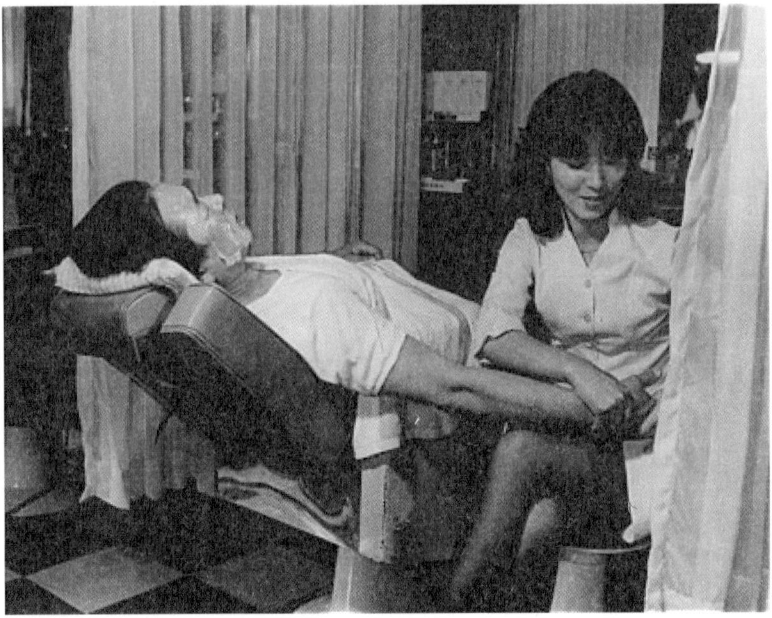

영화 〈바람 불어 좋은 날〉에 등장하는 여자 면도사, 1980년.

꾸 젖가슴으로 눈길을 준다든가 하는 등의 유혹의 방법도 다양했다. 그녀는 "단골손님이면 장기적으로 유혹을 하는 경우가 많았으며, 면도를 하면서 저녁이라도 같이 하자거나 차라도 한잔하자거나 아니면 팁으로 덤벼들 때도 있었다. 하지만 여자 면도사의 경우, 보통 개인차가 있어서 손님들 중 마음에 드는 손님이 있으면 면도를 2시간씩 해 주는 경우도 있었다."라고 했다.

1973년 당시 단골손님이 생기면 일당 500원~600원을 받았다. 여자 면도사들은 한 달에 3일을 쉬고 아침 7시부터 저녁 8시까지 12시간을 면도

칼을 잡아야 했다. 긴 노동시간이 고달팠지만 이들은 손님이 면도를 잘 한다고 칭찬하면 한결 마음이 거뜬해진다고들 했다. 문향숙은 "지금까지 저축한 돈은 없어도 동생들 셋을 초등학교, 중학교, 고등학교에 혼자 힘으로 보냈다. 하루가 다르게 동생들이 커 가는 모습을 보면 하루의 피로가 깨끗이 씻긴다. 이렇게 동생들 키우다 보면 나 자신을 이해해 주는 사람도 있겠지요. 그 때는 결혼도 해야죠."라고 말했다(경남매일, 1973. 10. 15.). 이처럼 혼기를 놓쳐 가면서 동생들을 공부시키는 것은 이 당시 경남 여성들의 흔한 모습이었다.

파출부오늘날의 가정 관리사

1970년 초 하나의 직업이었던 파출부는 오늘날 가정관리사로 정착됐다. 1970년 초 파출부는 일손이 부족한 주부들에게 호응을 받는 직업이었다. 경남 마산지역에서 파출부가 처음 선을 보인 것은 1974년 7월 경상남도 여성회관에서 극빈 여성의 취업을 알선해 주었던 것이 계기가 됐다. 이어 마산 YWCA에서도 파출부 알선을 실시했다. 1978년에 이르면 여성회관에 50명, 마산 YWCA에서 10명 도합 60명가량이 파출부로 활동하게 된다.

1970년대 파출부들은 오전 9시에 각 가정으로 파견되어 오후 5시에 퇴근해 일당 1,500원을 받았다. 당시에는 파출부에 대한 수요가 늘어나 인원이 부족한 실정이었다. 이들이 하는 일은 조리사, 환자 돌보기, 어린이 돌보기, 잡일 등으로 구분되어 있었다. 파출부를 원하는 여성들은 우선도 여성회관이나 마산 YWCA에 등록해 일을 나가기 전에 5시간~10시간의 사전 훈련을 받았다. 훈련 내용은 노동의 가치, 요리, 예의범절, 여성과 직업 등이었다.

파출부를 원하는 여성들의 경우, "생계에 보탬이 되고 여가 활용을 위해 일을 한다."라고 했다. 이들은 국졸 이상 학력의 만 25세 이상 50세 이하의 여성으로서 오전 9시부터 5시까지 일을 할 수 있으면 자격이 주어졌다.

이 일을 했던 김 모34세 파출부는 "산더미처럼 많은 일을 맡겨 소처럼 부려 먹으려는 가정에 나가면 간혹 반발심을 느끼게 된다. 그럴 때면 고의적으로 태만을 하기도 했는데, 사용자가 직업여성일 경우, 일주일분의 반찬을 만들도록 요구한다든가 하는 일은 생각해 볼 일이다."라고 했다. 상호 간에 부리고 부림을 당한다는 의식이 강해 파출부를 부려 먹는 천직이라고 생각한다는 것이었다. 예를 들어 파출부들은 사용자들이 빨래거리를 몇 주째 모아 두었다가 혹사시킨다든지, 자신들을 지나치게 불신한 나머지 인격적으로 모독을 느낀다든지 하는 불만이 있는 반면에 사용자들은 파출부들의 태만과 직업의식의 결여가 불만이었다. 이처럼 파출부 사용자와 파출부 상호 간의 불만이 있었지만 1980년대로 넘어가면서 여성들의 경제활동이 늘어나자 1일 파출부 고용에 대한 수요는 점점 더 늘어나게 됐다(경남매일, 1975. 8. 8.).

방직공

1970년대 산업화가 한창 빠르게 진행될 즈음, 우후죽순 식으로 세워진 공장으로 인해 스무 살 안팎의 미혼여성들의 노동력을 구하기 힘들게 됐

여자 방직공, 경남매일, 1972년 10월 10일.

다. 일손이 익숙해지면 결혼과 더불어 퇴직해 버리기 때문이었다. 그 당시 일반 가정에서는 일을 할 만한 열대여섯 살 소녀들을 구하기가 어려웠다. 남의 집살이보다 자유롭고 기천 원의 월급을 받을 수 있는 공장에서 일을 하게 됐기 때문이다. 이 시절 이 소녀들을 고용하던 곳이 바로 방직 공장이었다.

1970년 초 경남의 마산 시내만 해도 방직 공장이 7개가 있었다. 여종업원의 30%가 인근 시나 군에 거주하는 여성들이었다. 이들의 평균 연령은 20~22세이고 평균 학력은 국졸이나 중졸이었다. 3교대로 8시간을 근무하는 곳은 수월한 편이었고, 2교대로 12시간을 근무하는 곳은 힘든 곳이었다. 이들의 보수는 일당제로 초임은 5,400원에서 5,500원이었다. 최고급은 25,000원까지였다. 수천 명을 거느린 대기업에서부터 백 명 미만의 영세업체도 있지만 이들의 공통점은 여성들만의 후생시설이 미비하고 근로기준법이 잘 적용되지 않는다는 것이었다.

방직 회사의 직녀의 과정은 실을 가늘게 만드는 과정인 전방이든 정방spimming, 적당한 실의 가늘기를 늘여 주고 필요한 조임을 주어 완성하는 공정이든 한곳에 쭉 있으면 1년쯤 되어야 숙련공이 될 수 있다. 1년쯤 지나면 1만 원의 보수를 받을 수 있었다.

1970년 초 한만희는 직녀 생활 2년차 엘리트 사원이었다. 420명의 직녀들이 붐비는 방직 공장은 갓 입사한 소녀들이 힘들다고 눈물을 짜내는 곳이었다. 한만희는 실험실에서 근무했는데, 실험실 근무는 여고 졸업 이상이어야만 가능했다. 실험실의 작업은 방직 과에서 뽑은 견본 실을 지시대로 뽑았는가, 원료가 낭비되지는 않았는가, 양질의 실이 나왔는가를 검사하는 곳이었다. 마산방직의 최고 급여를 받았던 그녀는 "점심시간12시~1시에 모여 앉아 한담으로 피로를 풀고 다음 작업을 기다리는 것이 가장 즐겁고, 실을 검사하듯 앞으로의 삶을 곱고 되짜 맞지 않게 꾸려 나가려고 한다."라고 웃으면서 말했다(경남매일, 1972. 10. 10.).

여순경

1972년 8월 23일은 여자 경찰로 임명된 여순경 4명이 마산경찰서 보안과, 경무과 등에 근무한 지 100일 되는 날이었다. 마산시민과 도민들은 딱딱하게 보였던 지방 경찰에 여성이 등장했다는 것에 대해 대단히 반겼다. 보안과 교통계에서 내근을 하고 있는 조인자 순경은 운전사들의 적성검사증 발부나 전출입, 교양 카드, 면허증 확인, 면허증 발부를 하면서 보행자 단속 및 교통정리 일을 했다. 이태남 순경은 보안과 보안계에서 일하고 있었는데 담당 경사의 지시에 따라 문서 정리, 즉결처리보고의 일을

좁은門女巡警시험…10대1

여순경 시험 경쟁률이 10 대 1에 육박. 경향신문, 1972년 3월 20일.

맡았다. 보안과에 근무하고 있는 김옥선 순경은 교통계에서 외근을 했다. 김옥선 순경은 길을 잃은 어린이 보호하기, 부모 찾아주기, 어르신들께 길 안내하기, 농촌 사람들에게 찾고자 하는 집 주소 찾아주기 등의 일과 보행자들을 계몽하고 법규를 위반한 차량을 단속하는 일도 했다. 김연숙 순경은 종전까지 보안과 교통 외근을 했다가 경무과에서 일을 했다. 도경에서 내려온 공문서를 철하고 기안의 보고, 회보 만들기, 파출소 지서에 지시하는 공문서 처리 등의 일을 했다.

이들 4명의 여자 경찰들은 한 여성으로 인간이라는 것을 강조해 "일반 사회에서 여순경을 특이한 직업을 가진 사람으로 바라보지 않았으면 좋겠고 시민의 준법정신이 아쉽고 상관은 이들에게 더 관심을 가져 주었으면 하는 바람이 있다."라고 말했다. 그리고 한 공무원으로서 한 여성으로서 국가에 이바지하려는 이들은 "차를 타거나 길을 갈 때 따돌림을 받는 느낌이 종종 들 때는 서글프며 빨래할 시간이 없어서 애태울 때도 많다."라고 했다(경남매일, 1972. 8. 22.).

간호원오늘날의 간호사

'나는 나의 일생을 순결하게 살며 내 직무에 충실할 것을 하나님과 여기 모인 여러분께 서약하나이다.'라고 시작되는 나이팅게일 서약문대로 의사를 협조하며 환자의 아픔을 내 아픔과 같이 여겨 돌보는 것을 신조로 사는 직업이 백의천사 간호원이다. 1970년 초 당시 간호원은 경남도립병원에 7명, 파티마 병원에 7명, 국립마산병원에 25명, 조산원에 16명이 있었고 국군통합병원미상과 일반의원병원 4, 의원 60, 치과 11에는 2명뿐이었다.

흔히 병원에서 환자를 돌보면 간호원이라고 하지만 간호원은 정규 간호학교를 졸업하고 국가고시에 합격해 자격증을 가지고 있는 사람들로 까만 선이 한 줄 있는 흰 모자를 쓴 사람을 말한다. 그냥 흰 모자를 쓰고 있으면 간호교 재학생으로 실습 중인 학생이고, 졸업과 동시에 대관식을 거쳐야만 까만 선이 있는 모자를 쓸 수 있었다.

국립마산병원의 간호원 임숙경20살은 어릴 때 아버지를 따라 병원에 갔다가 간호원의 하얀 모자에 끌려 간호원이 됐는데, 진주간호학교를 졸업하고 이곳에 온 지는 6개월밖에 안 됐다.

간호원이 25명이 8시간 3교대제로 근무하고 비번일 때는 병원 안에서 맴도는 생활을 했기 때문에 임숙경은 아침 6시부터 저녁 9시 취침까지 환자와 같이 활동을 했다. 1972년 당시 임 양은 국립병원이라 5급 을에 준하는 급여를 받았고 간호수당 4,000원을 더 받았다. 일반 의원은 급여가 20,000원~30,000원선이었다. 그녀는 매월 받은 급여를 “집으로 모두 송금을 한다.”라고 했다. 환자 500명에 간호원 25명의 국립마산병원에서 절대 안정을 요하는 환자들을 돌보고 있었던 그녀는 “육체적인 피로보다도 정신적인 고충이 많다.”고 말했다(경남매일, 1972. 9. 26.).

여자 은행원

서비스 직종이 많기는 하지만 그중에서도 은행은 서비스를 최대로 발휘해 손님을 대하는 직업이다. 은행마다 고객의 눈길을 끌려는 손님 유치 작전이 치열했고, 유치 작전의 하나로 미인대회 당선된 미인을 특채로 고용하기도 했다.

1972년 당시 마산 시내에는 10개 은행 17개 점포에 은행원 400명이 있었는데, 그중 여행원이 150명 정도였다. 화이트칼라의 대표적인 직업인 은행원은 용모와 복장이 단정해야 한다는 것이 제 1조건이었고 미소와 함께 고객을 친절하게 대해야 한다는 것이 중요했다. 여행원 자격은 주산 3급 이상이어야 하고 여행원 된 후 3개월 동안 돈 세기를 하고 나서야 창구에 앉아 보조 역할을 하다가 익숙해지면 비로소 고객을 맞을 수 있었다.

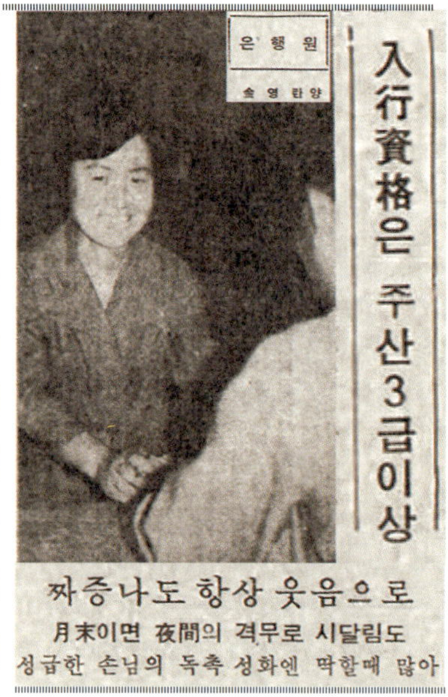
은행원
송영란양
入行資格은 주산3급이상
짜증나도 항상 웃음으로
月末이면 夜間의 격무로 시달림도
성급한 손님의 독촉 성화엔 딱할때 많아

여자 은행원, 경남매일, 1972년 9월 28일.

1972년 당시 은행원의 봉급이 타 직종보다 많았다. 남자 은행원의 경우 고졸 초봉이 43,000원, 대졸 초봉이 46,000원이었고, 최고봉급은 79,200원이었다. 여행원은 고졸 초봉이 26,700원이었고, 대졸 초봉이 27,900원이었으며, 최고봉급이 46,500원보너스 연 400%이었다. 모든 직종에서 성별 임금 격차가 있지만, 은행의 경우는 격차가 더 심했다.

1972년 당시 영업부당좌계에 일했던 김영란26세은 "여행원은 부분적 일을 맡지만 남행원은 아무래도 책임부서를 맡기 때문에 보수에 차이가 나는 것은 당연하다."라고 말했다. 은행 근무 경력이 6년인 김영란은 봉급 차이가 하나도 별스럽지 않다고 느꼈다. 그 당시 여성들은 대부분 그렇게 생각했다. 근무시간은 오전 9시부터 오후 7시까지이고, 점심은 12시 30분부터 2시 30분까지 교대로 식사를 했다. 월말에는 야간 근무를 해야 하지만 높은 봉급을 받는 직종이었다. 그녀가 받는 급여는 월 35,000원으로 여행원의 최고 급여였다. 1년 후 결혼을 할 예정인데 "적금도 넣고 자비를 제외하고 나머지는 봉투째로 어머니께 드린다."라고 했다. 김영란은 사진에서처럼 2남 3녀의 맏이로 그 책임이 무겁고 격무에 짜증이 나도 항상 웃음으로 고객을 대하고 있었다(경남매일, 1972. 9. 28.).

경남여성들의 이중 노동각종 부업을 통한 돈벌이

1970년대 중후반 연탄 값이 오르고 물가가 오르자 가계에 보탬이 되고자 부업을 찾는 주부들이 늘어났고 부업 붐이 일었다. 취미생활협회 임경자 회장은 "부업을 하겠다는 대부분의 주부들이 남편 수입만으로는 생활에 위압감을 느껴 반찬값이라도 벌어 가계에 보탬이 되고자 하는 것이 주 이유이다."라고 말했다.

아후강 뜨기 **구정자**

아후강은 1970년대 새마을운동이 한창일 때 유행했던, 아후강 바늘로 손뜨개를 해 옷을 만들어 입던 기법이었다. 구정자29세는 여성회관에서 아후강 뜨기를 가르치는 강사였다. 그녀는 두 살 난 아기를 이웃에 2시간

家庭副業 ④

아후강

具정자〈主婦〉

月 강습료 만5천원

맞벌이로 집살 곗돈도 넣고

앞날의 희망위해 마냥 즐겁기만

아후강 뜨기를 하는 구정자, 경남매일, 1972년 5월 20일.

동안 맡겨 놓고 일을 했다.

20여 명의 엄마들이 도 여성회관의 훤하고 시원한 방에서 일부는 아이들을 탁자에 앉혀 놓고 한 코 한 코 새로운 무늬를 배우고 있었다. 그 당시 가정주부들은 가족을 위해 옷이나 빨아 주고 밥을 해 먹이던 일만 하던 시대를 넘어 잠깐의 여가를 틈타 무엇인가 배우려고 하는 것이 흐름이 됐다.

아후강은 자리를 많이 차지하지 않고 귀바늘 하나면 이야기를 하면서 일을 할 수 있는 것이 장점이다. 유행에 뒤지면 풀어서 다시 떠 입으면 새 옷과 같은 것 또한 아후강 뜨기의 장점이었다. 결혼을 한 지 1년 반쯤 된 그녀가 아후강을 처음 배운 것은 5년 전이었고, 회관에서 수강생을 지도하게 된 것은 2월 전부터였다. 그녀는 이제 가르치고 가르침을 받는 입장이 아니라 엄마로서 애환을 나눌 수 있는 동료가 됐다.

그녀는 “아후강 강습료 15,000원으로 곗돈도 붓고 살림을 꾸려 가고 남편은 교사로 한 달 30,000원을 생활비로 내 놓는다.”라고 했다. 한 달에 40,000여 원의 적금을 붓고도 생활이 가능한 것은 식구가 적기 때문이었다. 곗돈 800,000원을 타서 내년쯤 터를 사 집을 지을 계획이라고 했다(경남매일, 1972. 5. 20.).

화훼 노덕순

6, 7년생 종려나무에 물을 뿌리는 노덕순40세은 꽃을 가꿔서 돈벌이를 했다. 그녀는 “흙은 나무를 배반할 줄 모르니까 주는 만큼 받을 수 있다.”라고 했다. 그녀는 월영 1동의 산중턱으로 이사 온 지 7년째로 닭도 키우고 꽃도 기르려고 보금자리를 마련했다.

처음에 그녀는 닭 600수를 키웠는데 꽃으로 바꾼 지는 6년이 지났다. 종려나무는 화분용과 정원수로 팔렸다. 그녀가 꽃을 기르는 데 관심을 갖게 된 것은 한 번도 거르지 않고 물만 주면 별 손질이 필요가 없어서 꽃을 기르게 됐다고 했다. 겨울철에는 국화 재배가 본격적으로 이루어졌다. 8월에 삽목을 하고, 20일 가까이 뿌리 내려 온상에 넣은 후, 온도 조절을 하면 1, 2월에 각 학교 졸업식에 내어 팔 수가 있었다. 그

家庭副業 ⑤

화훼 노덕순

손질만 잘하면 年40萬원 수입은 거뜬

꽃을보고 고됨도 달래고

화훼를 하는 노덕순. 경남매일. 1972년 5월 25일.

녀는 "국화 재배에 고생을 많이 합니다. 불이 꺼지지 않게 연탄 갈아주기 등 힘든 건 말도 못합니다. 90평 남짓에 몇 달 고생하면 40여 만 원을 벌수 있습니다."라고 했다(경남매일, 1972. 5. 25.).

스웨터 맺음일을 하는 우종임, 경남매일, 1972년 5월 30일.

스웨터의 맺음일 우종임

스웨터 맺음일을 한 지 5년이 된 우종임45세은 동양자수, 귀바늘 뜨기 등 손으로 하는 것은 무엇이든지 다 하는 재주꾼이다. 그녀는 "살림 살고 자식 뒷바라지 틈틈이 손을 놀려 월수입 5,000원 정도라면 최고 수입이다."라고 했다. 보세가공인 스웨터에 수놓기, 가는 귀바늘로 스웨터 뜨기, 단추 짜달기 등 자잘한 제품의 마지막을 손보는 끝맺음속칭 시아게의 삯은 원 단위였다.

그녀는 "두 아들과 세 식구의 생활비를 빼고 은행 적금을 부었고 딸은 자기 몫으로 적금을 들고 있다."라고 했다(경남매일, 1972. 5. 30.).

한복 바느질 김군자

양장은 체격의 장점을 더 돋보이게 하는 데 중점을 둔 것이지만 치마저고리의 한복은 아름다움의 가치가 있는 의복이다. 민족 고유의 의상 만들기가 가정주부의 부업이 됐다. 물론 대대로 전문적인 삯바느질은 여성의 일이었다. 조선 시대에는 대갓집에서 침모를 두어 침모가 의복 일체를 맡았지만 의상이 양장으로 대치되면서 요즘 신세대들은 옷 바느질을 모르게 됐다. 오늘날 한복은 고작 명절에만 입는 옷, 나들이옷으로 되어 버렸고 예복이 됐다.

마산 부림동에서 일을 했던 김군자는 "결혼 예복을 만들 때 자신의 옷인 양 가슴이 두근거리고 손길이 가볍다."라고 했다. 보통 하루에 세 벌 정도 옷을 지을 수 있고 한 벌을 완성하는 데는 3시간 정도가 소요된다. 보통 한복 일감은 추석 때부터 이듬해 봄까지 많이 밀리고 여름에는 좀 뜸하다. 양장과 다른 점은 감을 가져와 주문하는 것으로 선금을 걸고 외상 거래는 없었다. 보통 바느질삯은 700원이었고 월수입은 40,000원 정도였다. 그녀의 삯바느질 경력은 3년 정도됐다. 그녀의 가족은 10살 난 딸과 이발사인 남편이 있는데 남편의 월수입은 30,000원 정도라고 했다 (경남매일, 1972. 6. 6.).

새 기르기 김홍은

김홍은28세은 "새 기르기는 자리를 많이 차지 않고 키우기도 쉽다. 아름다운 지저귐과 보는 것이 즐거워 가정주부가 아이를 키우고 살림하면서 할 수 있는 부업으로 안성맞춤이다."라고 했다. 그녀가 취미로 새 한 쌍, 두 쌍을 키우기 시작한 것이 본격적인 부업으로 발전됐는데, 새를 기르기 시작한 것은 6개월 됐다고 했다. 그녀는 "단칸 셋방살이라도 다섯 쌍 정도 키울 수 있고, 다른 짐승 사육처럼 질병도 별로 없고 소독약과 파리약 정도를 쳐 주면 된다."라고 했다. 단 새를 기를 때 주의할 점은 새장을 옮기지 말고 조용히 해 주고 직사광선을 쪼이면 안 된다는 것이다. 사료는 하루에 한 번씩 모이통에 넣어 주면 되고, 물을 바꿔 주어야 하며, 배추 잎사귀를 꽂아 주어야 한다. 또 청소도 청결하게 해 줘야 한다. 새에게 주는 모이는 꼭 같이 메조에 계란을 섞어 먹여야 한다. 잉꼬는

기르기쉽고 시중도 즐거워

손쉬우면서도 月收3～4만원 정도

새들의 지저귐에 마음도 기뻐

<새들의 지저귐에 고됨도 잊는 시중>

새 기르기를 하는 김홍은, 경남매일, 1972년 6월 8일.

계란을 먹이면 비대증에 걸려 새끼를 못 낳으므로 주의해야 한다.

십자매 1쌍의 가격은 500원~700원이고, 문조의 가격은 5,000원, 금화조의 가격은 1,500원, 카나리아의 가격은 7,000원~8,000원으로 잘 우는 카나리아 수놈은 10,000원까지 받을 수 있다. 잉꼬의 가격은 3,000원, 금정조의 가격은 10,000원이었다. 심심풀이로 잉꼬 두 쌍을 키우면 월 3,000원의 돈벌이가 됐다(경남매일, 1972. 6. 8.).

양재 박수자

박수자37세는 거추장스런 한복 치마를 뜯어 소위 월남치마를 만드는 일을 했다. 입학기나 동복·하복을 갈아입을 시기에는 교복 주문이 밀려 밤에 잠도 못자고 일을 했다, 박수자가 이 일을 하게 된 것은 결혼 전부터 양재에 소질과 취미가 있었고, 결혼 후 남편이 미싱을 사 줘서 이웃에게 삯바느질을 시작한 것이 계기가 됐다. 하지만 주된 이유는 아이들과 늘

양재를 하는 박수자, 경남매일, 1972년 4월 29일.

어나는 생활비와 학자금을 조달하기 위한 것이었다. 이에 대해 그녀는 "16세에 결혼해 아들을 기다리다가 8남매를 두었고 일곱째가 아들이다. 가족계획으로 둘 낳기 운동을 하고 있는 시대에 아이들 많이 낳고 보니 아이를 어떻게 키우고 공부시킬지 걱정이 되어서 삯바느질을 시작했다."라고 했다. 그녀는 유행에 뒤지지 않은 재단을 하기 위해 양재학원에 나가 2개월 동안 일을 익혔으며, 그 외에는 독학을 했다. 그녀의 남편은 마산역에 근무하는 철도 공무원으로, 노는 날에는 친구들과의 교제도 거절하고 아이도 봐 주고, 일도 거들어 주어 항상 남편의 도움에 고마워했다. 그녀는 "남편의 월급은 30,000원 정도이고, 집에 가져오는 돈은 20,000원 정도여서 10,000원 정도의 내 수입이 가계에 도움이 됐으며, 교복 주문 시엔 20,000원~30,000원의 수입이 된다."라고 했다(경남매일, 1972. 4. 29.).

편물 김행혜

김행혜28세는 편물로 돈벌이를 했다. 그녀는 여고를 졸업한 후 편물을 배워 가게를 보는 엄마를 돕고 있을 때 얼음 배달을 해 주던 청년을 눈여겨보던 엄마의 권유로 현재의 남편과 결혼을 하게 됐다. 2살 난 딸과 함께 살면서 고등학교를 다니는 시동생의 학자금을 대 주는 등 시가의 뒷바라지를 했다.

니트웨어는 그 당시 유행하던 옷이었고 최성수기는 겨울이다. 그녀는 "겨울에는 내가 벌고 여름에는 남편이 벌어 생활을 한다. 주문복은 아동복, 부인복부터 남자들의 옷에 이르기까지 다양하며 양장점에서 만들어 내는 옷이라면 모두 다 짜서 판다."라고 했다. 그녀가 가장 많이 만들 때는 하루에 12벌을 짜서 10,000원까지 벌 수 있고, 한 달 평균 50,000원의 수입이 됐다. 그녀의 남편 월수입은 50,000원으로 어떤 달은 그녀가 남편보다 많이 벌었다(경남매일, 1972. 5. 2.).

편물을 하는 김행혜, 경남매일, 1972년 5월 2일.

과일 보호 봉투 만들기 심학남

심학남34세은 신문지 1장, 8면으로 4, 6, 8장의 봉투를 만드는 일을 했다. 그녀는 7가지로 나눠 봉투를 만들었다. 그녀는 "봉투를 만드는 종이는 신문지가 제일 좋지요. 하지만 질이 나쁜 용지는 잘 찢어지므로 신문지 선택에 신중을 기해야 하며, 복숭아, 포도, 사과 등 과일에 씌우는 봉지는 인쇄 잉크의 살균 작용으로 신문지 등의 인쇄물이 전용돼요."라고 말했다.

1970년대 과일의 보호 봉투를 만드는 것은 알뜰 주부의 부업에 한몫을 했다. 하지만, 노동에 비해 대가가 너무 낮아 소득이 낮다는 것이 단

家庭副業

과일봉지 만들기 심학남 <主婦>

하루종일 붙이면 3백원정도 收入

고되지만 돈의 귀함 느껴

<고되긴 하지만 돈의 귀함도 느껴>

과일 보호 봉투를 만드는 심학남, 경남매일, 1972년 6월 1일.

점이었다. 야금야금 올라가는 물가에 비해 봉투를 만드는 삯은 푼돈 밖에 안될 정도였다. 이 일을 부업으로 했던 가정주부의 경우 보통 최소한의 동선으로 밥하기, 빨래하기, 집안 청소 등에 노동을 할애했고 나머지는 탁자에 앉아 봉투를 만들었다. 손님과 대화할 때에도 계속 풀칠을 했는데 쉬지 않고 해도 하루에 6,000장~7,000장 정도밖에 만들 수 없었다. 1,000장 삯이 30원이니 하루에 300원을 벌기도 힘들 정도로 그 삯이 적었다.

34살인 그녀의 손끝은 4년째 단련되어 기계처럼 정확하고 신속했다. 봉지를 만들기 위해서는 풀칠만 해서 되는 것이 아니라 신문지를 규격대로 자르고, 붙인 봉투를 세고, 과수원에 갖다 주는 등 손이 많이 갔다. 그녀는 봄 한철 알알이 맺힌 과일을 싸는 시기를 바라고 봉투를 미리 만들기도 했다.

그녀는 초등학교 6학년인 아들을 맏이로 2남 1녀의 자녀를 두었다. 그녀의 남편은 알루미늄 공장에서 근무를 했는데 월급이 15,000원이었다. 그녀는 남편의 월급과 월 10,000원도 안 되는 부업 수입으로 한 달 생활을 했다. 그녀는 "그나마 시어머님이 아이들을 돌봐 주고 교육비가 많이 나가지 않아서 생활이 가능하다. 부유층 부인네들의 하루 씀씀이도 안 되는 것을 벌고자 한 달 내내 꼬박 붙어 앉아 손마디가 뻑뻑해지도록 풀칠을 하면서 생활의 극과 극을 보는 느낌이다"라고 말했다(경남매일, 1972. 6. 1.).

19

경남여성들의 문화생활과 의식 변화

마산의 '사랑의 전화' 주부 자원봉사자들의 연극 공연, 경남신문, 1989월 12월 4일.

사모님, 제비 한 마리 키우시죠. 결혼! 결혼만이 살길이야. 이 지겨운 공장에서 벗어날 수 있는 길은 오로지 결혼. 그것은 나의 인생, 오! 해방.

어디 대학 나온 뼈대 있고 뚝심 좋은 남자 없어요? 저도 알고 보면, 간판 좋고 몸매 좋은 최상품 아니겠어요? 어때요, 이만하면 확실한 고급품 아니겠어요. 의사, 판사, 검사, 변호사, 약사, 독사, 살모사… 어쨌든 '사' 자 달린 직업이면 신청 접수 받아요. 열쇠 세 개 덤으로 이름까지.

노년의 조창순.

노년의 조수옥.

女

性

노년의 김수악.

노년의 이효정.

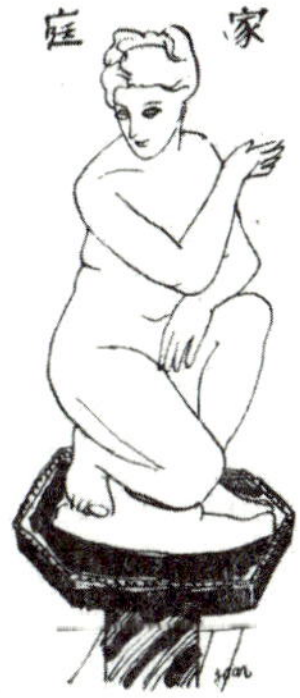

1980년대 한국사회는 정치적으로는 1970년대 말 박정희 대통령의 서거와 뒤이은 5·18 광주민중항쟁 그리고 전두환 정권의 등장으로 군부독재가 연장됐던 시기였고, 경제적으로는 저유가, 저금리, 저달러인 3저 호황을 누리던 시기였다. 생활 문화적으로는 1970년대의 새마을운동이 확산되면서 가정의례 등이 간소화되기 시작했다. 한국전쟁 이후 베이비 붐 시기를 거치면서 높은 출산율을 조절하는 가족계획정책을 적극적으로 실시하는 가운데 가부장적인 가족구조와 사회구조에 변화가 일어났던 시기가 또한 1980년대였다. 이런 변화와 함께 대학 사회에 여성학이 도입되어 여성들의 주체적 자각이 확산되고 여성학 관련 도서들과 여성문제를 다룬 소설들이 출판됐으며, 여성들의 경제활동 참여율이 늘어나면서 여성들의 시민의식과 여성의식이 빠르게 성장을 하는 시기이기도 했다.

경남 지역도 이런 변화에 예외가 아니었다. 경남여성들의 출산 자녀 수가 줄어들고 가정의례들이 간소화되고, 가사노동과 관련된 용품들이 기계화되면서 여성들이 여가생활을 즐기게 된 한편, 사회적으로 여성들의 일자리가 늘어나 기혼여성들의 부업과 여성들의 경제활동이 늘어났다. 경제활동에 참여하는 여성들이 증가하게 되자 여성으로서의 주체의식과 성평등의식이 싹트게 됐다. 여성들의 사회경제적 지위가 높아지자 부부관계면에서도 변화가 오게 됐다. 돈벌이를 하는 가장으로서 남편의 경제적 우위와 가부장적 권위가 흔들리게 된 것이다. 이에 따라 부부관계의 평등성에 대한 요구가 높아지게 됐다.

경제적으로 여유가 있는 여성들의 경우에는 여가를 활용해 '무엇인가를 배우려는 배움에 대한 요구'들이 높아지게 됐다. 다시 말해 취미교양생활에 대한 요구가 늘어남과 동시에 사회참여의 한 방법으로 자원봉사활동에 대한 욕구도 높아지게 됐다.

한편, 직장여성들의 경우, 이 시기 서클을 만들어 직장 단위로 취미교양생활도 하면서 지역 봉사활동을 시작하게 됐다. 이에 따라 도내 여성들을 대상으로 한 교양강좌와 취미강좌 수강자들이 늘어나고 취업활동과 관련된 직업교육의 수강자도 늘어나게 됐다.

가부장적 사회의 변화와 여성의 주체 인식

가부장적 인식의 변화아버지 권위의 상실

가족이 모인 자리에서 어린아이에게 종종 물어보는 말이 '엄마와 아빠 중 누가 좋아?'라는 것이다. 어린아이가 대답하기 대단히 곤란한 것인 줄 알면서도 어느 가정에서나 흔히 들을 수 있는 물음이다. 이는 어린아이들을 통해 부모의 가정 내 지위를 확인해 보고자 하는 의도로 조선 시대라면 생각지도 못할 물음이었다.

부권이 확실했던 조선 시대 가정에서 만약 이런 물음을 어린아이들에게 했다면 어땠을까? 아버지인 가장의 권위가 절대적이고 아버지에게 무조건 복종했던 사회에서는 '누구를 좋아한다, 안 한다'는 물음이 필요 없었다. 아버지를 좋아하고 안 하고가 큰 의미가 없었고 아버지는 자녀들에게 아버지 그 이하도 이상도 아니었다. 그저 집안의 기둥이요, 권위의 상징일 뿐 그 속에서 자녀들은 아버지를 배우고 부권을 익혔다. 만약 아버지를 외면해야 할 일이 있을지라도 아버지의 권위에 도전하는 일은 없었고, 아버지에 대한 도전도 아버지의 명예를 훼손시키지 않는 범위 내에서였다.

아버지 또한 가정에서 부권을 지키기 위해 부단한 노력을 해 왔다. 양반의 경우, 아버지는 학문에 힘써야 했고 과거에 급제하기 위해 피눈물 나는 노력을 해야 했다. 자녀들 앞에서 아버지로서의 의연함을 잃지 않아야 했고, 모범이 될 만한 선현들의 교훈을 거울삼아 자신을 갈고 닦는 데 게을리하지 않았다. 조선사회에서 가장인 남성들은 이 같은 노력을 통해 부권을 확보한 가부장적 사회로 조선 500년을 지탱해 왔다. 하지만 1980년대로 넘어오면서 한국사회가 근대화되고 과학과 첨단기술이 발달됐다. 이에 따라 사회구조가 세분화되어 다양한 직업들이 생겨나게 됐다. 이런 변화는 여성들을 노동시장으로 끌어들였다. 여성의 경제활동 참여의 증가와 돈벌이 노동은 남성들의 가부장적인 권위를 약화시켰다. 오늘날 길거리나 백화점에서 어린아이를 가슴에 안고 다니는 남성들을 흔히 볼 수 있는데, 그 시초는 아마 1980년대부터였을 것이다.

1989년 《경남신문》 5월 8일자에 의하면, 마산 중부경찰서에 특수강도 혐의로 붙잡혀 온 김 모 군20세은 강도를 저지른 결정적인 원인으로 '아버지를 아버지라 부를 수 없는 인간적 비애'에서 비롯됐다고 고백했다. 얼굴조차 제대로 모른 채 무작정 아버지를 찾아 방황하다가 20년의 한을 풀고 아버지를 찾았으나 아버지는 이미 자기 아버지가 아니었고 그나마 매만 맞고 쫓겨났다는 것이었다. 부모를 모른 채 자랐던 김 모 군은 자신을 책망한 나머지 자포자기 현상으로 범죄를 저지른 것이었다. 김 모 군의 친부는 부권을 포기했고 김 모 군은 범법자가 됐다.

또 다른 예로 마산 지방경찰청에서 아버지를 때린 패륜아를 정상 참작해 불구속 입건한 사건이 있었다. 이 사건이 언론에 보도되자 노인회가 선두에 나서 빗발치는 항의를 했다. 검찰은 보호해 줄 가치가 없는 부권은 보호해 줄 필요가 없다며, 가족부양을 책임지고 있는 자식에 대한 무능력자인 부권의 횡포를 질책했다. 시대와 사회의 변화에 따라 아버지의 권위도 변해 가는 것이지만, 1980년대는 이처럼 한 가족의 가장인 남성들이 가부장적인 부권을 상실해 가는 시기였다.

농촌사회의 여성에 대한 호칭 변화 택호(宅號)에서 아무개 엄마로

1980년대 말이 되자 그때까지 농촌에서 여자들을 부를 때 정답게 사용되던 택호가 점점 사라져 갔다. 1988년 당시 농어촌에서 50대 이상은 시집올 때부터 친척 동네 이름을 따서 부른 택호를 여전히 갖고 있어 아이나 어른들 간에 택호로 불리고 있었다. 그러나 30대 이후 연령층의 아주머니들은 아예 택호가 없었다. 1970년대 이래 '00댁'이라는 택호를 사용하지 않는 현상이 두드러지기 시작했다. 농촌에서 택호가 사라지면서 새로 등장한 호칭은 아이들이나 여자들 사이에서 도시에서와 같이 아이의 이름을 따 '아무개 아빠', '아무개 엄마' 등이 사용됐다. 또한 남자 어른들 사이에서도 연하의 남자를 부를 때 '자네', '이보게' 등으로 호칭이 변했다. 이런 변화는 오늘날 젊은 부부사이에 가족관계를 혼란스럽게 하는 호칭, '아무개 오빠' 등을 사용하는 데까지 이르게 된 것이다.

경남 고성군 개천면 가천리에서는 50대 이상에서 여전히 택호가 호칭되고 있었다. 40대의 경우, 택호는 있으나 사용되지 않았고 30대의 경우, 택호가 아예 없었다. 1970년대만 해도 남녀들 간에 결혼식을 올리면 마을 어른들이 여자 쪽의 출신지를 앞에 붙여 택호를 지어 주는 것이 일반적이었다. 여자도 그때부터 자기의 이름 석 자 대신에 택호가 일반적으로 호칭됐고 그 택호를 불러 달라는 뜻으로 택호 술을 냈었다.

이 마을에 시집온 지 40여 년의 세월이 흐른 김점순 할머니62세의 이야기를 들어 보면, 할머니의 택호는 '합천댁'이나 지금은 시집왔을 때 지었던 합천댁이라는 택호보다는 손자의 이름 동화를 딴 '동화 할머니'로 통칭되고 있었다. 며느리인 동화 어머니도 택호가 있었으나 '동화 엄마'로 불리고 있었다. 이 같은 현상이 TV나 도시화의 영향으로 점점 더해 간다는 이숙희42세는 "요즘 40대도 젊은 층인데 택호를 부르면 왠지 늙은이 취급을 받는 것 같다며 가능하면 택호를 부르지 않았으면 좋겠다."라고 했다.

우리의 전통적인 관습상 촌락 내부에서나 친족 간에 남녀 간에 혼인을 하면 부부의 성명보다는 아내의 출신지를 딴 호칭이 사용된 것이 택호였다. 아내의 출신 마을 이름이 남편의 성명을 제치고 칭호로 사용됐으며 그 식구의 칭호이기도 했다. 결혼한 여자의 호칭을 보면, 그 당시 사회에서 여성들의 사회적 위치를 알 수 있었고, 1980년대 남녀간의 호칭 변화를 통해서 여성의 사회적 위치와 여성의 존재가 회복되어 가는 것을 간접적으로 알 수 있다.

서울대 박병호 교수는 ≪한국의 전통사회와 법≫이라는 저서에서 "택호가 가명으로 사용될 경우, 사동댁이라는 택호는 그 사동댁의 구성원인 가족원 전체와 재산도 포괄되는 것이었으며, '택'에는 가족구성원인 사람과 가택을 포함한 재산을 지칭하는 뜻이라고 한다. 뿐만 아니라 '택'에는 각각 그 격이 관직에 있거나 있었던 경우, 관직명이 택호로 되는데 관직명 택호는 명예롭고 자랑스러운 것으로서 여러 대에 걸쳐 사용되는 것이 관례였다."라고 기술했다. 예컨대 어떤 반촌에서 5~6개의 택호를 들어 보면, 그 통혼인과 그 마을의 사회적 지위를 추정할 수 있었다(경남신문, 1988. 10. 8.).

경남의 '노라'기혼여성들의 아우성

현대여성문제를 마당극에 접목한 공연 〈같이 가입시더〉

사모님, 제비 한 마리 키우시죠. 결혼! 결혼만이 살길이야. 이 지겨운 공상에서 벗어날 수 있는 길은 오로지 결혼. 그것은 나의 인생, 오! 해방

어디 대학 나온 뼈대 있고 뚝심 좋은 남자 없어요? 저도 알고 보면, 간판학벌 좋고 몸매 좋은 최상품 아니겠어요? 어때요, 이만하면 확실한 고급품 아니겠어요. 의사, 판사, 검사, 변호사, 약사, 독사, 살모사… 어쨌든 '사' 자 달린 직업이면 신청 접수 받아요. 열쇠 세 개 덤으로 이름까지.

1988년 10월 비뚤어져 가는 1980년대의 결혼풍속도를 신랄하게 비판

한 창작 마당극이 '사랑의 전화' 상담원들에 의해 한마당 펼쳐졌다. 고지형 작 연출의 〈같이 가입시더〉는 중산층이 안고 있는 결혼문제 즉, 조건으로 흥정되고 있는 결혼의 부정적인 측면을 다루면서 전체 여성의 문제로 부각시켜 다루고 있는 것이 특징이다(경남신문, 1988. 10. 14.).

연극 공연 **마산 '사랑의 전화' 〈당신의 날개 짓은…〉**

마산 '사랑의 전화' 자원봉사자들이 여성의 문제, 나아가 우리 사회 전반에 대한 여성의 시각을 소재로 한 작품을 무대에 올렸다. '사랑의 전화'는 지난 1985년부터 지금까지 부부문제, 청소년문제, 여성문제, 노인문제 등 사회전반적인 문제에 대한 전화 상담을 통해 사회문제를 해결하는 데 앞장서고 있는 사회봉사기구이다.

1987년에 상담 내용을 토대로 무대에 올려 많은 호응을 얻은 데 힘을 얻어 1989년에 다시 주부 자원봉사자들을 중심으로 연극 팀을 결성했다. 이들이 공연한 것은 〈당신의 날개 짓은…〉이라는 작품이었다. 이 작품은 사회각계에서 활동 중인 4명의 여성을 통해 여성이 지향해야 할 삶의 모습을 생각하게 하고 여성의 의식전환을 유도하는 것이다. 이 연극은 국회의원으로 진출한 장식용 여사이은희 분, 컴퓨터처럼 똑똑하다는 명석한 박사조은련 분, 경제적으로 부유한 복부인신강숙 분, 가정의 수호신 나모성 여사김혜란 분 등이 주인공이었다. 이 연극의 연출 의도는 최고를 자랑하는 여성들의 삶의 모습을 옴니버스 형식으로 전개하며 '이것이다'는 결론을 제시하는 것이 아니라 관객들로 하여금 자신들의 삶을 되돌아보는 계기를 마련해 주는 데 있었다.

現社會 女性의 시각소재 舞臺化

馬山 사랑의 전화 「당신의 날개짓은…」 공연

87년이후 2번째 연극팀구성

女性지위향상 의식전환 유도

5개월 연습…배우4명이 옴니버스式전개

馬山「사랑의 전화」주부자원 봉사자들이 직접참여하여 오는 9·10일 연극을 공연할 예정이다.

마산의 '사랑의 전화' 주부 자원봉사자들의 연극 공연, 경남신문, 1989월 12월 4일.

이 연극은 원작을 각색해 참교육과 돈 봉투 문제, 여성에 불리한 가족법 문제, 남성위주의 권위주의적 사회구조로 인한 여성의 피해 등 사회 전반의 모순과 여성의 시각을 연결시키는 현실 고발의 성격도 띠었다.

사랑의 전화 총무인 김인자는 이 연극의 계획 의도를 "한 번도 무대 경험을 갖지 못한 아마추어 배우들에게서 완벽한 무대 형상화를 바라는 것은 무리겠지요. 연극 자체보다 작업 과정에서 얻어지는 의식 변화가 관객들에게도 전달되어 여성의 지위 역할 등에 관해 생각해 보는 기회를 확대시켜 나가는 데 목적이 있습니다."라고 했다.

복부인으로 출연한 신강숙은 “결혼 후 아이들 키우며 집에만 있다가 상담원 교육에 참여하여, 연극을 하게 되니 문득 새로운 삶의 모습을 발견하는 듯하고 이웃의 문제도 가깝게 와 닿음을 느낀다.”라고 했다. 이들이 연극을 무대에 올리기까지 가장 힘들었던 것은 배우 전원의 시간을 맞추는 것이었다. 배우 4명이 모두 주부인 탓에 연습 시간을 맞추기가 가장 어려웠으나 사랑의 전화 회원들이 출연자원봉사자의 아이들을 돌봐 주는 등 연극 공연의 뜻을 함께 하여 5개월간 시간을 쪼개 익힌 작품을 선보이게 됐다.

이 연극의 연출을 맡은 김휘주한울사회교육원 사회연극 간사는 “이들 주부 연극 팀에서 오히려 기성 연극인들 못지않은 열의를 보였고, 여성문제에 대한 여성 특유의 뛰어난 센스가 작품을 완성하는 데 도움을 주었다.”라고 했다(경남신문, 1989. 12. 4.).

가정에서 시장으로 변화결혼과 음식 만들기의 시장화

젊은이들의 결혼관과 결혼상담소 등장'여성은 직업, 남성은 외모'

서늘한 가을바람과 함께 결혼 시즌이 오면 혼기를 눈앞에 둔 많은 미혼 남녀들은 결혼상담소를 찾는다. 1980년 초 마산시 합성동에 소재하고 있는 T결혼상담소소장 김정란에 따르면, "이곳을 찾은 남녀들의 연령을 보면, 여성은 25세~26세, 남성은 28세 전후가 60%를 차지하고 있다."라고 했다. 상담소를 찾는 경우는 재혼을 원하거나 혼기를 지나친 사람들로 상당수가 대졸 이상의 엘리트이거나 안정된 가정의 양가 규수이다. 특히, 여성의 경우 과거와는 달리 80% 이상이 대졸의 학력이다.

요즈음 남녀들은 인생항로의 변화 기점인 결혼에 대해 현실적이고 냉성한 반응을 보이지만 1980년 당시 남녀들의 결혼관은 오늘날과 마찬가지로 현실적인 여건이나 경제적인 측면이 결혼의 주요 조건이었다. 김 소장에 의하면, "1980년 상담소에 접수된 결혼상담은 모두 5백여 건으로 이 중 190여 건이 성사되어 성혼율은 40%이었다."라고 했다(경남신문, 1980. 10 30.).

1980년대에는 남성이 여성을 선택하는 것보다 여성들이 남성을 요구

結婚상담소 이용 부쩍늘어

작년 한해 25,000쌍 맺어줘

결혼상담소 이용 증가, 동아일보, 1984년 1월 31일.

하는 것이 꽤 까다롭고, 직업을 따지는 경우가 높았다. 여성에게 가장 인기가 좋은 직업은 안정된 직종으로 엔지니어 계통이 1위였고, 그다음이 사업가, 교직자 순이었다. 이에 반해 남성들은 대체적으로 여성의 직업에 대해 무관심한 반면 아름답고 지적인 용모를 찾고 있어 미모에 따른 가정환경과 재력을 중요하게 여겼다. 또한, 여성들의 대다수가 장남이나 외아들은 꺼렸다. 상담소 관계자는 "하루 4~5건을 접수해 서로 교제하고 있는데, 직업의식을 벗어나 사회사업가로 봐 주는 것이 제일 기뻤다."라고 했다. 이처럼, 1980년대 들어서면서 새로운 직업 분야로 나타났던 것 중 하나가 결혼상담소였다. 종전에 친지나 개인적으로 남녀 결혼을 소개했던 시대에서 남녀 결혼을 중매하는 것이 새로운 직업 분야로 등장하게 된 것이다.

음식 만들기의 시장화 미혼여성, 젊은 주부 기본의 요리 강습

1980년대로 들어서면서 밥 짓기를 비롯하여 김치나 장 담그기 등 기본적인 요리를 배우려는 여성들이 많아졌다. 요리학원의 관계자에 따르면, "미혼여성 혹은 젊은 주부들은 별미나 특별한 요리보다 항상 저녁에 올릴 수 있는 음식이나 밑반찬류를 배우고 싶다며 문의를 해 오는 경우가 자주 있다."라는 것이었다. 이는 여성들의 교육기간이 늘어나 집에서 기본 음식을 만들 기회가 적고, 학교를 졸업하고 바로 결혼을 하는 경우, 사실 부엌살림을 전혀 모르면서 부엌에서 음식을 만드는 부담이 큰 데 기인했다. 이외 여성의 사회진출의 기회가 늘어나면서 부엌과 멀어질 수밖에 없는 현실도 원인으로 볼 수 있다.

1980년대 이전만 해도 가정교육의 하나로 딸이 혼기가 가까우면 어머니가 결혼을 앞둔 딸에게 살림을 아예 맡겨 버리는 것이 대부분이었다. 그래서 결혼을 해도 그런 생활이 연장되어 살림을 사는 데 아무 문제가 없었다. 오늘날에는 대학입시 등에 시달리는 딸에게 알뜰히 살림을 가르치려고 애쓰는 어머니가 거의 없다. 대부분 가정의 어머니들은 무조건 공부만 잘하면 된다는 생각과 함께 닥치면 하게 된다는 생각으로 결혼 전에 미리 음식 만들기를 배울 필요가 없다고 생각했다. 이것이 1980년대 딸을 둔 어머니들의 생각이었다.

"공부한다는 것이 큰 벼슬이라도 하는 것 마냥 부엌에 들어가는 것을 질겁하면서 지냈는데 막상 결혼을 앞두고 보니 아는 것이 하나도 없다며, 혼자 떨어져 있기 때문에 어머니께 배울 수 있는 기회도 없어 요리학원을 찾았다."라는 한 직장 여성은 "장 담그기부터 가르치는 곳이 상설로 마련되거나 여성단체 등에서 이런 프로그램을 마련해 주었으면 좋겠다."라고 말했다.

조리사 자격증을 따기 위한 조리사반이 아닌, 가정요리반의 수강생은 대부분 젊은 여성들이었다. 이런 여성들의 요청에 따라 가정요리반의 메뉴는 간혹 바뀌기도 했다. 창원 요리학원 신두임 원장은 "오늘 저녁 바로 식탁에 올릴 수 있는 찌개나 김치 담그기를 가르쳐 달라는 주문이 자주 있는데 미혼여성보다 갓 결혼한 주부가 요구해 올 때가 더 많다. 이전에는 어머니께 배울 수밖에 없었던 기본적인 음식을 요즈음엔 전문학원에서 배우려는 추세이다."라고 했다.

요리학원에서 석 달간 강의를 받았던 마산시 자산동에 사는 권영숙은 "평생 몇 번 있을까 말까 한 파티를 위해 카나페, 구절판, 신선로 같은 음식을 배워 봤자 응용할 기회가 없기 때문에 금방 잊어 먹기 예사이다. 그러나 언제나 쓰이는 찌개류나 밑반찬 등은 자주 해 먹을 수 있어 더 도움이 됐다."라고 했다. 1980년대로 넘어가면서 젊은 주부들의 요리강습이 증가했다. 이같은 현상은 손님을 접대하는 음식을 요리학원에서 돈을 내고 배우느냐고 하는 사람도 있었지만, 같은 음식이라도 좀 더 색다르게 영양 손실 없이 만든다는 생각에서 갓 결혼을 한 병아리 주부들에게 오히려 필요하다고 봤기 때문이다.

이런 흐름은 서점에서도 나타났다. 마산문화문고 요리책 코너 담당판매자는 "주로 젊은 여성들이 자기가 꼭 필요한 것만 고를 수 있는 낱권짜리 미니 북을 많이 사 가고 그중에서도 장 담그기, 김치 담그기, 찌개 끓이기 같은 책이 주로 많이 팔린다."라고 했다(경남신문, 1988. 1. 15.).

여성들의 사회활동참여와 배움에 대한 열정

주부들의 자원봉사활동

1988년 서울 올림픽이 많은 자원 봉사자의 손으로 성공적으로 치러진 이후 자원봉사에 대한 인식이 크게 높아졌다. 이런 흐름에 따라 경남에서도 단순노력봉사로부터 전문기술봉사까지 봉사 내용이 다양해졌다. 경남지역에서 비교적 생활이 안정된 여성들을 포함해 사회활동에 참여하는 방법 중 하나로 봉사활동을 자원하는 주부들이 점차 늘어났다.

경남의 주부들이 봉사활동의 창구로 가장 많이 이용하는 곳은 '여성자원 활동 인력은행'으로 각 시 군 가정복지과 내에 설치되어 있었다. 마산의 경우, 여성회관에 있는 인력은행에만도 200여 명이 등록되어 있었다. 마산의 '사랑의 전화'에서 모집하는 상담자원봉사자들의 활동도 활발한 편이었는데, 1980년대 말에 자원봉사자로 모집되어 교육에 들어간 제5기까지의 자원봉사자들을 모두 합치면 200여 명이었다. 이들은 상담자 교육을 거쳐 상담봉사를 했다. 경남사회복지협의회에서도 계속적으로 자원봉사자를 모집해 교육을 실시했고, 마산 YMCA에서도 시민중계실 자원

상담원을 모집해 노동자 문제, 소비자 문제, 부조리 고발 등을 담당하기 위한 교육을 했다.

주부들의 자원봉사활동은 각 사회복지단체 등에서 모집하거나 인력은행을 통해 이뤄졌다. 자원봉사자들의 대다수는 주부들이었기 때문에 자원봉사자들을 필요로 하는 수요 기관에서는 주부인력을 이용하기 위해 시간대를 조종하는 경우도 많았다. 주부 자원봉사자들은 고아원, 영아원 같은 시설에 수용된 아동과 놀아 주거나 세탁을 거들어 주는 일, 장애자를 위한 목욕, 김치, 간장, 된장 등을 담그는 가사노동 같은 활동을 주로 했다. 이외에도 관공서 등에서의 안내, 병원에서의 약 봉투 접기, 안내 접수 등을 도와 주는 단순한 노력 봉사가 가장 많았다. 또 자원봉사자들은 시설에 있는 어린이나 노인들의 옷을 고쳐 주거나 머리를 다듬어 주는 등의 기술봉사도 했고, 어린이들이나 재소자들에게 따뜻한 모성애를 전달해 주는 역할도 했다.

1980년대 후반 주부들의 사회활동이 활발해지고 있는 가운데, 주부들의 활동이 눈에 띄게 늘어난 부분은 가정 문제 상담이나 시정과 소비자 문제 등에 대한 모니터링이었다. 가정에서의 부부갈등이나 가정 문제를 상담해 주거나 노동자 문제, 소비자 문제들을 고발하는 접수를 받거나 시장조사 다니는 일 등은 주부 자원봉사자들의 보람을 더해 주었기 때문이었다.

'여성 자원 활동 인력은행'을 통해 8년 째 봉사활동을 해 왔던 이상금 42세, 마산시 산호동은 "저도 사회에 참여할 수 있다는 것에 큰 보람을 느낍니다. 남을 위해 일할 수 있다는 것이 긍지로 여겨지며, 이런 활동을 하니 다른 사람들도 저를 소중하게 생각하더군요."라고 봉사활동의 소감을 말했다. 그러나 그 당시 자원봉사를 필요로 하는 기관을 찾지 못해 의욕에 비해 봉사할 기회가 적다는 것이 자원봉사자들의 안타까움이었다. 반면에 자원봉사활동을 하는 가정주부들 중에는 봉사활동에 대한 뚜렷한 의미와 인식도 없이 활동하는 가정주부들도 있었다. "처음에는 강한 의욕과 자신감으로 자원봉사를 원했으나 시간이 지날수록 시들해지는 경우를 자주 본다."라는 마산 '사랑의 전화' 유승희 총무는 "이것은 뚜렷한 주관이나 의지 없이 그저 시간 때우기 정도로 자원봉사를 생각하는 사람이 많기 때문이다."라고 지적했다(경남신문, 1989. 5. 29.).

무엇인가 배워 보려는 주부들의 취미와 교양강좌 흐름

교양강좌

1980년대 초반 무엇인가를 배워 보려는 주부들의 열망이 높았다. 박물관협회가 마련한 박물관대학, 가정법률상담소의 어머니 학교, 세계평화교수협의회의 교양대학, 여성문제연구회의 여성학 강좌 등에 많은 여성들이 몰려들었다. 이와 함께 대학원에 진학하려는 주부들도 해마다 늘어났다. 이런 흐름은 경남지역뿐만 아니라 전국적인 흐름이었다.

1981년 이화여대 대학원에 진학한 학생 843명 중 10%에 가까운 76명이 기혼여성이었다. 또, 고고학, 문화인류학 등을 배우는 박물관 대학의 경우에도 수강생의 대부분이 여성이었다. 이 같은 현상은 비교적 시간적 여유가 있는 주부들 사이에서 여성들의 의식구조가 결혼만 잘하면 그만이라는 종래의 안일한 생각에서 벗어나 여성 스스로 자아를 찾아보려는 진취적이고 진보적인 방향으로 전환되고 있음을 보여 주는 것이었다.

이런 흐름은 사장된 고급 여성인력의 활용이라는 점에서 고무적이었고, 1980년대 여성운동의 주요 이슈였다. 그러나 이를 위해서는 탁아소 설치, 산전 산후 유급 휴가, 채용 및 승진에 있어서 평등, 재교육 및 재훈련기관의 설립이 필요했다. 1970년대 여성단체들은 여성의 주체 의식화를 위해 강연이나 세미나 등의 프로그램을 개발했고 정책적인 요구를 해 왔다. 크리스찬 아카데미 여성사회연구회의 주부 아카데미가 그 대표적인 예이다.

이러한 여성들의 배움에 대한 열정과 학업 성취에 대한 흐름은 경남지역에서도 예외가 아니었다. 1981년 당시 마산 YWCA는 '규수학당'과 '결혼예비학교'를 실시했다. 가톨릭여성회관도 여성교실을 실시했다. 교양강좌가 활기를 띄었던 이유는 각 사회단체의 봉사의욕과 함께 직장여성들이 무엇인가를 배워 보려는 건전한 의식이 작용했기 때문이다.

마산의 '규수학당'의 경우, 1981년 10월 20일부터 11월 8일까지 3주간 오후 2시부터 4시까지 경남여성회관에서 실시됐다. 직장여성보다는 가사를 돌보면서 결혼 준비를 하고 있는 고졸 이상의 혼기 여성을 대상으로 했기 때문에 과목 선정에도 세심한 배려를 했다. 개설 과목은 가정관리, 취미활동, 생활상식 여성건강 등 깊이 있고 다양한 내용으로 구성됐다.

YWCA의 교양강좌를 수료한 후에 결혼을 한 대부분의 회원들은 한결같이 YWCA에서 들은 교양강좌들이 "결혼 후 부부관계, 육아 등의 실생활에 도움이 됐다. 기간을 늘려 달라."라고 요구했다.

김해군 진영읍에서 시외버스를 타고 와 강의를 들었던 김명숙24세은 "친구의 권유로 강의를 수강하기 시작했는데, 강의 내용도 좋을 뿐 아니라 진지한 수업 분위기가 마음에 든다."라고 했다. '규수학당'의 특색은 생활의 깊이를 다져 주는 다채로운 과목으로 강의가 구성됐다는 점이었다. '규수학당'의 강사는 신부예법과 생활상식의 강의에 경남 내 각계 전문가와 대학 교수들로 구성됐다(경남신문, 1981. 4. 8.).

가톨릭여성회관의 '사임당교실'은 공동체 생활을 통해 여성 교양을 익히는 강좌였다. 아침 6시에 일어나 체조와 아침 식사 준비로 시작해 노래와 게임을 하고, 9시부터 2시간 동안 교양강의, 느낌을 발표하는 토의시간, 점심식사, 묵상, 회사 출근 등 하루 24시간 동안 진행되는 강의 프로그램이었다. 이 교육 프로그램은 공동체 생활을 통해 교양을 익히는 강좌로 타인과 먹고 자면서 이야기하는 동안 '나'라는 존재를 확인하고 또 나와 함께하는 단체의 소중함을 인식시키는 것이었다. 합숙소에서 2주간 숙식하면서 남을 사랑하는 마음을 기르고 가정의 분위기와 어머니로서의 역할을 배우는 것이었다. 1981년 6월 8일부터 20일까지 계속됐던 '사임당교실' 수강생들은 모두 한일합섬 기숙사생이었다. '사임당교실'의 한 반의 인원은 8명이며, '산새네', '꽃새네', '들새네', '물새네', '풀새네', '잎새네' 등의 6팀으로 구성하여 진행됐다(경남신문, 1981. 6. 12.).

취미강좌

경남의 일부 주부들은 1980년대 가사용품의 기계화와 경제성장의 효과 등으로 가사에 빼앗기는 시간과 노력이 줄어들면서 새로운 여가선용의 방법을 찾게 됐다. 가정이라는 울타리 안에서 잡다한 일상의 끈에 매어 정체되어 버린 여성들은 스스로의 정체성에 대해 의문을 갖게 됐다. 1970년 이후 일기 시작한 여성 취미 붐은 1980년 초 생활의 여유와 여가 시간의 증대에 따른 여성 자신의 자아실현 요구 등 복합적인 기류를 타고 생활 속의 한 부분으로 정착됐다.

각 사회단체와 여성단체 등에서 생활 취미 붐이 일어났고 그 양상이 달라져 새롭게 변화됐다. 1970년대만 해도 여성들의 취미 양태는 거의 예외 없이 꽃꽂이, 매듭, 박공예 등 일종의 기술성을 지닌 취미 부업 형이 압도적이었던 것에 비해 1980년 초 또 다른 흐름이 나타났다. 문학, 음악, 미술, 서예, 사진 강좌를 통한 예술에 대한 이해와 욕구가 높아지고, 우리 정신의 뿌리를 찾는 한문 강좌 등에도 여성들의 관심과 참여도가 부쩍 높아졌다.

1983년 당시 경상남도여성회관에서는 매주 화, 목, 금요일 오후 1시에 서예 강좌가, 마산 YWCA에서는 매주 수요일과 금요일에 묵화 강습이, 매주 토요일 오전 10시 30분에는 성서연구 등의 강좌가 주부들에게 인기가 높았다. 5월부터는 매주 수요일 오후 2시에 문예 창작반 강의가 개설됐다. 또, 6월 13일부터 18일까지 사진 강좌도 열었다.

가톨릭여성회관에서는 매주 월요일 오후 7시에 교양음악반을, 그리고 화요일과 목요일에는 묵화를, 월요일에는 한글서예를, 수요일과 금요일에는 한문강좌를 각각 개설했다. 마산 YWCA에서는 매주 월요일과 목요일 오후 7시 30분에 시민대학 프로그램을 진행했는데 이 시간에는 생활법률, 생활경제, 공해문제, 인간관계 훈련 등의 강의가 진행됐다(경남신문, 1983. 5. 21.).

이처럼 경남여성회관과 도내 사회단체에서 평생 교육 프로그램의 하나로 예술, 교양 강좌 등을 실시했지만, 중요한 것은 자생적으로 만들어진 주부모임 형태로 각자의 취미에 따라 배우려는 의지가 가열됐다는 점이었다. 그 당시 주부 여성들의 취미 패턴이 점차 아카데믹한 방향으로 전향했던 것은 주부 여성들의 인격 형성에 큰 도움을 주었고 자녀교육에도 보탬이 될 수 있었다는 점에서 매우 긍정적이었다. 또한 여가를 활용해 외국어를 배우려는 주부들도 증가했다. 1980년대 무엇인가를 배우려는 주부 여성들의 의지와 흐름은 1990년대 이후로 계속 이어졌다.

경남여성들의 일상과 사회활동

30대 젊은 주부들의 생활과 삶

1980년대 경남의 30대 주부들은 무엇인가를 배워 보려고도 했고 사회봉사활동도 했지만, 여전히 남편 뒷바라지, 자녀양육을 비롯한 시부모 모시기, 살림하기 등으로 눈코 뜰 새가 없었다. 이런 일상생활에서 가정주부들은 자신의 능력이나 소질, 취미활동 등을 잊기 쉬웠다. 1980년대 구마산과 구창원에 살았던 30대 주부 정영숙38세, 강수미37세, 김정애32세, 강연순31세 등을 대상으로 자신의 존재에 대해 어떻게 생각하고 있는가, 결혼 전과 결혼 후의 생활과 여가 생활에 대한 이야기를 들어 봤다(경남신문, 1981. 4. 11.).

김정애 주부는 "일반적으로 남편은 아내의 감정에 무관심하다."라고 하면서 "결혼 전이나 지금이나 무엇인가를 배우면서 살아야겠다는 마음에는 변함이 없지만, 지금은 주부라는 위치 때문에 자녀가 어느 정도 자라고 안정됐을 때 배워야겠다는 자세, 남을 위해 무엇인가를 해 보겠다는 자세, 중도에서 그치지 않는 실천력과 인내심이 필요한 것 같다."라고 말했다.

김정애 주부는 “여가활동을 하는 데 있어 남편과 시부모가 이해와 관심을 가지고 많이 협조를 해 주지만 좀 더 부지런하고 바빠져야 한다. 또한 여가활동의 결과가 가정에 무엇인가 도움이 되어야 하고 여가활동 한다고 이리저리 몰려다니고 좋은 결과가 없으면 힘들고 저지당한다. 자녀들이 자라면서 안정된 가정생활이 되고 어떻게 보면 퇴보됐다고 생각도 들지만 주부들이 시간을 내어 뭔가 배우고 남을 위해 일하는 시간은 황금과도 같고 이런 시간에 무엇을 어떻게 하느냐에 따라 퇴보가 아닌 지속적인 발전과 사랑받고 창조적인 주부가 될 수 있다.”라고 했다.

정영애 주부는 “결혼 생활을 한 지 어언 15년째 접어드는데 결혼 전에는 신비스럽고 기대에 찬 기분으로 결혼을 기다렸으나 막상 지금에 와서 느끼는 것은 서로가 믿기 때문에 그런지 남편에 대한 옛날과 같은 존경심과 신뢰심, 관심이 엷어졌다. 둘째를 유치원에 보내고 집안청소를 하고 나면 나만의 시간인데, 간혹 잠도 자고 책도 읽지만 대체적으로 시간이 남아 권태로움을 느낄 때가 많았다. 여성들이 주로 할 수 있는 활동은 취미를 살리는 강습회에 참여하거나 유치원 자모회 활동, 초등학교 임원회 활동 등이 있는데 대부분 지식이나 생활과 동떨어진 그저 모여서 떠드는 정도가 고작이다. 바쁘기 때문에 더 부지런히 일하고 엄마들과 육아에 대해 이야기를 나누면서 좋은 점을 배울 수 있는 기회도 됐다. 테라리움에서 서예나 꽃꽂이 등 실생활에 필요하고 소질도 살릴 수 있는 취미활동이 꽤 좋았다.”라고 했다.

강수미 주부는 "남편과 자식을 위해 일생을 마치는 경우가 허다하며, 남편은 직장 일 때문에 가정에 소홀하고 함께 시간을 보내기 어렵다. 특히, 남편의 직업이 엔지니어라서 여자인 자신도 성격이 딱딱하게 변해 가는 것 같다. 남편은 내가 충고하는 것은 뭐든지 바가지라고 생각하고 이해하려고 하지 않으며, 여자들의 섬세한 감정을 알려고도 하지 않아 비애를 느낀다."라고 했다.

강연순 주부는 "결혼 전에는 나 혼자만의 생활이 주가 됐기 때문에 혼자서 이것저것 원하는 취미생활을 가질 수 있었으나 결혼을 하고 나서 가정생활을 하면서 여가생활을 즐기기가 무척 어렵다."라고 말했다.

이상의 주부 4명의 이야기처럼 1인 4역, 5역을 해야 하는 주부들은 항상 자기를 잊고 살아가기 때문에 일상생활에서 쌓이는 정신적 피로를 해소하기 위해 여가활용이 상당히 중요했다. 하지만 여성들이 참여할 수 있는 여성단체에 대해 많은 주부들은 무관심했다. 여성단체조차도 홍보는 물론 매스컴에서도 여성들을 위한 행사나 부업에 관한 기사를 많이 제공하지 못했다.

1980년대 한국사회는 남성에게는 관대하고 여성들에게는 관대하지 않은 비민주적인 풍토가 있어서 여성들이 여가를 즐길 수 있는 장소가 많지 않았다. 시간이 남는 주부들은 여성단체나 매스컴에서 바람직한 여가활용을 위한 조언, 활동 소개들을 충분히 홍보해 주길 바랐다. 1980년 초 경남에서도 주부들의 여가를 위한 공간은 없었다.

여성이라면 누구나 결혼 후 아빠와 자식들과 함께 노는 한가한 생활을 꿈꾸어 보지 않는 이가 없겠지만, 경제적 여건, 시간, 가족들의 관심도 등 주부들이 스트레스를 해소하고 정신을 풍요롭게 살찌울 수 있는 주위 여건은 1980년 초반에는 아주 미미했다. 여성의 사회활동이나 봉사활동은 주부에게는 생활에 변화를 주고 생기를 불러일으켜 주었다.

'전쟁미망인'들의 삶

1985년 6월 20일 마산 YWCA는 보훈의 달을 맞아 '전몰군경 미망인회' 회원을 초청해 보훈 가족 위안잔치를 열었다. 국민 대다수가 한국전쟁의 아픈 기억과 상처를 안고 살아가고 있는 가운데 '전쟁미망인'들이 있었다. 1985년 당시 경남에는 2,909명의 '전몰군경 미망인'이 살고 있었다. 그중 769명이 한국전쟁 때 남편을 전쟁에 묻고 '미망인'이 된 사람들이다. 그들은 힘들게 살아가면서 자식들을 키우기에 고생스러웠던 기억들을 잊지 못한다.

강임순구 마산시 완월동은 21살 때, 그녀의 아들이 세살 때 남편을 전쟁에 내보냈다. 강 씨의 나이는 1985년 당시 54살이었지만 그녀가 갖고 있는 남편에 대한 기억은 남편의 나이 26살까지였다. 그녀는 1950년 7월음력에 전장으로 나간 지 11개월 후에 남편의 전사통지서를 받았다. 하지만 남편을 잃은 슬픔을 길게 느낄 여유가 없었다고 회고했다.

전쟁이 끝남과 동시에 아들을 업히거나 걸리면서 옷감 곡식 등을 이고 행상을 시작했고 그때부터 아들은 업히거나 따라 걷는 데 길들여지게 됐

전쟁미망인이 주인공으로 등장한 영화 〈행복의 조건〉, 1959년.

다. 행상에서 삯바느질, 건어물 장사를 하면서 아들의 뒷바라지와 자신의 생계를 연명했다. 그녀는 비교적 내성적이고 부끄러움을 많이 타는 성격에다 결혼 전 별로 고생을 해 보지 않은 터라 전쟁 후의 각박한 인심은 더욱 견디기 힘들었다고 했다. 그러나 아들이 대학까지 졸업하고 이젠 제법 사회에서 자리 잡고 결혼을 해서, 며느리 그리고 두 손녀와 함께 그 같은 이야기를 옛날이야기로 할 수 있게 됐다.

77살인 시어머니를 모시고 살았던 김금순56세, 마산시 산호동은 남편 박상봉이 전장에 나간 지 3년 후 남편의 전사통지서를 받았다. 그녀는 아들을 낳은 지 7개월 만에 입대했던 남편이 전사한 후에도 남편이 장남이었던 관계로 시부모님을 모시고 생활해 왔고, 시동생, 시누이 넷의 학업과 결혼 뒷바라지를 해 왔다. 1985년 당시 마산 시내에서 아들과 함께 신발 장사를 하고 있다는 그녀는 남편 없는 시집살이를 하고 있었다.

창원에 사는 김두생도 진해에 사는 박귀연도 같은 기억을 안고 있었다. 아들과 유복녀인 딸 하나를 키우면서 20여 년을 가방 장사를 했다. 박귀연은 전쟁이 끝난 후 나무를 해서 팔고 남의 밭도 매고 조개도 캐서 파는 등 해 보지 않은 일이 없었다고 했다. 피난살이를 해 보지는 않았지만 피난 온 사람들이 한 집에 몇 가구씩, 심지어 한마당에 즐비하게 함께 생활하면서 전쟁이 얼마나 나쁜 것이며 괴로운 것인가를 뼈저리게 느꼈다는 김두생은 "그때는 어떤 천재지변도 이처럼 힘들지 않을 것이다. 밥걱정을 하지 않아도 좋을 만큼 물질적으로 풍요해진 것은 고맙고 반가운 일이지만 필요 이상의 낭비와 허영심은 다시 생각해 볼 만하다."라고 했다. 이는 남편을 잃은 슬픔, 가족을 잃은 이들은 이젠 기억으로밖에 남아 있지 않지만 전쟁 후 물질 부족으로 겪었던 '전쟁미망인'들의 고생은 아직도 아픔으로 남아 있기 때문이었다(경남신문, 1985. 6. 22.).

향토 여성문인들의 모임

1980년대 중후반에는 향토 여성문인들의 동인 활동이 착실히 뿌리내리고 있었다. 1988년 당시 경남부산지역의 여성문학동인회 중 비교적 활발한 활동을 펼친 모임은 진주여성문우회, 영남여성문학회, 한국여성시동인회, 부산여류시조문학회, 가향문학동인회 등이었다. 이 중 한국여성시동인회는 지역을 기반으로 하고 있는 동인회라기보다 전국 각 시·도에 100여 명이 넘는 동인을 두고 있는 전국 규모의 모임이며, 〈한국여성시〉라는 동인지를 발간했다.

경남부산지역에 거주하는 동인으로는 하정희, 윤용화, 정노민, 이은경, 강정화, 김선희, 이연희, 김복덕, 조정은, 김정희, 조혜경, 박찬임, 김영임, 하경희, 허외숙, 김도연, 이해숙, 이미희, 이해원, 김지윤 등 20여 명이었다. 전 문학 장르에서 동인지를 통해 신인 작품을 모집했으며 1988년 당시 주간은 김의암이 맡고 있었다. 진주에 기반을 두고 꾸준히 발전을 거듭해 온 여성문학회는 '진주여성문우회'였다.

〈햇살과 바람의 산책〉이라는 동인지를 펴낸 바 있는 '진주여성문우회'는 1985년 8월에 창립되어 예술의 도시 진주 지방의 여성문인활동을 사실상 주도해 온 모임이었다. 이월수가 회장으로 이 모임을 이끌었으며, 강영아, 김금자, 남이임, 배근송, 송태좌, 안경란, 이송자, 이록자, 이월수, 정미조, 정현수 등이 동인으로 활동했다(경남신문, 1988. 7. 11.).

직장여성들의 서클과 봉사활동

해바라기합창단

'해바라기합창단'은 1976년 9월에 고도로 발달한 현대 문명에서 노래를 통해 여성으로서의 자질을 향상한다는 목적으로 창단됐다. 창단 이후 이 서클은 정기 연주회를 3회 열었고, 군부대 및 양로원 위문 공연, 이웃돕기 일일찻집 운영, 음악 감상회 등의 활동을 했다.

이 '해바라기합창단'은 생활 속에서 의미와 보람을 찾고 음악의 저변 확대를 위한 활동을 했다. 이 서클은 마산, 진해, 창원에 거주하고 있는 고졸 이상의 미혼여성들로 구성되어 있고 직업과 학업, 가사에 충실하면서 바쁜 일상에서 틈을 내 취미생활의 하나로 활동했다.

1981년 '해바라기합창단'은 매주 금요일 오후 7시부터 2시간 동안 합창 연습을 했고 단원끼리 친목을 도모하기 위해 책 바꿔 읽기, 꽃꽂이 강좌, 미용강좌 등을 열었다. 봄, 가을이면 야유회를 열어 단원끼리의 단합을 다지기도 했고 연말 송년 행사로서 쌍쌍파티를 개최했는데, 총각들이 너무 많이 신청을 해서 단장은 즐거운 비명을 질렀다.

이 합창단은 단장 1명, 부단장 1명, 사무국장 1명, 총무 1명, 단원 38명소프라노 12명, 메조소프라노 13명, 알토 13명으로 구성됐다. 단원들은 한마음 한뜻으로 소식을 이끌어 갔고, 결혼을 하면 '해바라기합창단'의 준회원으로 모임에 참가했다. 준회원은 함께 노래를 할 수 있고 현 단원들의 재정보증 등 후원도 했다. 회원 모집은 정기적으로 했고 규정된 테스트에 합격을 해야 했다. 지휘자인 양기정마산 창신중 교사은 창단 때부터 1981년 당시까지 헌신적으로 노력하며 합창단을 이끌었다(경남신문, 1981. 4. 24.)

동국화학주식회사의 목련회

목련회는 수출자유지역 내 동국화학주식회사의 여직원으로 구성된 모임으로 1975년 3월 5일에 14명의 회원으로 시작됐다. 설립 목적은 그 이름이 말해 주듯이 목련화처럼 강인하고 굳센 의지로 모든 선행에 솔선수범해 여직원들의 본보기가 되며, 회원 상호 간의 친목도모와 사회봉사를 실천하는 것이다. 설립 초기에는 사내에서 아침 인사하기 캠페인을 벌여 사우들의 호응 속에서 명랑한 분위기를 조성하고 사우애를 고취시키는 데 힘을 기울였다. 그리고 현장 근로자들을 위한 배려로 여름에는 냉차 공급에 나섰고 따뜻한 식사를 제공하기 위해 점심시간마다 배식을 도맡아 했다.

1980년 여름에 일일찻집을 열어 그 수익금으로 수해 이재민 사우 5명에게 15만 원의 구호금을 전달했으며, 1980년 겨울에도 한 차례 더 하루 찻집을 열어 그 수익금으로 아직 누구의 손길이 미치지 못한 채 추위에 떨고 있는 부랑아 수용소를 방문해 위로를 했다. 업무과에서 일하고 있는 부회장 노경애를 비롯해 정양자, 홍영이, 심두이, 정숙자, 한혜정 등의 모든 회원들은 남을 돕는다는 마음을 가지고 활동을 했다(경남신문, 1980. 12. 17.).

대동공업의 목화회

"한 몸 태워 공익을 위해 할 수 있는 작은 힘이나마 모아서 회사와 사회를 위해 쓸모 있는 한 톨 씨앗이 되려고 모였어요." 라고 목화회 정부용 24세 회장은 발족 취지를 이렇게 말했다. 목화회는 1979년 5월 25일에 사내 여직원들의 친목 및 교양강좌를 통한 자질 향상을 기르기 위해 약 70여 명이 한데 뭉쳐서 결성됐다. 깨끗한 솜의 포근함은 여성의 부드러움을 상징하며, 목화는 의복의 주요 재료로서 인간 생활 가운데서 필수불가결한 요소이므로 직장에서 필요로 하는 여성이 되자는 뜻에서 목화회라고 이름 지었다.

목화회는 사내 임원과 저명 인사들은 초빙해 여성건강관리, 예절교육, 꽃꽂이, 미용강좌, 요리강습 등을 열어 여직원 교양강좌를 개최하고, 떡과 음료수를 마련해 군부대 위문을 하거나 도서벽지에 160여 권의 동화책을 전달하기도 했다. 일일찻집을 열어 그 수익금으로 기독유아원과 성 프란치스코 양로원을 방문해 양말, 타월, 고무신 등을 전달했다. 사내 봉사활동으로 세쌍둥이를 낳은 사원에게 연탄 100장을, 교통사고가 난

사원에게 5만 원을 전달하는 등 바쁜 직장생활 속에서 눈부신 봉사활동을 했다(경남신문, 1981. 2. 13.).

기혼여성들의 봉사활동

구마산시 현모회

구마산시에 있는 현모회는 1967년 5월 8일에 초등교육 향상 발전을 위한 후원과 회원 간의 상호 연수 및 친목을 도모하고 모범 어머니로서 책임을 다하자는 목적을 가지고 창립 회원 30여 명이 모여 발족됐다. 회원 자격은 매년 실시되는 마산시 교육장 추천의 모범 어머니 표창, 즉 모범 어머니상 수상자로 제한했다. 모범 어머니들이 모이는 서클인 만큼 회원의 자질 면이나 행사 참여에 있어 상호유대 관계는 어느 사회단체보다 뚜렷하고 활발했다.

현모회 회원들이 하는 일은 초등학교 교육향상을 위한 후원 사업이었다. 가정 형편이 어려운 성적우수학생이나 불우학생에게 장학금을 전달하고, 초등학교 학생들의 학습과 바른 생활을 위해 도움을 줬다. 또한 어머니로서 기본 교양을 익히기 위한 회원 연수도 이 모임의 중요한 행사였다. 1980년 한 해는 대학교수 및 각계 전문가를 초빙해 '기호식품이 심신에 미치는 영향', '한국의 경제적 현실', '혼합곡 장려 조리법 실습', '자녀들의 건강관리를 위한 지식과 시사문제' 등 다양한 내용의 특강을 실시했다.

현모회가 처음 만들어지고 13년이 지난 1980년까지 한 달도 빠짐없이 매월 8일이면 마산시 교육청 회의실에서 월례회를 개최해 왔다는 총무 최춘열은 "월례회에 시 회원들이 스스로 참여해 그 달의 행사 계획에 대해 의논하고 기탄없는 대화를 통해 바람직한 어머니상 정립에 노력했다."라고 자랑을 했다.(경남신문, 1980. 10. 10.).

경남도 화익회

경남의 화익회는 공무원가족으로서 서로 도와 화목을 유지하고 남편이 공직에 전념할 수 있도록 내조의 덕을 쌓을 수 있는 기회를 마련할 목적으로 1975년에 발족됐다. 화익회의 회장은 도지사 부인이었다. 화익회 회원은 경남도청과 경찰국을 비롯해 농촌진흥원, 농촌교육원의 과장급 이상 간부 부인들 75명으로 구성됐다. 이들은 시대성에 따른 자질 향상과 소비절제, 근검절약, 생활실천 그리고 행정에서 미치지 못한 이웃돕기 사업을 했다.

1976년 이전에는 매달 월례회를 개최했으나 1981년까지 6개월에 1회씩 정기회의, 특별한 안건이 있을 때 수시로 모여 친선도모를 했다. 알뜰하게 모은 회비로 청빈한 공무원 자녀에게 장학금을 주기도 했고 5월 가정의 달에는 가난한 계층 자녀들의 수술비 지급, 벽지 농촌 일손 돕기, 혼분식 장려 계몽, 전투경찰대 위문, 특수 아동 및 양로 시설 위문, 공무원 가족 교양교육 등 여러 가지 봉사활동과 회원들의 자질 향상 활동을 했다.(경남신문, 1981. 2. 27.).

가톨릭여성회관 초대 관장, 하마리아

가톨릭여성회관은 1980년대 이후 경남지역의 여성운동과 노동운동의 산실이자 구심점 역할을 했던 사회기관이다. 하마리아 여사는 바로 가톨릭여성회관의 창설에 중요한 역할을 했던 초대 관장이었다. '매일 먹어도 싫지 않은 음식은 김치찌개'라며 환하게 웃는 하마리아 여사는 한국에 와서 결핵 환자들을 도우며 21년을 봉사해 온 오스트리아 여인이었다.

불우이웃을 위해 사는 하마리아 여사는 세계적인 음악 도시인 오스트리아 빈 출생이고 1959년 한국에 오자마자 대구에 정착해 효성여대에서 독일어 강사로 일하면서 한국말을 배우고 사회사업을 시작했다. 전쟁이 끝난 후 누구의 손길도 닿지 않은 채 버려져 있던 구두닦이 고아 소년들을 모아 '근로자센터'라는 이름의 집을 만들었다. 1968년까지 불우소년들에게 노동의 즐거움과 바른 생활 태도를 가르쳤고 여가를 이용한 학습지도 등 그녀가 힘들게 쌓은 사랑의 집념은 '대구 SOS어린이 마을'을 만드는 데 기반이 됐다.

마산으로 내려와 가포 국립마산병원에서 8여 년 동안 결핵환자들과 생활하면서 성모병원 결핵동에서 일을 했다. 계속 늘어나는 결핵환자에 비한다면, 정부나 국민들의 관심은 적었고 환자들의 치료비와 퇴원 이후 직장알선, 기술습득 등 그들을 돌봐주기 위해 '도움회'라는 후원회를 만들기도 했다. 처음에는 가포 결핵병원에서 완쾌되어 나간 사람들끼리 뜻

근로 여성 敎育시급

불우이웃 위해 사는 河마리아女史

결핵환자와 21년동안 생활

환자위한 후원회도 만들어

"계속 韓國서 살며 일할터"

◇근로여성교육이 시급하다고 말하는 河마리아女史.

하마리아, 경남매일, 1980년 12월 26일.

을 모아 회를 운영했고 이후 제법 알려져 1980년 당시 회원이 300여 명에 이르렀다. 하마리아 여사는 "돈만 있으면 된다는 생각, 허례허식, 감사함보다는 불평을 일삼는 태도, 서로 이용하려는 풍조 등이 한국사회에서 없어져야 할 점"이라고 지적했다.

하마리아 여사는 다음 세대의 충실한 어머니나 가정주부가 될 여성, 특히 여성근로자들의 올바른 교육이 시급하며, 지금 하고 있는 일을 계속하면서 영원히 한국에서 살고 싶어 했다. 환자들 속에서 기쁨과 슬픔을 언제나 함께 나누는 하마리아 여사는 "그동안 고마웠던 사람들에게 연하엽서라도 보내야겠다."라며 웃는 모습이 참 즐거워 보였다(경남매일신문, 1980. 12. 26.).

복싱계 홍일점, 조창순

몸과 몸을 맞부딪치며 치고받는 격한 운동이어서 남성 스포츠로만 인식됐던 복싱계에 한국에서 처음으로 여성 이사가 탄생했다. 1982년 3월 27일부터 마산 경남실내체육관에서 열렸던 제2회 교육감기 복싱대회에서 첫 얼굴을 내민 조창순 경남복싱연맹 이사54세, 경남산업공사 대표는 3일간 계속된 경기를 하루도 빠짐없이 참관하는 성의를 보였다. 그녀는 성냥메이커인 경남산업공사를 경영하고 진영에 있는 대한복싱 체육관의 후원회장을 맡으면서 복싱에 관심을 갖게 됐다. 조창순 이사는 여사라는 선입견이 있지만 경남 복싱의 발전을 위해 일익을 담당해 보겠다는 결심으로 이사직을 수락했다. 그 외에도 적십자부녀회 김해군 회장 등 각종 사회사업에도 힘을 쏟고 있는 조 이사는 스포츠 지원에는 발을 벗고 나서서 김해군 내에서는 널리 알려진 독지가이다. 1982년 당시 진영 대한복싱체육관에 매월 운영비를 보조하며 선수 양성에 힘썼다(경남신문, 1982. 3. 30.).

복싱계에 홍일점 理事

경남복싱연맹 曺昌順이사

몸과 몸을 맞부비며 치고 받는 격한 남성스포츠 복싱계에 우리나라에 처음으로 여자이사가 탄생, 화제를 모으고 있다. 지난27일부터 馬山 경남실내종합체육관에서 열린 제2회교육감기복싱대회에 첫 얼굴을 내민 曺昌順경남복싱연맹이사(54 경남산업공사대표)는 3일간 계속된 경기를 하루도 빠지지않고 참관, 대단한 성의를 보였다.

우리나라에선 처음탄생

복싱발전위해 일익담당

성냥메이커인 경남산업공사를 경영하는 曺이사는 「진영에있는 대한복싱 체육관의 후원회장을 맡으면서 복싱에 관심을 갖게됐다」면서 「여자라는선입견이 있지만 경남복싱 발전을위해 일익을 담당해보겠다는 결심으로 理事職을 수락했다」고. 적십자부녀회 김해군회장등 각종 사회사업에도 힘을 쏟고있는 曺이사는 스포츠지원에는 발벗고 나서 金海군내에선 널리알려진 독지가. 지금은 진영 대한복싱 체육관에 매월 운영비를 보조, 선수양성에 힘쓰고 있다. 【趙】

◇한국복싱계에 홍일점으로 등장한 曺昌順경남복싱연맹이사.

조창순, 경남신문, 1982년 3월 30일.

한국부인회 경남지부장, 조수옥

1960년대부터 마산지역 여성들의 권익 향상과 건전한 가정육성을 위한

평생을 女性運動에 몸바쳐

한국부인회 경남지부 前지부장 趙壽玉씨

검소한 생활의 獨身 여장부

慶南 여성운동 초창기부터 꾸준히 헌신

"馬山지역 근로여성 대상 事業펴나가야"

경남여성운동의 초창기였던 60년대부터 마산지방을 지키면서 여성들의 권익향상과 건전가정육성을 위한 여성계 활동을 계속해 온 한국부인회경남지부 前지부장 趙壽玉씨(69·마산시장군동4가25번지)가 20여년간에 걸친 부인회 생활을 청산하고 평범한 여성으로서의 자리에 물러앉았다.

『오히려 늦은 편이죠. 나이도 있고 건강상 이유도 무시할 수 없어서…』

표면상 나이와 건강문제를 내세웠지만 기실은 젊고 유능한 주부들의 사회참여활로를 터놓기 위한 세대교체성 사임이라는 것이 주위사람들의 의견.

경남 하동에서 소지주의 딸로 태어난 그녀는 집안에서 정해 놓았던 결혼마저 거부, 검소한 생활태도와 독실한 신앙생활로 앞길을 개척한 여장부라고 알려져있다.

39년 진주성경학교를 졸업한뒤 부산 濠洲선교부전도사로 재직하던중 일제탄압으로 평양형무소에서 5년간 감옥생활을 하기도했다는 그녀는 출옥후 경남 최초의 육아시설인 인애원을 45년에 개원했다.

한국부인회에 발을 들여놓기는 64년.

해방후 부산과 경남지방이 함께 소속돼있던 「대한부인회」가 「한국부인회」로 바뀌면서 마산지방이 따로 독립을 하게 되자 64년 그해 마산지회장을 맡았다가 68년부터 韓[illegible] 병주여사에 이은 제3대 경남지부 도지부장으로서 부인회를 이끌어온 것이다.

『사실 경남여성운동의 초창기였던 60년대 후반 70년대초 그때가 부인회의 활동이 가장 활발하던 때가 아닌가 싶어요.

식생활 개선 운동이 부인회로부터 시작되었고 바자회 소비자보호대회 또한 우리들이 도맡아 했었죠.

특히 한국부인회의 창설자였던 任영신 박사가 자주 마산에 내려와 소비자보호특강 여권신장운동등을 보살펴 주기도 했답니다.』

부인회의 전성시대라고도 할 만큼 그당시는 회원모두가 의식이 투철하고 사업 또한 신선했었다는 것이 그녀의 말.

초창기의 왕성한 의욕과 오랜여사, 지부장의 숨은 [illegible] 바탕이 오늘의 부인회를 있게했다고 해도 과언이 아닐듯.

◇한국부인회서 만20년간 몸담아오면서 경남여성운동의 [illegible] 趙수옥씨가 일선에서 물러났다.

조수옥, 경남신문, 1982년 6월 23일.

활동을 계속했던 조수옥69세이 20여 년의 활동을 접고 평범한 여성으로 돌아왔다. 그녀는 "오히려 늦은 편이죠. 나이도 있고 건강상의 이유도 무시할 수 없어서…."라고 말했다. 표면상으로는 나이와 건강상의 이유를 들었지만, "유능한 주부들의 사회참여 활동의 활로를 터 놓기 위한 세대교체성 사임이다."라는 것이 주위 사람들의 변이었다.

경남 하동 소지주의 딸로 태어난 그녀는 집안에서 정해 놓았던 결혼마저 거부하고 검소한 생활태도와 독실한 신앙생활로 앞길을 개척한 여장부라고 알려져 있다. 1939년 진주 성경학교를 졸업한 뒤 부산 호주 선교부 전도사로 재직하던 중 일제 탄압으로 평양 형무소에서 5년간 감옥 생활을 하기도 했다. 그녀는 출소 후 1945년에 경남 최초의 육아시설인 인애원을 설립했다.

그녀가 한국부인회 활동을 시작한 것은 1964년이다. 해방 후 부산과 경남지방이 함께 소속되어 있던 '대한부인회'가 '한국부인회'로 바뀌면서 마산지방이 따로 독립을 하게 됐다. 1964년 마산지회장을 맡았다가 1968년부터 한남순, 노병주 여사에 이은 제3대 경남지부 도지부장으로서 부인회를 이끌었다.

"사실 경남여성운동의 초창기였던 1960년대 후반 1970년대 초 그때가 부인회 활동이 가장 활발하던 때가 아닌가 싶어요. 식생활 개선운동이 부인회로부터 시작됐고 바자회, 소비자대회도 우리들이 도맡아 했었죠. 특히, 한국부인회의 창설자였던 임영신 박사가 자주 마산에 내려와 소비자보호 특강, 여권신장 운동 등을 보살펴 주기도 했어요. 부인회 전성시대라고도 할 만큼 그 당시는 회원 모두가 의식이 뚜렷하고 사업 또한 신선했어요."라고 조수옥은 회고 했다.

매년 어버이날에 실시하는 경로위안대잔치, 장한 어머니 표창식은 타 단체에서 흉내 낼 수 없는 부인회만의 행사였으며, 25개 시·군 지회, 동분회 실행위원 조직, 자문 및 재정지원을 담당하는 도내 유지들의 모임인 다문위원회 조직도 지부장 재임 시에 행한 업적으로 높이 평가됐다. 마산지역의 특수성을 감안하자면 여성단체에서 청소년과 근로여성들을 대상으로 하는 실질적 사업을 펴나가야 할 것임을 강조했던 그녀는 "우선, 활발하게 움직일 수 있는 여건 마련을 위해 회관 건립이 시급하다."라고 지적했다.

조수옥은 1981년 여름에 열렸던 국제 소비자보호 세미나에 참석한 후 그곳 사람들의 투철한 소비자 의식에 놀랐다고 덧붙였다. "정부나 소비자 단체의 조직은 물론 불량품을 보면 소비자 자신이 당장 '이 상점 물건은 불량품이니 사지 마시오'라는 피켓을 들고 상점 문 앞에 서 있더라."라는 것이었다. "불량품이나 악덕 상인이 발붙일 수가 없도록 소비자들의 훈련이 잘되어 있는 곳이 미국 땅이었다."라고 하면서 "선진국의 소비생활을 우리 주부들도 배워야 한다."라고 강조했다.

조수옥은 "40여 년간 정든 인애원 육아사업과 부인회 사업을 뒤에서 도우면서 신앙생활에 몰두하겠다."라는 포부를 밝혔다. 그녀는 1970년과 1972년에 보사부장관 공로패와 표창장을 받았고 초대 통일주체국민회의 대의원을 지내기도 했다(경남신문, 1982. 6. 23.).

간호사 할머니, 이원출

"나이팅게일 정신을 본받아 간호원들은 긍지를 가지고 일해 달라."라는 말은 38년간 간호사로 일을 해 오다 1982년 6월 30일에 정년퇴임을 한 양산군 보건소 가족계획지도원 이원출55세이 후배 간호사들에게 남긴 말이었다. 이원출은 슬하에 두 남매를 두었다. 1981년 12월에 남편 정상용 씨와 사별한 후, 부산시 동래구 복천동 522번지 400만 원짜리 전세방에서 생활을 했다. 그녀는 1945년 일본 병교 현립 신호 병원 부속 간호학교를 19세에 졸업하고 대구의대 부속병원, 6·25 당시 미군 14 야전병원, 서울시립병원에서 간호사, 간호사감을 거쳐 1962년 11월 동래군 보건소 가

간호원 할머니 정년退任

梁山보건소 지도원 李원출女史

【梁山】『나이팅게일 정신을 본받아 간호원들은 긍지를 가지고 일해달라…』 38년간 간호원으로 일해오다 30일 정년퇴임을 한 양산군보건소 가족계획지도원 李원출여사(55)가 후배간호원들에게 남긴 말이다.

45년 일본병교현립신호병원 부속간호학교를 19세에졸업, 대구의대 부속병원 6·25당시 미군14야전병원 서울시립병원에서 간호원 간호사감을거처 62년11월 동래군보건소 가족계획 지도원으로 공직에 첫발을 딛었다.

李여사는 20년간 동래및양산군에서 근무, 농어촌 방방곡곡을 찾아다니면서 가족계획의 중요성을 홍보, 가족계획에 스스로 참여도록 유도했으며 예

38년간을 외곬로 봉사

가족계획 중요성 홍보

비군 훈련장과 1백20여개 기업체 종업원 2만명에 계몽, 정관수술 1천8백명, 여성불임시술 3천명 권장실천했다.

李여사는 시술한 사람들의 사후관찰을 철저히해 안심하고 시술에 응하도록 봉사정신을 발휘, 개인별로 서신을 내는등 최선을 다한 모범공무원이었다.

이같은 공적이 알려지자 지난 71년11월 보건사회부장관 표창을 받은데이어 77년 정부주선으로 싱가포르등 동남아 4개국을 시찰했던것이 잊혀지지 않는다며 지난날을 회상했다.

李여사는 정년퇴임후 조산원이라도 차려 여생을 끝까지 봉사하겠단다.

李여사는 釜山시동래구 복천동522 4백만원짜리 전세방에서 지내고있으며 남편鄭상용씨를 지난해 12월여읜후 슬하에는 성한(26·대학생) 혜영(23·교사) 두남매를 두고 생활하고있다. 【朴鐘大기자】

이원출, 경남신문, 1982년 7월 1일.

족계획 지도원으로 공직에 첫발을 내딛었다.

그녀는 20년간 동래 및 양산군에서 근무했고, 농어촌 방방곡곡을 찾아다니면서 가족계획의 중요성을 홍보했다. 예비군 훈련장에서 그리고 120여 개 기업체의 종업원 2만여 명을 대상으로 가족계획에 스스로 참여하도록 유도했고, 이들에게 가족계획에 대한 계몽교육을 했다. 1,800여 명의 남성에게 정관 수술을 권장했고, 3,000여 명의 여성에게 불임수술을 권장해 실천했다. 그녀는 봉사정신으로 시술한 사람들에게 수술 후 서비

스를 철저히 해 안심하고 시술할 수 있도록 했으며, 개인별로 서신을 보내는 등 최선을 다한 모범공무원이었다.

이 같은 공적이 알려지자 그녀는 1971년 11월에 보건사회부 장관 표창장을 받았다. 그녀는 "정년퇴임 후 조산원을 차려 여생을 끝까지 출산과 가족계획에 봉사를 하겠다."라는 포부를 밝혔다(경남신문, 1982. 7. 1.).

아귀찜 요리가, 김삼련

김삼련, 경남신문, 1981년 9월 14일.

얼큰하게 매운맛과 구수한 토장 맛이 어우러진 마산의 명물이 아귀찜이다. 아귀찜은 마산 사람들의 개성과 인심이 밴 요리이다. 마산의 음식 '아귀찜'은 마산시 동성동 오동동 초가 할매집에서 시작됐다. 마산의 맛을 간직해오고 있는 김삼연36세이 오동동 초가 할매집을 경영하게 된 것은 시어머니로부터 아귀찜 요리를 전수받은 데 기인한다.

1950년대 초 시어머니 안소락73세이 당시에는 못 먹는 고기로 취급됐던 아귀를 찜으로 만들어 팔게 되면서 시작됐는데, 김삼련은 1960년대 초반 이 집으로 출가하면서부터 여느 며느리처럼 시어머니의 일을 배웠기 때문이다.

1981년 현재 시어머니는 노쇠해 일선에서 물러나고 며느리인 김삼련이 맛을 내는 주인공이 됐다. "처음 제가 이 집에 시집왔을 때는 엄한 시어머

아귀찜料理 金三連씨

님이 시키는 대로 일을 돕는 것 외에는 아무런 의미를 느끼지 못했습니다. 그러나 점차 아귀찜이 마산의 명물로 알려지게 되고 시어머님께서 나이가 드시게 됨에 따라 아귀찜 요리법을 잘 익혀 둬야겠다고 생각을 했지요." 라고 김삼련은 아귀찜 요리를 하게 된 이유를 이렇게 말했다.

오늘날 마산 오동동을 비롯해 시내 곳곳에는 아귀찜 전문 음식점이 즐비하다. 그러나 본산지의 맛과는 다르다는 것이 아귀찜을 즐기는 이들의 얘기이다. 김삼련이 시어머니로부터 배운 독특한 아귀찜의 맛은 "아귀의 건조방법과 조미료로 쓰이는 토장 맛이 크게 좌우한다."라고 했다. '장맛을 보면 그 집 음식을 안다'는 옛말이 있듯이 아귀찜을 만드는 데도 장맛이 진 맛을 내는 데 더없이 중요하다.

그녀는 "아귀는 날 좋을 때 공기 맑은 교외에서 약 보름간 건조시켜야 하고 토장은 시골에서 담가 가져다 썼다. 아귀찜의 요리법은 비교적 간단하지만 건조 방법이나 토장을 담는 법, 양념의 배합 등 맛을 내는 비법은 미묘해서 말로 설명을 다 해도 직접 해 보지 않으면 배우기가 어렵다."라고 했다.

김삼련이 시집올 무렵 '오동동 초가집'은 식사 시간 때마다 손님이 줄을 이었다. 몰려드는 손님에 비해 일손이 부족해 손님들은 2~3시간 기다리는 것이 예사였다. 당시에는 아귀가 무척 쌌고 아귀찜 한 그릇은 양념값을 받는 정도였으므로 부근의 어시장 상인들이나 어시장을 드나드는 뱃사람들에게 인기가 있었다. 그러나 "요즘에는 쇠고기 값보다 아귀 값이 비싸 타산이 맞지 않아요. 출세한 고기가 아구아귀지요. 십여 년 전만 해도 밭 거름이나 사료로 쓰는 천한 고기였지만 아귀찜이나 그 외 요리에 쓰이게 되자 아귀의 주가가 엄청나게 올랐어요. 더군다나 요즘은 외국으로 수출을 하는 통에 국내에선 구하기조차 힘들 정도입니다."라고 그녀는 말했다.

특히, 현직 고관들이나 시인 묵객들이 이 식당을 수없이 다녀갔었다. 전에는 싸구려 음식으로 서민들에게 인기가 있었지만, 언젠가부터 고급요리로 둔갑을 했었던 것이다.

"평생 아귀찜을 만들 생각입니다. 많은 사람들이 저의 집 아귀찜 맛을 아껴주시고 마산의 명물로서 소중히 여겨 주시니 이 맛을 오래도록 잘 간직해야겠다는 책임감이 앞선다고 한다. 저의 딸이든 며느리든 이 맛을 3대로 잇게 할 작정입니다."라고 그녀는 포부를 밝혔다(경남신문, 1981. 9. 14.).

검무인간문화재, 김수악

검무로 인간문화재가 된 김수악은 예술이 돈이 될 수 없었던 옛날부터 지금까지 오로지 국악의 멋진 흥과 묘미에 빠져 살았다. 그녀는 정제된 춤꾼, 전통굿거리의 명인, 검무와 살풀이의 예인으로서 춤에 대한 의욕과 집념으로 가난한 예술인이 감당해야 하는 설움을 가지고 살아야 했다. 민속예술학원의 간판을 몇 차례 옮기다가 결국은 빈털터리 신세로 남의 집 문간방 하나에 의지한 채 마지막 불꽃을 태웠다.

1988년 7월 여름 방학, 그녀는 서울대 무용교수인 최현 씨 등 무용교수들에게 진주 팔검무, 살풀이, 전통굿거리를 지도했다. 그녀가 춤에 대

기본 굿거리로 안방춤 集大成

후진養成 위한 여건마련 고심

지금까지 오로지 국악의 멋진 흥과 묘미에만 빠져 살아온 金壽岳씨。

김수악, 경남신문, 1989년 4월 14일.

한 열정이 최고일 때가 1983년 12월에 국립극장 대극장에서 열렸던 '한국명무 큰잔치'에서 진주에선 유일하게 교방굿거리 춤을 춰 옛 교방 예능의 재주를 마음껏 선보였던 때였다.

1983년 5월 30일에 서울 소극장 공간사랑에서 '18회 공간전통예술의 밤 김수악 전통무용발표회'가 있었는데 문하생의 진주 검무를 비롯해 그녀가 춘 논개 살풀이, 교방굿거리는 춤의 극치를 보여 주었다. 이 춤들은 그녀가 서울의 김수악 전통무용 문하생들과 함께 소극장 공간사랑의 초대를 받아 '제34회 공간전통예술의 밤: 김수악 회갑기념 공연'으로 재공연됐다.

그녀는 '제2회 호국보훈가족위안 국악대공연', '진주무대예술 합동공연', '제1회 전통 교방춤', '한국명무전' 등의 공연을 했다. 특히, '일본에서의 명무전'이란 이름으로 공연된 그녀의 살풀이와 가야금병창에 대한 기사가 일본 정강현 신문에 크게 보도됐다. 서울 크리스탈 볼룸 2층에서 개최됐던 '우리가락 큰 잔치'에서도 판소리의 대가 박동진, 경기 민요 명창 안비취, 진주 검무 김수악 등 명인, 명창, 명무의 국악잔치에서도 그의 재질은 높이 평가받았다.

그녀는 지방문화예술에 몸을 바쳐 국악 인구 저변 확대에 쏟아온 공적과 예술에 끼친 영향을 인정받아 제9회 진주시 문화상 문화부문 수상자로 상을 받았다. 전국 인간문화재급이 출연했던 1986년 제10회 아시아경기대회 문화예술축전무용제 중 '전통명무공연'과 국악의 향연에서 그녀는 살풀이를 추어 다재다능한 예인의 매력을 보여 주었다.

60년간 춤 인생을 살아오면서 그녀는 안방 춤의 기본 굿거리를 간추려 '기방 굿거리'라는 이름으로 안방 춤을 집대성했고, 창작 안무 작품집도 냈다. 1983년부터 한국국악협회 진주 지부장을 맡아 진주국악문화발전을 위해 힘썼으며, 후진 양성을 위한 여건을 마련했다.

전통예술인 하면 자칫 빈약하고 왜소한 예술분야로 오인해 소외되는 경향이 있었다. 그럼에도 전통적인 문화예술의 도시 진주에는 명무인 김수악이 있어, 그녀가 가진 예능을 전수받을 이수자가 많이 배출되어 '교방굿거리', '살풀이'의 원형이 그대로 맥을 이어갈 수 있었다. 그녀는 기능보유자들에게 주는 생활보조금으로 어렵게 생활하고 있다(경남신문, 1989. 4. 14.).

고성 농요 인간문화재, **유영례**

유영례66세는 고성 농요 예능보유자이다. 우리 민족문화의 근간이 되어온 것이 농경문화이고, 농사일을 해 나가는 데 없어서는 안 될 활력소가 농요이다. 모를 심을 때나 쌈을 할 때, 단순 노동이 지루할 때에는 노래를 부르면 시간가는 줄도 모르고 일도 빨리 진척되게 하는 것이 농요의 역할이었다. 나이든 농민들은 이곳 저곳에서 누구나 농요 한 가락쯤은 할 수 있지만 유영례는 인간문화재로 꼽힐 정도이니 남다르게 뛰어났다.

고성지방 우산리는 고성 평야가 넓게 펼쳐 보이는 오래된 농촌으로 농요를 잘하는 사람들이 꽤 많은 곳이었다. 이곳을 중심으로 흩어져 전해오는 농요를 민요의 차원에서 보급하고자 뜻을 모은 몇 사람들에 이해 1977년 '고성농요보존회'가 창립됐다. 이들의 노력으로 1985년에는 고성농요가 무형문화재 84호로 지정되면서 유영례 씨가 고성농요예능보유자로서 인간문화재 302호로 지정됐다.

그녀의 가장 자신 있는 농요 부문은 '등지모심기 노래'였다. 등지는 다른 농요에 비해 고도의 기술을 요하는 노래로 고음처리가 어려워 성대가 트인 사람이어야 하고 농민들의 한이 적은 한탄조의 선율이 나와야 제 맛이어서 보통 성대가 강한 남자들이 주로 부르는데 그녀는 남자들 못지않게 잘 불렀다.

우러님아 가실적에 춘삼월에 오마더라

恨많은 세월 노래속에 묻고…

慶南의 人間文化財 〈31〉

(上)

固城農謠 柳英禮 씨

韓民族특유 한탄적 선율

남편의 배려속 固城농요 原形 발굴

모를 심을때나 김쌈을 할때 노동의 지루함을 잊기위해 부르는 농요. 柳英禮씨는 농요를 부르며 한평생을 보냈다.

유영례, 경남신문, 1989년 4월 28일.

남자들에게 적합한 등지를 그녀가 잘 해낼 수 있었던 것은 남편 최규칠의 영향이 컸다. 고향인 함양에서 노래 잘하는 처녀였던 그녀가 갓 시집왔을 때 남편 최규칠은 나이가 그녀보다 22살이나 많았다. 당시 상처한 최규칠과 맞선을 본 그녀는 집안의 반대에도 불구하고 결혼을 해 고성으로 왔다. 그녀가 보기에 최규칠은 점잖고 사리가 분명해 보이고 자신을 잘 보살펴 줄 천생배필이라고 생각이 들었기 때문이었다. 젊었을 때부터 고성 한량으로 불렸던 최규칠은 고성오광대 최연장 보유자였다. 그 당시 그는 고성농요보존회장 김석명, 고성농요예능보유자 이양수 등과 함께 고성 농요를 발굴해 그 원형을 찾는 데 한 몫을 했던 그녀의 동반자이자 농요를 하도록 지원해 준 동조자였다.

춤과 소리를 좋아했던 최규칠은 갓 시집온 색시인 그녀에게 자연스럽게 노래를 가르쳤고 원래 노래를 좋아하던 그녀도 '조오타, 자알한다'는 남편의 장단을 들으며 신명나게 노래를 불렀고 함께 들일을 할 때나 나들이를 할 때 답하며 노래하던 것이 결국 오늘의 인간문화재 유영례를 있게 했다. 부부의 노래 솜씨는 널리 소문이 나 잔칫집이나 행사 등에 으

모심기 소리 사설

긴 등지

아래 웃 논 모꾼들 아헤에헤 춘삼월이 어느 땐 우러님아 가실 적
에헤이 춘삼월에 오마더라

점심 등지

더디다 더디다 점심 채미가 더디다
더디다 더디다 점심 채미가 더디다
숟가락 단반에 세니라고 더디남
더디다더디다 점심채미가 더디다
(…)

해거름등지

오늘 해가 다 졌는가 에헤 에이 로골마다 연기나네
우러 님은 어데가고 에헤이 연개 날 줄 모르시여
(…)

레 초청되어 진주, 마산 등지를 비롯해 고성 읍내 안 가 본 데가 없을 정도였다.

대회에 나가면 매번 1등을 휩쓸어 개천 예술제 전국민요경창대회 등에서 수상을 했다. 동네에서 금슬이 좋았던 그녀는 1987년에 교통사고로 남편과 사별한 후 "요사이 혼자 울면서 소리를 한다."라며 눈시울을 붉혔다.

성장한 자녀들이 모두 분가하고 혼자 우산리에 살았던 그녀는 "그래도 떠날 마음이 없다며, 도시에서는 노래를 못해 답답할 뿐 아니라 나이를 먹으니 더 늙기 전에 등지 잘하는 후배를 키워야 되지 않겠느냐."라고 이유를 밝혔다. "등지는 가락이 쭉쭉 뻗어나고 성대가 굵고 고음처리가 잘되어야 하는 등 어려운 부분이 많아서인지 유행가나 다른 농요는 하면서도 등지를 하려는 사람이 없어 안타깝다."라는 그녀는 애써 원형을 회복한 등지 농요가 자신을 끝으로 단절될까 봐 안타까워했다(경남신문, 1989. 4. 28.).

진주 검무 예능보유자, 성수옥

"10여 년간 의기 논개 추모 가무제였던 '의암별제'의 원형을 발굴하고 재현하는 데 쏟아 온 우리의 전통 민속종합예술작품을 보존한다는 의미로 올해는 꼭 무대에 올려볼까 합니다. 어렵게 빛을 본 시립국악관현악단의 창단에 지방민들의 호응과 관심이 그 어느 때보다 절실합니다."라고 말하는 성수옥은 국가주요무형문화재 제12호 진주 검무 예능보유자이다.

성수옥은 1989년은 양적으로나 질적으로 전통 무와 국악단의 저변 확대에 힘쓰고 좀 더 내실을 기할 수 있는 바람직한 활동이 전개되길 바란

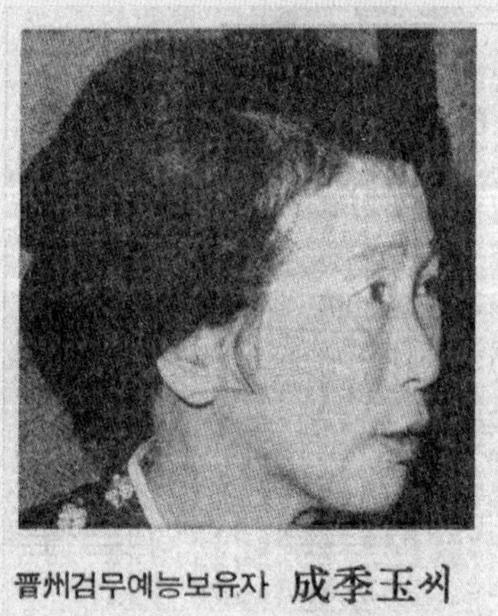

성수옥, 경남신문, 1989년 1월 22일.

다면서 전통국악인들의 사회적 경제적 지위 향상에도 변화가 있을 것으로 기대했다.

"좀 더 진취적이고 장기적인 안목에서 전통예술진흥을 위해 무엇이 급선무인가를 전문가들의 자문을 얻어서 순차적으로 추진해 나가는 것도 필요합니다. 전통예술은 자칫 빈약하고 왜소한 예술분야로 오인받기 쉽기 때문에 그 특성을 파악하는 것이 가장 선행되어야 할 작업이며, 주체적 예술교육의 실천이나 무형문화재 기예보유자의 확산도 모색되어야 할 과제입니다."라고 그녀는 말했다.

지방자치제가 실시되면 지방문화도 새로운 가능성을 지니게 되고 지역문화 육성도 활성화될 것을 진망하는 그녀는 지방예술단체와 기업과의 만남을 통해 문화예술 육성과 지방문화에 기여할 수 있는 방법을 시도해 봄 직하다고 했다(경남신문, 1989. 1. 22.).

칠순에 시집 펴낸 **이효정**

"부끄럽습니다. 넋두리 비슷한 노래지 아무것도 없습니다." 칠순 나이가 믿어지지 않을 정도로 소녀적 감성을 그대로 지니고 있는 이효정 할머니 77세, 마산시 창포동가 90여 편의 시를 모아 '회상'이라는 시집을 펴내 문단의

동덕여고 시절의 이효정.

화제가 됐다. 그녀는 슬하에 2남 1녀를 두었다.

어머니에 대한 기억, 어릴 적 추억 등에 많은 부분을 할애하고 있는 것에 대해 “느낌이 둔해져서 옛날이야기나 써 보자 해서 쓴 것이고 일상에서 느낀 것이죠. 달리 뭐 … 어머니에 대한 생각이 많이 나요. 누구라도 안 그렇겠어요.”라고 그녀는 말했다.

그녀는 1913년 경북 봉화군 독립운동가 집안에 태어났다. 일제강점기 동덕여고보 시절 사회주의 혁명가 이재유가 만든 경성 트로이카의 멤버로 독립운동을 했던 독립운동가였고, 전설적인 항일노동운동가로 알려져 있다. 건국준비위원회 울산지부 간부였던 박두복과 결혼했다. 결혼해서 아이들을 다 키워서 손주를 볼 때까지만 해도 그저 책이 좋아 하찮은 어휘 하나에도 감동을 받는 평범한 삶을 살았던 할머니가 두각을 드러낸 것은 1982년도에 노인 시조 백일장 때였다. ‘신록’이라는 작품이 장원을 하면서 용기를 내어 조금씩 시어를 다듬어 나갔던 그녀는 여성지 독자 투고란에 작품을 보내기도 하는 한편 ‘문학과 독자와의 만남’ 등 문학행사에는 빠지지 않고 꼭 참석하여, 도내 문인들과 친숙한 ‘독자’로 알려지기 시작했다.

“시를 어떻게 쓰는 지도 몰라요, 시가 내 맘에서 써 내려가도 다른 사람이 읽으리라고는 생각하지도 않았어요.”라며 수줍고 부끄러운 마음을 간직하고 있는 그녀는 그렇기 때문에 계속해서 작품집을 발간하는 것을 망설였다. 작품집의 원고를 보면 누구나 깜짝 놀랄 만큼 또박또박 글씨를 적고 있는 것이나 맞춤법이나 바로잡았을 뿐, 별로 고친 자국이 보이지 않는다. 완벽하게 조탁된 언어와 순수한 정서를 그대로 드러낸 시심, 반면에 시대적 감각의 비판을 담고 있는 시사성은 경이감마저 들게 한다는 평을 받았다. 청마의 시를 좋아한다는 그녀는 "앞으로도 시를 쓰고 싶으면 쓰고 생각 날 때면 시를 쓸 것"이라고 했다(경남신문, 1989. 5. 1.).

박용수, 전국 노동자 대회에서
노동자 투쟁을 춤으로 형상화 하는 이애주,
민주화운동기념사업회, 1987년 8월 23일.

19 경남지역 여성들의 조직화와 활발한 행진

90

경남여성단체들이 연대한 3·8 여성대회,
경남여성단체연합, 2009년 3월 7일.

1987년 1월 박종철 고문치사 사건이 언론을 통해 알려지자 전국적으로 추도대회가 열렸어요. 마산에서도 박종철 추도미사와 기도회가 2월 초에 산호 성당과 남성동 성당에서 열렸는데, 성당 안에 사람들이, 의자 사이에 서 있던 사람들, 성당 옆 뒷방에서 스피커로 듣는 사람들로 꽉 찼었어요. 4, 5월인가 그쯤이 될 것 같은데 누군가 부당하게 구속됐어요. 마산 경찰서 앞에서 구속된 자 풀어 주라고 항의하고 집회했던 것이 기억이 나요. 거기 모였던 시민들 중에 나 같은 주부들도 꽤 많이 있었어요. 전경들한테 '장미꽃 달아 주기'도 있었어요.

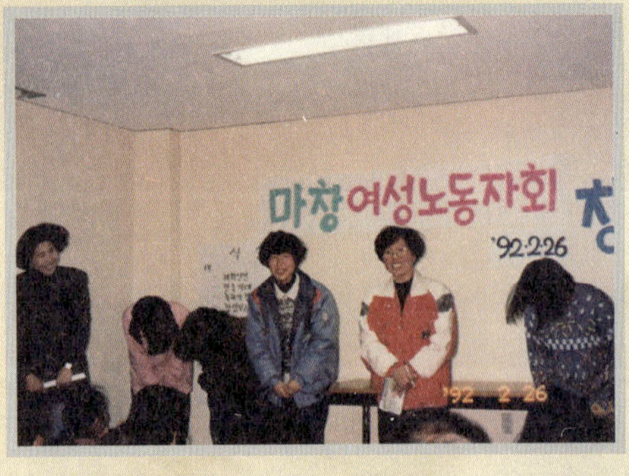

마창여성노동자회 창립.

전국여성농민회 총연합 경남연합 활동.

경남여성단체들이 연대한 3·8 여성대회.

부마민주항쟁에 참가한 최갑순.

전국여성노조 경남지부 총파업결의대회.

3·8 여성의 날 기념 경남여성대회.

1960년대 중후반으로 넘어가면서 '우리도 잘 살아보세'라는 조국근대화의 기치를 내건 박정희 정권의 산업화 정책에 따라 제조업의 생산 활동에 여성들이 적극적으로 참여하게 됐다. 특히, 1970년대에는 경제활동에 참여하는 미혼여성들이 증가하게 됐다. 이름 그대로 1970년대 산업화의 주역은 미혼여성노동자들이었고, 실제로 이들이 생산 활동을 통해 벌어들인 외화로 경제성장이 가능했다. 이 시기는 '암탉이 울면 알을 낳는다'라는 말이 실감 날 정도로 많은 암탉이 울어 경제성장이라는 알을 많이 낳았다. 이 시기의 미혼여성노동자들은 생산 활동을 하면서 경제적으로 자립할 수 있었으며, 이를 바탕으로 시민으로서의 주인의식을 성장시킬 수 있었고 스스로 노동조합을 조직했다.

1970년대 여성운동의 주요 이슈는 가부장적인 법과 제도의 개선, 그리고 여성노동자들이 겪는 인권과 노동권에 대한 침해였다. 하지만, '1972년 10월 유신' 이후 박정희 정권의 독재가 공고화되자 이에 대한 저항으로 사회민주화운동이 활발해졌고, 사회민주화를 이슈로 하는 여성단체들이 공식적·비공식적으로 조직됐다. 이 시기 여성운동은 분단이라는 역사적 질곡으로 인해 기독교를 배경으로 조직된 여성단체와 여성노동자들이 결성한 노동조합을 중심으로 진행됐고, 여성문제보다도 사회민주화 문제가 이슈화됐다. 이러한 한국사회의 정치적 상황에서 경남에서도 소외된 여성대중들과 함께하는 여성운동이 제대로 자리 잡지 못했지만, 1980년대 중반부터 경남지역 여성들은 주체적인 의식을 느끼면서 사회민주화 운동에 참여하기 시작했다.

지역여성운동의 씨앗 1990년대 이전

1979년 부마민주항쟁을 주도한 여성들

부마민주항쟁을 모의하고 계획한 두 여성

1979년 10월 18일 부산과 마산에서 일어난 '부마민주항쟁이하 '부마항쟁'이라 함'은 박정희 정권의 독재에 대한 민중들의 항거였다. 독재정권에 항거한 민중들 속에 암탉들이 있었다. 마산지역 여성들이 부마항쟁을 주도하고 참여한 것은 이후 지역 여성운동의 씨앗이 됐다.

부마항쟁의 주역 중 최갑순은 1956년에 경남 고성에서 가부장적 성격이 강한 가정의 6남매 중 막내로 태어났으며 1979년 당시 경남대 국어교육과 학생이었다. 그녀는 "남학생이 담배를 피우면, 아무런 반응이 없는데, 여학생이 담배를 피우면 문제를 삼는 것에 대한 반항, 일종의 성차별에 대한 반항으로 담배를 피웠다."라고 회상했다. 성차별에 대해 민감하게 반응했던 그녀는 부마항쟁에 참여한 후 '87년 6월 민주항쟁이하 '6월 항쟁'이라 함'을 거쳐 경남지역 여성운동가로서 삶을 살게 됐다.

또한, 옥정애는 1958년에 경남 마산시 상남동에서 태어나 1976년에 마산여고를 졸업한 후, 대구에 있는 대학에 합격을 했다. 그러나 가정형편이 어려워 등록을 하지 못한 채 방황하던 시절을 거쳐 1977년에 경남대

국어교육과에 입학했다. 부마항쟁의 주역 중 한 명이었던 그녀는 당시 부마항쟁을 주도하게 된 계기와 참여한 소감에 대해 "자신에게 자유와 용기를 주었고 이후 교사로서 일하면서 교육민주화에도 참여하게 됐다."라고 회상했다. 그녀는 부마항쟁에 참여한 이후 교사로서 교육민주화의 주역으로 활동하며 살아가고 있다. 부마항쟁을 최갑순과 공동으로 계획한 그녀는 그때를 다음과 같이 회고했다.

> 대학 2학년 때 가톨릭대학학생연합회에 들어가 활동을 했다. 가톨릭대학학생연합회 회장이 이신모였는데, 친구였던 김영혜와 함께 종종 정치적인 토론을 했었다…. 3학년 때 같은 과 갑순이와 아주 친하게 지내게 됐는데, 이 정권에 대해 분노하고 도전해 볼 만한 생각을 같이 하게 됐다. 경남대에서 있었던 삼선개헌 찬성 데모라든지, 유신헌법 찬성 시위에 대한 불명예를 씻기 위해서 갑순이와 제가 의기투합했다. 이윤도 형, 이신모 회장, 김명섭, 정성기, 신정규, 일어교육과 송창호 등을 만나 봤고, 구체적인 계획을 짠 것은 정성기, 신정규, 최갑순, 저 이렇게 4명이었는데 방송 원고는 내가 하고 낭송은 최갑순이가, 방송실 문은 명섭이가 열어주고, 행동대원으로 소창호랑 다른 서클회장들 중에서 내세울 만한 사람을 찾아보자 했다. 대략 22일을 디데이로 잡고 표면적으로 드러낼 내용은 경남대학이 종합대학으로 승격된다고 했는데 승격되지 않았다, 월영지 연못이 교내 식당에서 흘러내리는 국수물로 인해 뿌옇게 오염되고 있다, 여학생들을 위한 복지시설이 전혀 없다, 이런 걸로 시위의 실마리로 삼자고 했다. 1차 시위가 교

문 앞까지 진행된다고 보고 2차 집결지는 3·15탑, 3차 집결지는 수출자유지역 정문으로 하고 각자 도피처를 마련했다.(부마민주항쟁기념사업회, 2011: 366~370)

부마항쟁 시위에 참가한 여학생들의 체포

경남대 학생인 최갑순과 옥정애 그리고 몇 명의 남학생들이 모의하고 계획한 거사 일은 1979년 10월 22일이었다. 그러나 부산대 학생들이 1979년 10월 16일에 시위를 해서 경남대에서도 10월 18일로 시위를 앞당겼다. 최갑순과 옥정애의 인터뷰를 보면 그 당시 상황이 잘 드러나고 있다.

> 10월 22일에 거사 계획을 잡았는데, 부산에서 16일에 시위가 일어났더군요…. 18일 오전에 우리는 유인물을 만든다고 다섯 시에 정성기, 박인준, 이윤도, 신정규를 만나기로 되어 있었는데… 택시를 타고 학교로 갔죠. 교문은 닫혀 있고 전경이 꽉 막고 있더군요…. 우리가 나타났더니 난리도 아니었어요. 아마 1차 시위 때 잡혀갔다고 생각했나 봐요…. 월영지 맞은편 노인정에도 모여 있던 학생들을 규합했는데, 이게 뭐 해 본 경험이 없어서…. 아무튼 정애하고 둘이서 줄을 세워 갖고 선구자를 불렀던가, 애국가를 불렀던가 그랬어요…. 경상도 남자들이라 여자 둘이 저러고 있는 것을 보고 쪽팔려서 동참하는 거예요….(최갑순 인터뷰, 부마민주항쟁기념사업회, 2011: 708~713)

부마항쟁은 10월 22일에 일어나지 않았습니다. 18일 신정규가

부마항쟁, 민주화운동기념사업회, 1979년.

자기 과에 같이할 만한 친구들이 몇 명이 있고 법학과에 동조자가 있다고 해서 코아 그릴에서 만난 다음 갑순이하고 방송 원고를 작성하고 있었습니다. 오후 한 두서너 시 정도 됐는데 갑순이가 전화를 하고 오더니 학교에 휴교령이 내려졌다고 했습니다. 교문 앞에 전경대원들이 곤봉을 들고 한 100명 정도가 대열을 정비하고 있었고 교문은 굳게 닫혀 있었습니다…. 이때 학생들을 집결시키기가 정말로 힘들었습니다…. 일단 산복도로를 통해 3·15탑으로 가서 기다리고 있자고 했습니다. 3·15탑 앞에 가니 아무도 안 보여 기다리고 있었습니다. 탑 뒤에서 음악과 3학년 여

득희라는 여학생이 나와 저를 보더니 반갑게 악수를 하면서 신념에 차서 '이 정권이 끝장날 때가 왔다'고 했습니다…. 그때 형사 두 명이 저와 갑순이를 붙잡은 거죠…. 남학생들을 붙잡아 전부 차에 실어 버렸죠. 그리고 곽성언이라는 여학생이 같은 차에 실린 거죠.(옥정애 인터뷰, 부마민주항쟁기념사업회, 2011: 372~373).

이상의 인터뷰에 드러나듯이 유신 독재 아래 정치적으로 혹독한 상황에서 경남대 두 여성들은 부마항쟁을 주도적으로 이끌었다.

경남여성들의 주체의식 성장

두려움을 떨치고 거리로 나온 경남여성문화연구회 여성들

1980년대 이후의 사회경제적 변화는 가부장적 성격이 강했던 경남사회를 요동치게 했다. 1980년대는 3저 호황기로 여성들의 경제활동 참여에 대한 사회적 요구가 높아진 시기로 1989년에 이르러 경남지역에서 여성의 경제활동 참여율은 47.4%로 전국의 46.6%보다 높았다. 경남에서 여성들의 경제활동 참여가 늘어나면서 경남여성들의 주체의식도 성장하게 됐다 6월 항쟁은 지역사회를 민주적으로 변화시키고 시민사회를 활성화하는 계기가 되어 1990년대를 여는 데 중요한 역할을 했다.

가부장적 성격이 강했던 경남의 지역사회에서 6월 항쟁 당시 여성이 목소리를 내기 시작했으며, 여성 스스로가 자발적으로 민간 여성운동단체를 조직하게 됐다.

6월 항쟁 때 경남의 여성들은 지역사회민주화에 주도적으로 참여했는데, 그들이 본 6월 항쟁은 어떠했을까? 정혜란1955년생, 현재 경남여성사회교육원 부원장은 경남여성문화연구회현 경남여성회의 전신의 첫 간사로 문화 공간 '반'에서 여성운동을 했고, 여성들의 의식화와 교육 등에 관해 활동했는데, 당시 6월 항쟁에 참여한 경험을 "저녁이면 수시로 창동에서 시위를 했죠. 밤이면 시위 대열과 전경들이 공방전을 벌이면서 온통 최루탄으로 범벅이 되고, 길거리가 살벌했었던 기억이 나네요. 당시 집회가 있으면 거의 참석을 했는데, 오래되어서 하나하나 기억이 나지는 않네요. 그땐 아이도 없을 때라 자유로워서 많이 나갔어요. 6월 항쟁 때는 학생들만 길거리로 나온 건 아니었고 시민들이 많이 나왔어요."라고 회상했다(6월 민주항쟁 20주년 기념 경남추진위원회, 2008a: 515~516).

이경희는 1948년생으로 6월 항쟁에 참여하고 이후 지역 여성운동의 대선배로 일하고 있다. 그녀가 1976년에 창원으로 이사 와 경남여성회를 창립할 즈음 6월 항쟁이 발발했는데, 이경희는 6월 항쟁에 여성들이 적극적으로 참여했다고 기억하고 있다.

> 1987년 1월 박종철 고문치사 사건이 언론을 통해 알려지자 전국적으로 추도대회가 열렸어요. 마산에서도 박종철 추도미사와 기도회가 2월 초에 산호 성당과 남성동 성당에서 열렸는데, 성당 안에 사람들이, 의자 사이에 서 있던 사람들, 성당 옆 뒷방에서 스피커로 듣는 사람들로 꽉 찼었어요. 4, 5월인가 그쯤이 될 것 같은데 누군가 부당하게 구속됐어요. 마산 경찰서 앞에서 구속된 자 풀어 주라고 항의하고 집회했던 것이 기억이 나요. 거기 모였

던 시민들 중에 나 같은 주부들도 꽤 많이 있었어요. 전경들한테 '장미꽃 달아 주기'도 있었어요. 평등이나 평화 민주 이런 거를 상징하는 것이 장미였죠. 전경들은 안 받으려고 했어요…. 경남여성문화연구회 회원들도 너무 열심히 적극적으로 6월 항쟁에 참여했어요. 경남여성회 창립 초창기 멤버들 중 당시 농민회 간사였던 이영희 씨는 투쟁의 대열에 적극 가담했어요.(6월 민주항쟁 20주년기념 경남추진위원회, 2008a: 398~399)

6월 항쟁이란 놀라운 경험과 여성노동자들

경제성장기인 1960년대와 1970년대에 여성들은 생산노동에 참여해 경제성장의 원동력이었다. 하지만 일한 대가를 제대로 받지 못했었고, 사회경제적 지위도 낮았으며, 직장생활을 하던 여성들은 결혼을 하면 직장을 그만둬야만 했었다. 법에 보장된 노동 3권도 유보됐던 1970년대를 경험한 여성노동자들은 6월 항쟁에 참여하면서 여성으로서, 그리고 노동자로서의 주체의식을 갖게 됐다.

열악한 노동 조건 속에서 일했던 구창원공단의 남성노동자들과 구미산수출자유지역 여성노동자들은 6월 항쟁에 참여하면서 '놀라운 경험'을 하게 됐다. 6월 항쟁에 참여했던 경험으로 인해 여성노동자들은 자연스럽게 7·8월 노동자 대투쟁이하 '노동자 대투쟁'이라 함을 주도했다. 그 당시 6월 항쟁과 노동자 대투쟁에 참여한 여성노동자인 황현자1966년생, 당시 한국 수미다 여성노동자는 "6월 항쟁이라는 놀라운 경험과 노동조합의 결성은 감격이었다."라고 회상했다.

마산 한국수미다 노동자들, <오늘보다>, 1987년.

21살 때 한국 수미다 전기에 들어갔는데 정확하게 1986년 3월 16일이에요. 사회생활을 처음 하다 보니까 사회문제를 정확하게 인식하거나 세상을 보는 눈이 높거나 하지를 못했는데 어느 날 한 여자가 다가왔어요. 이애민이라는 여자가요…. 나중에는 그 이애민 언니와 학습을 하게 됐죠. 학습하는 과정에서 6월 항쟁도 맞았고 7, 8, 9월 대투쟁도 겪었죠. 6월 항쟁 때 애민이 언니와 잔업을 빼고 같이 나가고 그랬어요. 그때는 수출 후문에 삼각공원이 있었거든요. 거기에 집결해서 창동을 지나 3·15탑에서 집결하고 해산도 하고 거기서 잤어요. 밤샘도 했어요. 그때 3·15탑에서 보니까 학생들도 많이 동참했었어요. 현장에 퍼져 학생운동권 출신들이 가깝게 지내는 노동자들 몇 명하고 참석하고 그랬죠. 그 당시 사실 자주 참석했어요.(6월 민주항쟁 20주년기념 경남추진위원회, 2008a: 505, 507)

'87년 7·8월 노동자 대투쟁'과 여성노동자들

6월 항쟁 때 시위대를 열심히 따라 다녔던 이종엽1963년생, 당시 한국중천 여성노동자은 "7월, 8월, 9월 투쟁이 더 기억에 남아요. 육호광장이나 북마산 쪽에서 시위가 벌어지고 최루탄이 터지면 골목골목으로 열심히 도망쳐 다녔죠."라고 회상했다.

이종엽은 전라도 광양에서 중학교만 졸업하고 1980년 3월에 마산으로 왔다. 그녀는 마산창원노동조합총연합이하 '마창노련'이라 함 부위원장을 거쳐 창원시 시의원과 도의원을 지냈다. 구마산수출자유지역에 인력이 많이 부족할 때, 산업체 야간학교에 보내 준다고 해서 신발을 만드는 공장인 대성공업에 첫 취직을 했나. 그 뒤 신흥화학을 거쳐 한국중천으로 직장을 옮겼다. 그 당시 여성노동자들이 구마산수출자유지역에 취직했던 동기는 동생의 학비를 마련하고, 생활비를 보태는 동시에 학업을 계속하기 위해서였다.

1987년 당시 그녀는 노동 현장의 현실에 대해 "사람을 사람으로 보지 않고 기계로 봤기 때문에 모든 게 생산성에만 맞춰져 있었죠. 컨베이어 작업을 하는데 생산성을 많이 높이기 위해 여성노동자들은 10시간씩, 12시간씩 서서 일했어요. 그래서 여성노동자들이 근육통에 시달려서 잠을 못 잘 정도였어요. 서서 일을 하게 되면 긴장 상태가 되기 때문에 생산성에 도움이 된다는 일본식 생산방식이라고 하면서…. 여자들이 한자리에 서서 계속 그렇게 긴장 상태에서 서서 일한다고 생각해 보세요. 밤이 되면 잠을 제대로 못 자는 거예요. 고통 때문에."라고 했다.

이런 열악한 노동 현장에서 구마산수출자유지역 여성노동자들은 6월 항쟁을 경험하고, 이어서 7월, 8월, 9월 투쟁을 통해 노동조합을 결성하고 임금인상을 포함한 노동조건을 개선하는 싸움을 했다. 민주노조를 결성했던 이러한 투쟁에 대해 이종엽은 다음과 같이 회상했다.

노동자 대투쟁 당시 울산 현대중공업 노동자들의 모습.
민주노총 울산지역본부, 1987년.

제가 지오쎄JOC, 가톨릭노동청년회를 통해 현장 문제에 관심을 갖기 시작하면서 1996년도에 제가 노사협의회 위원장을 하게 됐어요. 노사협의회라는 게 그야말로 회사 들러리 서 주는 형식의 협의회 아닙니까? … 동료의 손가락 절단 사고가 일어나면서 산재 인증을 받기 위한 싸움을 하게 됐어요. 제가 노사협의회 위원장으로서 그 역할을 하기 위해 노동부에 쫓아다녔는데, 결국 노동부는 우리 편이 아니라는 생각이 들었어요…. 그러는 와중에 저와 노동법 공부를 지속적으로 해 오던 박현옥이라는 친구가 노동조합을 만들기 1주일 전 45명의 발기인을 모았어요. 이 친구들이 1986년도 일본 연수를 갔던 친구들이에요…. 제가 노사협의회 위원장을 하면서 우리 임금이 어떻게 계산되어 나오는지를 조회시간을 통해 우리 부서 애들에게 얘기해주고 그래서 우리 부서를 주축으로 노동조합을 만들게 됐어요…. 그때 설립된 수출지역의 노동조합은 민주노조의 성격이 강했죠. 여성 노동자들의 투쟁도 상당히 강했고 굉장히 단결된 모습을 보여 주었어요…. 그런데 얼마 뒤 외국인 투자기업이라서 회사를 철수하겠다는 얘기들이 나오면서 노조가 아주 힘들어졌어요…." (6월 민주항쟁 20주년기념 경남추진위원회, 2008a: 448~449)

노동자 대투쟁을 거치면서 노동조합을 결성했던 한국 수미다의 황현자와 정현숙은 그 당시 느낌을 다음과 같이 털어놨다.

1987년 8월 11일에 결성했는데 초대 위원장이 김경숙 언니였어요. 노동조합을 세웠을 때 가입한 사람이 60명이었는데 나중에 거의 가입을 했죠. 저는 나중에 교육차장을 맡았는데, 노동조합을 결성하고 나서 전 사원이 다 나와 3공구 일대를 노래를 부르고 구호를 외치면서 돌았어요. 노동조합을 결성하고 바로 단체협약을 시작했기 때문에 단체협약과 임금 교섭이 끝날 때까지 철야를 했어요…. 그때 소와에 투쟁이 있었는데, 투쟁에 지원하기 위해서 지역에서 다 같이 모였어요. 노동자 한 사람이 옥상의 탑에 올라가고 있고 구사대가 옥상에 몰려 있던 상황이었어요. 노동조합을 만들었는데 회사 측에서 와해시키려고 했기 때문에 노동조합을 사수하고 조합원들을 이끌어 내기 위해 탑으로 올라갔던 것 같아요. 그때가 1987년 9월 달인가 그랬는데, 추운 날씨도 아니고 회사 앞 길거리에서 바로 철농을 했거든요. 그러면서 '아! 연대라는 게 이렇구나.'생각했어요.(6월 민주항쟁 20주년 기념 경남추진위원회, 2008a: 508~509)

경남여성들의 조직화와 여성운동단체의 출현1990년대 이전

경남에서 여성문제를 해결하기 위해 여성운동단체를 조직하게 된 것은 6월 항쟁 이후이다. 경남에서 6월 항쟁은 가부장적인 경남 사회에서 남성들에게 억눌려 기본권을 제대로 보장받지 못했던 지역여성들에게 '지역사회 주인'이라는 생각을 갖게 하고 비주체적으로 살았던 긴 잠에서 깨어나는 데 중요한 역할을 한 셈이었다. 이러한 여성시민사회의 활성화와 함께 1995년에 실시된 지방자치제는 여성사회단체와 여성운동단체를 결성하는 데 촉매 역할을 했다.

보수적인 성향의 여성단체

경남지역의 경우, 1980년대 이전에도 여성단체들은 이미 조직되어 있었다. 1980년대 이전에 직업적 이해에 따라 그리고 취미생활이나 자원봉사를 목적으로 조직된 여성단체들은 여성운동단체로서의 성격이 약했다. 이런 단체들은 군사정권 때에는 여성문제를 해결하기 보다는 정부정책을 홍보하는 역할을 하는 등 보수적인 성향을 지녔다고 할 수 있다. 1983년에 창립한 경남여성단체협의회이하 '경남여협'이라 함는 회원단체들을 중심으로 여성의 권익증진, 여성의 능력개발과 사회참여의 확대, 여성 일자리 창출, 돌봄 사업 등을 포함해 여성 관련 법과 제도를 개선하는 데 기여했다. 하지만 경남여협 회원단체 중에서는 직업적 이해를 기반으로 한 여성단체나 정부 주도로 결성된 여성단체가 많아 엄밀하게 말하면 여성운동단체라고 보기는 어려웠다.

오늘날에도 여전히 경남여협의 회원단체 중 일부는 지방정부로부터 재정적 지원을 받아 여전히 지방자치단체와 행정적으로 밀착되어 행사에 동원되는 관계를 유지하기도 한다. 하지만 문민정부의 등장 이후 경남여협의 회원단체들 중 일부는 여성운동으로서의 성격을 회복해, 여성운동단체와 연대하여 3·8여성대회나 호주제 폐지, 직장 내 성희롱방지를 위한 법 제정, 남녀고용평등법 등 성평등이나 성차별 금지와 관련된 법을 제정하거나 개정을 했고, 성평등제도를 마련하기도 했다.

여성운동단체의 조직화

경남에서 소외된 여성대중들의 고통과 함께하는 여성운동은 1985년 이후 지역 대학에 설립된 '총학생회'와 '총여학생회경남대, 창원대, 마산전문대, 창원전문대, 창신 전문대', 그리고 6월 항쟁 이후 결성된 여성운동단체인 '경남여성회', 노동자 대투쟁과 더불어 결성된 여성사업장의 '노동조합'이 주도적인 역할을 했다. 이러한 단체들의 결성은 1990년대 여성운동이 활성화되는 데 기반이 됐다. 1980년대 말 당시 소외된 여성대중과 함께하는 여성운동의 복원은 그 당시 경남지역에서만 일어난 것이 아니라 전국적인 흐름이었다.

6월 항쟁 이후 경남지역에서 조직된 여성운동단체는 1990년대 경남여성운동의 기반이 됐다. 특히 경남여성회는 정부 주도가 아닌 여성들이 자발적으로 조직한 단체였으며, 이를 시작으로 하여 1990년대로 넘어가면서 여성운동단체의 조직화는 더욱 활발해졌다.

〈표 6-1〉 경남여협 소속 회원단체 현황

단체명 설립연도						
	대한간호협회 경상남도 간호사회 1945년	경상남도 여약사회 1954년	한국여자의사회 경남지회 1954년	대한미용협회 경상남도 미용협회 1957년	대한조산협회 경상남도 조산사회 1962년	한국부인회 경상남도지부 1969년
	(사)전국주부교실 경상남도지부 1972년	울산.경남 간호조무사회 1974년	아이코리아 경상남도지회 1980년	경상남도 새마을부녀회 1980년	경상남도여성 단체협의회 1983년	경상남도 영양사회 1987년
	한국자유총연맹 경상남도 여성협의회 1989년	경남.울산재향 군인회여성회 1991년	대한적십자봉사회 경남지사협의회 1992년	고향을생각하는 주부모임 경상남도지회 1993년	경상남도 생활개선회 1994년	경상남도 YWCA협의회 1999년

자료: 경남여성단체 협의회 홈페이지(http://www. gncw.or.kr) 등 각 단체 홈페이지 참조하여 작성함

경남지역 최초의 여성운동단체 경남여성회 창립

1988년 경남여성회의 창립과 결성은 여성대중들의 고통과 함께하는 경남지역 여성운동의 중요한 기반이 됐고 중추적인 역할을 했다. 해방과 분단 이후 여성대중의 고통과 함께하는 여성운동소위 진보적 여성운동의 흐름이

단절된 후, 경남지역 아니 전국 최초의 진보적 여성운동단체로 조직된 것이 경남여성회였다. 경남여성회는 6월 항쟁 이후 1988년 6월 결성됐지만, 경남여성회의 전신은 경남여성문화연구회1987년 4월 창립로 경남여성회는 경남여성문화연구처의 명칭을 바꾼 것이다.

경남여성회의 창립 자료에 나타난 설립 목적을 보면 경남여성회의 성격이 잘 드러난다. "경남여성회는 인간의 존엄성을 바탕으로 여성의 의식개발과 자아실현을 도모하여 우리 사회의 여성차별 현실을 주체적으로 극복하고, 나아가 모든 인간이 평등하고 평화롭게 살 수 있는 민주적인 사회현실을 위해 일함을 목적으로 한다."(강인순, 1996)

경남여성회의 결성은 가톨릭여성회관 여성지도자개발과정을 열었던 이경숙 전 도의원과 밀접한 관련이 있다. 경남여성회는 지역여성운동 부문이 전혀 활성화되지 않았던 1985년 12월 당시 이경숙 선생님이 가톨릭여성회관 간사로 있던 시절에 가톨릭여성회관의 주최로 열린 크리스찬 아카데미 여성지도자개발과정에서 교육을 받았던 여성들, 당시 마산MBC 기자였던 임혜숙, 가정법률상담소 간사였던 정혜란, 가톨릭농민회 간사였던 이영히, 사랑의 전화에 관여했던 심도애, 송향섭, 이경숙, 가톨릭여성회관 실무자였던 박수옥, 박명희, 주부였던 최경화, 이경희와 하효선 등이 주축이 되어 조직하게 됐다.

이들 중 이경희는 그 당시의 소감을 "84년 겨울인가, 85년 봄인가, 마산 가톨릭여성회관에서 3일 동안 실시한 크리스찬 아카데미의 여성 민주지도력 교육 과정에 참여했을 때 나는 마흔이 채 안 된 두 아이의 엄마였다. 교육 내용은 민주주의와 민주화에 대한 의식화와 함께 지역의 여성 지도력을 길러 내고자 하는 내용이었고, 이 과정의 후속모임으로 만든 소모임이 오늘의 경남지역 여성운동의 씨앗이자 경남여성회 태동의 계기가 됐다."라고 회상했다(경남여성회, 2011: 26~27).

이들은 교육 후 여성문제에 대한 문제의식을 갖고 지속적으로 모임을 가지면서 모임 인원이 12명으로 늘어나자 1986년 11월, 모임의 이름을 '월요회'라 짓고 매월 둘째, 넷째 주 월요일에 모여 여성학 공부를 했다. 같은 해 12월에 이 여성들이 모여 여성문제를 이야기하고 책도 읽을 수 있는 공간의 필요성을 느껴 공간을 마련하고 이름을 '반'이라고 하고 '경남여성문화연구회'라는 이름도 지었다.

1987년 공간 '반'을 통해 주부와 미혼여성들을 대상으로 대화모임과 여성문화강좌를 개설하고 마산 지역 여성들의 문제를 적극적으로 제기했으며 1987년 4월에 경남여성문화연구회를 결성했다. 경남여성문화연구회는 여성문제를 확산하기 위한 여성학강좌와 인간성장 상담전문 기초과정의 교육활동을 했으며, 회원들을 대상으로 회보를 발간하는 일에 치중했다.

경남여성문화연구회는 6월 항쟁을 거치고 1988년에 경남여성회로 조직을 개편해 지금까지 활동해 오고 있다. 경남여성문화연구회는 사무직여성을 대상으로 여성문제를 올바르게 인식하기 위한 민주여성학교를 개설하고 회원들의 소모임 활동을 중심으로 활동했으며, 1989년 주부회원들의 민주학부모 활동은 마산민주학부모회 창립의 모태가 됐다.

여성운동단체의 분화와 창립

경남지역에서 1990년대 여성운동은 1980년대보다 활성화되고 운동의 이슈에 따라 분화됐다. 이에 따라 경남에서 조직된 여성단체들은 단체의 성격과 운동의 주체 그리고 운동의 대상이 다양해졌다. 보수적인 성향을 지닌 여성단체들로부터 진보적인 성향을 지닌 여성운동단체들에 이르기까지 지역여성운동의 이름으로 공존하게 됐다.

1980년대 말 경남여성문화연구회와 경남여성회의 창립을 시작으로 하여 경남지역 여성운동단체의 조직화는 1990년대에 이르러 1992년 구마산지역에 마산창원여성노동자회이하 '마창여노'라 함, 1996년 구창원지역에 창원여성의 전화, 1997년 서부 경남지역인 진주에 진주여성민우회가 결성되면서 경남전역으로 확대됐다.

경남여성운동과 연대

경남의 여성운동단체의 연대조직화

1990년대 경남의 여성운동은 6월 항쟁 이후 여성시민사회가 활성화되고 여성운동단체들이 조직되면서 분화되고 발전했다. 경남여성운동이 분화되면서 동시에 큰 틀에서 연대하는 시기가 1990년대였다. 이 시기 여성운동은 개별 여성운동단체들이 조직적으로 연합해 연대조직 운동이 활성화되고 전문화되어 발전했다. 경남지역 여성운동의 연대조직은 경남여성단체연합이하 '경남여연'이라 함, 경남여성연대, 여성노조, 전국여성농민회 총연합 경남연합이었다. 여성운동단체로 출발한 것은 아니지만, 경남여성아동인권연대, 경상남도 여성복지상담소시설협의회이하 '상시협'이라 함도 여성운동의 한 축이 됐다.

경남에서의 여성운동의 활성화

경남여성운동의 분화와 확대

1990년대 여성운동의 단초를 열었던 경남여성회는 지역의 주부와 사무직 여성들을 대상으로 페미니즘을 공부하고 여성의 주체적인 인식을 높이고자 공부 모임1반 모임을 시작으로 했고 공부한 것을 일상생활에서 실천하는 활동을 했다. 여성학 강좌, 민주여성학교, 주부학당, 직장여성교실을 개최하여 지역여성운동을 전개했다.

어머니, 학부모로서 주부학당 모임에서 공부하고 활동을 했던 주부회원들은 1990년대 이후 경남지역에서 일어난 교육운동인 민주학부모운동, 바른 먹거리를 위한 한살림운동, 가족폭력과 성폭력을 상담하는 상담운동, 환경보호운동 등을 열어 가는 데 주도적 역할을 했다. 또한, 직장여성교실에서 교육을 받은 회원들은 1987년 이후 노동조합을 건설하는 데 주요한 역할을 했으며 성희롱 예방 교육의 전문가가 됐다.

경남여성회는 여성들을 주체로서 인식하는 교육과 사회민주화운동, 주부 회원들의 저소득층 공부방 활동, 학부모 회원들의 참교육학부모운동 등을 적극적으로 했다. 또한, 참교육을 위한 전교조운동을 지원했고, 사무직 여성 회원들의 각 직장 노조운동과 여직원회 지원활동을 전개하면서 지역여성운동을 이끌었다. 예를 들면, 경남여성회 창립 회원인 임혜숙 회원은 마산 MBC 노동조합을 결성하는 데 주도적인 역할을 했고, 경남여성회 2기 회원인 이경옥 회원은 경남은행 노동조합을 결성하는 데 주도적인 역할을 했으며, 백합회라는 여행원 모임을 통해 여행원제 철폐를 주도했다. 그리고 이경희 회원은 1990년대 중후반 여성의 전화 창원지부현 창원여성의 전화를 창립해 경남지역의 여성상담운동을 확산하는 데 기여했다.

1980년대 말 경남의 여성운동은 여성문제의 올바른 인식교육 활동에 치중했다. 경남여성회의 여성문제의 올바른 인식교육으로 배출된 여성들은 지역여성운동이 분화되고 확대되는 시기에 주도적인 역할을 했다. 이 시기 지역여성운동의 대표적인 성과는 '여행원제 철폐'이며, 이와 더불어 구 마산수출자유지역의 여성 사업장 노동조합의 단체협약상의 모성보호도 확보했다. 이러한 경남여성회의 여성운동은 1990년대 경남여성운동이 지역적으로 확산되고 분화·발전하는 씨앗이 됐다.

구체적으로 보면, 경남여성회를 중심으로 한 주부, 사무직 여성들의 여성운동이 한국여성의 전화 창원지부현 창원여성의 전화의 창립으로 여성폭력 방지를 위한 여성 상담운동으로 독립했다. 마창여노가 창립되어 경남의 여성운동은 마창여노와 1999년에 결성된 여성노조 마창지부, 여성사업자의 노조를 중심으로 한 여성노동자운동으로 분화됐다. 또한, 주부 중심의 여성운동은 1997년 진주여성민우회가 창립되면서 진주지역으로 확대됐다. 여성농민운동은 1993년 거창여성농민회, 1994년 진주여성농민회, 1997년 고성여성농민회, 1998년 합천여성농민회가 결성되면서 지역적으로 조직을 넓혀 감으로써 1999년에 경남도 연합을 결성했다.

이처럼 경남에서의 1990년대 여성운동은 조직적 확대를 하면서 내용면에선 주로 가부장적인 법과 제도를 개선, 일상생활에서의 성평등 의식을 높이기 위한 교육, 성차별과 성불평등 문제를 파악하기 위한 실태조사에 치중했다. 이런 활동을 통해 여성운동단체의 조직적 확대와 지역사업, 여성문제의 사회적 이슈화와 해결을 위한 연대활동을 했다. 1990년 중후반으로 넘어가면서 부분적으로 경남 전역으로 여성운동단체들이 조직되고 주요 이슈에 따라 여성운동이 전문성을 띠자 개별 여성운동단체 및 지역

시민사회단체와의 연대활동이 필요해졌다. 주요 연대활동은 여성 관련 법, 제도 투쟁 및 3·8세계여성대회, 여성 정치세력화를 위한 연대 그리고 지역에서 발생하는 여성 현안을 위한 것이었다. 이들은 여성 현안 뿐만 아니라 지역 현안을 해결하기 위해 연대투쟁도 했다. 연대투쟁의 대표적인 예는 창원지역 골프장 건립반대활동, 대구 위천공단조성반대 활동, 총선 대응 등이있다.

가부정적인 법과 제도 개선

1990년대 전국적으로 이슈가 됐던 것은 가부장적이고 성불평등한 법과 제도 개선 싸움이었다. 그 성과로 1994년에 성폭력특별법과 1997년에 가정폭력특별법을 제정했다. 경남지역도 전국적인 운동의 방향에 따라 지역 사업을 함께 했다.

1991년에 경남여성회는 '성폭력 문제에 관한 공개 토론회'를 개최하여 시민들에게 성폭력 문제의 심각성과 성폭력의 실태를 알렸다. 이와 더불어 가정폭력의 문제와 직장 내 성폭력 문제를 드러내는 활동을 했다. 또한, 노동조합TC, 한국스타, 한국소요엔디프라이스, 한국중천, 동경전자 등에 대한 탄압과 와해를 저지하는 활동도 했으며, 이 과정에서 여성노동자들에 대한 폭력에 대항도 했다. 이 당시 성폭력방지법이 법제화되어 있었지만 일상생활에서 시민들이 제대로 인식하지 못했으므로, 노동현장 곳곳에서 나타나는 성추행과 성희롱 등의 여성인권 침해에 대한 상담 활동과 대항 활동을 했다. 이런 활동의 대표적인 예가 1996년에 거제 의료인의 여자환자 성추행 사건에 대한 대응이었다.

거제 의료인의 여자환자 성추행 사건은 전국 최초의 의료인 성추행 사건으로 1996년 거제에서 의사가 진료를 받으러 온 여성을 성추행한 사건이다. 경남여성회 부설 마산 성가족상담소가 이 사건을 접수해 지역의 여성단체와 함께 연대해 성명서, 진정서, 탄원서 등을 법정에 제출하고 여성신문, 마산 MBC 방송국 등의 언론에 제보하고 거제 시민 서명운동 등으로 대응했던 사건이다(경남여성회, 2011: 166).

여성운동의 일상 활동 **교육과 소모임 활동 그리고 각종 조사 활동**

1990년대 경남지역 여성운동단체들의 일상적인 활동은 주로 교육활동이었다. 경남여성회는 교육 사업으로, 주부들을 대상으로 하는 여성학 강좌와 예비부부교실을 열어 가족관계에 대한 올바른 의식을 심어 주었고 직장여성교실을 통해 직장 내 성차별 문제에 대한 올바른 대처법을 교육했다. 마창여노는 '여성노동자 교실'이라는 교육프로그램을 통해 여성노동문제에 대해 올바로 인식하도록 하는 교육과 여성사업장의 노동조합을 지원하는 활동을 했다. 또한, 마창여노는 여성노동자 고용 실태, 단체협약상의 모성보호 실태, 노동자 가족생활 실태, 아동보육 실태, 여성노동자 작업환경 실태, 산업재해 실태 등 다양한 조사 사업도 했다. 마창여노는 각종 조사 사업을 실시한 후 조사 결과를 정책에 반영하기 위해 토론회도 개최했다.

지역사업과 조직적 확대 사업

경남지역 여성운동단체들은 이효재 교수가 늘 주장했던 '여성은 지역사회 주인이다'라는 것을 화두로 지역사업을 했다. '지역사회에서 여성의 주체의식 향상'을 목표로 일하는 여성을 위한 탁아방과 방과 후 학교 운영 등의 지역사업을 하면서 조직적으로 확대 사업을 실시했다. 일하는 여성들에게 일과 가정의 양립을 위한 정부의 정책적 지원이 빈약했던 시절, 이런 지역사업은 일하는 여성들에게 필요한 사업이었고 절실한 사업이었다. 경남여성회는 1991년 경남대 앞 소위 '해방촌'이라는 월남 정착촌에서 일하는 여성들을 위한 방과 후 공부방을 운영했고, 마창여노는 1993년, 일하는 여성을 위한 탁아소를 개설하여 탁아방을 운영했다.

해방촌은 경남대학교 옆 월남민 정작촌을 이르는 말로 영세빈민지역이다. 경남대 사회학과 강인순 교수가 기혼여성들의 노동실태를 조사하던 중 맞벌이를 하는 여성들이 제일 힘든 일이 "자녀교육과 방과 후 자녀들의 숙제를 돌보는 것이다."라는 이야기를 듣고 이들의 문제를 해결해 주기 위해 경남여성회에 공부방 사업을 할 수 있는지를 의뢰했다. 경남여성회가 이를 받아들여 방과 후 공부방 사업을 하게 됐고, 이는 경남지역에서 여성운동단체의 지역사업의 단초가 됐다.

이런 지역사업과 함께 1990년대 경남여성운동은 그 활동 내용과 조직을 넓혀 나갔다. 경남여성회는 1992년 성폭력 문제만을 전담하는 성폭력상담소를 전국에서 두 번째로 열었고, 1996년에 여성의 전화 창원지부현 창원의 전화가 창립되어 성폭력과 가정폭력을 전문적으로 상담하는 상담운동이 시작됐다.

마창여노는 1996년에 노동문제와 여성문제에 관한 전화 상담을 하는 마산 공부방 둥우리, 한겨레신문, 1989년 1월 18일.

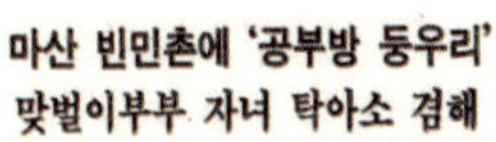
마산 빈민촌에 '공부방 둥우리'
맞벌이부부 자녀 탁아소 겸해

'평등의 전화'를 개설해 여성고용과 관련한 성차별 문제와 성불평등 문제에 대한 전화 상담활동을 시작했다. 또한, 1997년 외환위기 이후 여성 비정규직 노동자들이 양산되자, 실업대책 본부를 발족해 여성의 실업과 구직에 관련된 활동을 하면서 여성노조 마창지부를 창립했다.

또한, 1990년대 경남여성운동은 여성운동의 조직력 확대와 지방자치시대의 지역여성운동의 발전과 역량 강화에 주안점을 두었다. 6월 항쟁 이후의 사회경제적 변화와 함께 1990년대는 정치적으로 지방자치제 실시라는 큰 변화를 동반했다. 조선 시대 500여 년 동안 중앙집권적인 정치제도가 실시됐었고 해방 이후 잠시 지방자치를 실시했으나 폐지됐었다. 1995년에 전국적으로 지방자치제가 본격적으로 실시되어 중앙 중심적인 행정체제가 지방자치제로 변화됐듯이, 남성들의 독무대였던 정치영역도 변화를 하게 된다. 1970년대에 돈벌이 경제활동을 통해 경제적 자립에 대한 자신감을 가진 지역여성들이 '여성은 지역사회 주인이며, 여성이 정치를 하면, 남성보다 내 가정 살피듯이 지역살림을 잘 챙길 수 있으며, 남성중심에서 인간중심의 정치가 가능하다'라는 주장을 펼치면서 여성의 정치세력화에 대한 필요성을 제기했다.

경남여성운동단체의 분화와 창립

1992년 마산창원여성노동자회의 창립

'마산창원여성노동자회'는 구마산지역의 수출자유지역 여성노동자들과 밀접히 연관되어 조직된 여성노동자 운동단체이다. 구마산수출자유지역현 마산자유무역지대은 설치 당시에 고용 인원의 70% 이상이 여성노동자였던 반면에 구창원지역의 기계공단은 설치 당시에 방위산업 중심의 남성노동자들로 구성됐다.

노동자 대투쟁 이후 노동 3권의 회복으로 노동조합의 설립이 가능해지자 구마산수출자유지역 여성노동자들이 노동조합 결성 투쟁과 임금인상을 포함한 노동조건 개선 투쟁을 했다. 여성노동자들의 이러한 투쟁은 1990년대 초까지 활발하게 진행됐는데, 이에 대한 기업과 정부의 탄압은 여성노동자들의 해고로 나타났다. 구마산수출자유지역 여성노동자들이 노동조합 활동 경험으로 여성문제와 노동문제에 대한 문제의식이 생기자 지역 여성지식인들과 함께 결성한 여성노동자 운동조직이 '마창여노'였다. 이처럼 마창여노는 여성노동자들의 노동조합 활동을 적극적으로 지원하고 여성노동자들과 노동자가족이 당면한 문제를 해결할 수 있도록 도와주며, 나아가 인간다운 평등한 통일된 사회건설을 위해 결성됐다. 마창여노의 조직적 목적과 성격은 창립선언문에 잘 나타나 있다. 마창여노의 창립선언문을 보면 다음과 같다. "마산창원여성노동자회는 여성으로서, 그리고 노동자로서 받는 억압과 착취의 굴레를 벗어 던지고 과감히 역사의 주체로 서고자 하는 마산과 창원 지역의 여성노동자들의 뜻을 이어받아 창립됨을 선언한다. 마산과 창원 지역 여성노동자들 앞에 놓인 모성보호와 평생평등노동권 확립, 외국자본과의 관계 속에서 노동자로서의 권익실현과 고용안정 확보라는 과제를 해결하는 데 앞장서고, 노동자가족들도 여성노동운동에 있어 보다 주체적이고 적극적인 역할을 할 수 있도록 하며, 여성노동자의 어깨 위에 씌워진 억압과 굴종의 굴레를 단호히 거부하고, 인간다운 삶과 참된 세상을 열어 가기 위해 모든 여성노동자들의 단결과 통일을 도모하는 데 기여해 나갈 것이다. 여성해방만세! 노동해방만세!"였다(마산창원여성노동자회, 1992).

마창여노의 창립 과정을 보면, 노동자 대투쟁 이후 수출자유지역의 70여 개 사업장 중 40~50%가 노동조합을 결성해 노동자로서 권리와 자주성을 점차 되찾게 됐음을 알 수 있다. 하지만 구마산수출자유지역에 노동조합이 결성된 회사들 중에는 결성된 노동조합을 탄압하거나 해체하기 위해 물량을 외주나 해외로 빼돌리면서 경영악화를 이유로 고용 인원을 감원시키거나 자본 철수를 한 회사들이 있었다. 또 일부 회사들은 노동조합을 인정하지 않거나 단체협상을 지연시키기도 했다. 이에 노동조합과 여성노동자들이 적극적으로 대항하는 투쟁 과정에서 많은 여성노동자들이 해고됐다. 미국계 기업인 티시 전자와 일본계 기업인 한국 수미다는 자본을 철수시켜 많은 여성노동자들을 해고했다. 해고된 여성노동자들과 지역운동가들은 민주노조를 결성하고, 보다 평등하고 민주적인 사회발전을 위해 여성노동자와 그 가족의 적극적인 활동이 필요하다는 것에 공감하게 됐다. 마창여노를 창립한 이경숙은 이에 대해서 다음과 같이 회고했다.

> 87년 노동자 대투쟁 이후 창원 공단의 남성노동자들과 마산수출자유지역 여성노동자들이 많이 찾아왔습니다. 상담을 하다 보니 수출지역 여성노동자들의 경우, 노동문제뿐만 아니라 여성으로서 노동자로서 현장에서 겪는 문제가 더 심각한 부분도 있었습니다. 지금으로 말하면 직장 내 성희롱이나 성폭력 문제 같은 것인데 여성들은 자기가 겪은 문제들을 공개 장소에서 말하기를 꺼리기 때문에… 안정된 공간에서 교육하고 상담할 수 있는 공간의 필요성을 절감… 그러던 중 나와 강인순 교수, 이혜자 씨가 만나 이제 우리 지역도 여성노동자들의 활동 공간이 필요하지 않겠느냐는 데 공감을 하고… 1989년 티시의 폐업, 1990년 수미다의 집단해고 투쟁 정리 과정에서….(마산창원여성노동자회, 2002: 94)

이러한 문제 제기를 기반으로 1991년에 여성노동자와 지역여성노동운동가들로 구성된 마창여노 추진 모임을 만들었다. 이혜자, 이경숙, 티시전자와 한국 수미다에서 해고된 노동자, 경남대 강인순 교수 등이 마창여노를 조직하기 위해 적극적으로 활동했다. 몇 차례의 추진모임과 추진소위원회 활동을 거쳐 1992년 2월에 마창여노를 창립했고 초대 회장은은 이경숙이었다. 여성노동자들의 특수한 문제를 해결해 주지 못하는 상황에서 마창여노의 창립은 지역여성노동자운동에 획을 긋는 역사적 사건이었다.

1995년 여성의 전화 창원지부현 창원여성의 전화 창립

1990년대 이후 소외된 여성대중들과 함께하는 여성운동이 확대되고 발전해 가는 과정에서 '여성의 전화 창원지부현재 창원여성의 전화'가 창립됐다. 여성 관련 법과 제도들이 개선되고 제정되는 가운데 여성운동의 과제는 다양화됐고 여성운동의 영역도 분화되기 시작했다. 이런 흐름에서 창원여성의 전화는 지역 여성들의 권익증진을 위한 상담운동의 필요성에 따라 창립됐다.

여성의 전화 창원지부이하 '창원여전'이라 함의 창립 목적은, "여성문제는 개인문제일 뿐 아니라 사회전체의 문제라는 인식을 바탕으로 여성의 인간화를 도모하고 남성과 여성이 더불어 평등하고 조화롭게 사는 가정과 사회를 건설함을 그 목적으로 한다."라고 되어 있다(여성의 전화 창원지부 창립대회 자료, 1996). 이러한 목적을 가지고 창원여전은 여성문제에 관심을 가진 12명의 주부들이 1995년 6월부터 매주 소모임을 하면서 여성문제와 상담에 대한 전문성을 길렀고 몇 차례 준비 모임도 했다. 1995년 9월에 창립 준비 위원회를 결성하여 부부갈등과 아내 구타에 관한 지역 실태조사를 한 후, 1996년 4월에 창원여전 창립과 함께 부설 성폭력상담소를 열었다. 12명의 모임을 주도적으로 이끈 사람은 이경희 초대 회장과 창원대 정영애 교수였다. 이경희 초대 회장은 창원여전의 창립과 함께 성폭력상담소를 개설하여 지금까지 활동하고 있다.

1997년 진주여성민우회 창립

진주는 서부 경남의 중심 도시로서 교육 및 상업 관련 전문직, 사무직, 서비스직이 주종을 이루고 있는 지역이다. 진주 또한 6월 항쟁을 통해 성장한 지역이다. '진주여성민우회'는 1996년 5월 진주에서 발생한 유치원 성추행 사건을 계기로 창립됐다. 이 사건은 피해 여교사들이 원장을 검찰에 고발하고 진주지역 시민단체인 YMCA에 알림으로써, 교육 현장과 사회 여러 곳에서 행해지고 있는 성폭행에 대해 진주 지역사회에서 사회적으로 이슈화됐고 진주 시민들의 관심과 분노를 일으키게 됐다. 이 성추행 사건에 대응하기 위해 '진주 삼일 유치원 성추행 피해 여교사를 위한 대책위원회'이하 '대책위'라 함를 구성했다. 대책위가 활동함에 따라 진주지역 여성들과 남녀평등을 추구하는 시민들의 의지와 힘이 모아졌다. 2년여 동안의 재판에서 결국 여교사들이 승소를 했다.

이런 과정 중 1996년 7월 18일 대책위 수련회에서 가칭 '진주 성폭력상담소' 결성을 위한 준비위원회가 구성됐고 89명의 준비위원을 조직했다. 준비위원에 참여한 사람들은 진주에서 여성문제에 관심이 있고 여성운동단체의 필요성에 공감했던 사람들이었다. 이들의 재정확보와 노력으로 1997년 6월 19일에 진주여성민우회가 200여 명의 발기인으로 창립됐다. 진주에서 성폭력의 피해를 상담하고 피해 여성을 지원하는 '가족과 성 상담소'와 '진주여성민우회'가 결성됐으며, 전국 최초로 '진주여성평등기금'이라는 여성기금도 조성했다.

1990년대 경남의 여성운동단체 연대조직화

경남여성연대는 2002년 2월 5일에 경남여성장애인연대, 경남여성회, 진해여성의 전화, 김해여성회, 마창여노, 진주여성민우회, 김해여성의 전화, 창원여성의 전화의 8개 단체가 모여 창립됐다. 이후 양산여성회가 참관 단체로 있다가 가입했고, 이후 통영여성장애인연대, 거제여성회, 창원여성 살림공동체 등이 뒤이어 가입했다. 2015년 현재 양상여성회가 탈퇴해 11개 회원단체가 가입되어 있다.

경남여성연대는 2007년 새로운 여성연대조직을 표방한 전국여성연대의 출범에 발맞춰 2008년 2월 18일에 경남지역 여성운동단체들이 모여 만든 연대조직이다. 경남여성연대는 여성 해방, 민족 자주, 6·15공동선언 실현, 신자유주의 세계화 반대, 반전평화 실현, 여성들의 정치세력화를 목적으로 결성됐다. 여성농민, 여성노동자, 진보정당 등 다양한 계층, 다양한 부문의 지역여성들이 모여 2007년 7월에 창립한 전국여성연대와도 긴밀한 관계를 유지하고 있다.

경남여성연대는 창립 후 여성에 대한 차별 철폐와 성평등 사업, 총선 시기에 맞춘 정책 토론회 등을 통한 여성 의제 개발, 공교육 강화, 보육 공공성 확대 등 아이들을 위한 미래사업 등을 펼쳤다. 경남여성연대는 전국여성농민회총연합경남연합, 진주여성농민회, 합천여성농민회, 거창여성농민회, 함안여성농민회, 고성여성농민회, 창녕여성농민회, 하동여성농민회준, 진주여성회, 사천여성회, 합천여성회, 함안여성회, 남해여성회, 경상대학교 총여학생회로 구성됐다.

전국여성노조 경남지부이하 '여성노조 경남지부'라 함는 1997년 경제 위기를 겪으면서 여성들의 고용상황이 악화되고 비정규직 고용의 60% 이상이 되자 여성 비정규직 고용문제를 해결하기 위해 결성됐다. 1999년 10월 30일에 전국여성노조 마산창원지부이하 '여성노조 마창지부'라 함로 결성된 후 2004년에 그 명칭이 경남지부로 변경됐다.

여성노조 마창지부는 학교 비정규직청소 용역, 조리, 과학실험 교사, 방과 후 교사, 특수교사, 사서 등, 방송국 비정규직 여성노동자들이 모여 결성했다. 여성노조 마창지부가 여성노조 경남지부로 명칭을 변경한 후 2012년 상반기 학교 비정규직 조합원의 대부분은 민주노총 경남본부로 노조의 소속을 변경했다. 마창여노와 함께 여성노조, 여성사업장의 노조는 지역의 여성노동자운동의 중심이 됐다.

전국여성농민회총연합 경남연합은 1997년 6개 군 조직거창군, 진주시, 고성군, 창녕군, 함안군, 합천군을 회원 시역으로 하여 여성농민운동의 중심적인 역할을 했다. 2013년 당시 창녕여성농민회, 합천여성농민회, 진주여성농민회, 거창여성농민회, 함안여성농민회, 고성여성농민회의 6개 여성농민회로 구성됐다.

2002년에 발족한 경남여성아동인권연대는 여성단체로 구성된 것은 아니었다. 경남여성아동인권연대는 아동과 여성을 대상으로 하는 범죄 예방 및 피해자 보호를 위한 지역 내 관련기관 간 네트워크를 구축하여 폭력 피해자의 복합적 욕구를 충족하고 정책의 실질적 효과를 기대하기 위

〈표 6-2〉 경남여연 현황

단체명 설립연도					
경남여성회 1988년	(사)마산창원 여성노동자회 1992년	(사)창원여성의 전화 1996년	진주여성 민우회 1997년	김해여성의 전화 2000년	김해여성회 1999년
진해여성의 전화 2001년	경남여성 장애인연대 1999년	양산여성회 2001년	거제여성회 2003년	통영여성 장애인연대 2004년	창원 여성 살림공동체 2009년

자료: 경남여성단체연합 및 각 회원 여성운동단체의 홈페이지를 참고하여 작성함.

〈표 6-3〉 경남여성연대 현황

단체명 설립연도				
거창여성농민회 1993년	진주여성농민회 1994년	전국여성농민회 총연합 경남연합 1997년	고성여성농민회 1997년	합천여성농민회 1998년
함안여성농민회 2003년	진주여성회 2005년	사천여성회 2005년	남해여성회 2006년	창녕여성농민회 2006년
함안여성회 2006년	합천여성회 2007년	하동여성농민회 준	경상대학교 여학생회	

내가 꿈꾸는 세상 블로그(http://dami.tistory.com/56.) 등 각 단체의 홈페이지를 참조하여 작성함.
홈페이지가 없는 경우, 경남여성연대 사무국장과의 전화 인터뷰를 통해
회원단체와 설립연도에 대한 정보를 얻었음.

〈표 6-4〉 전국여성농민회 총연합 경남연합

단체명 설립연도					
거창여성 농민회 1993년	진주여성 농민회 1994년	고성여성 농민회 1997년	고성여성 농민회 1997년	함안여성 농민회 2003년	창녕여성 농민회 2006년

전국여성농민회 총 연합 경남연합 홈페이지(http://www.kwpa.org) 등
각 단체 홈페이지를 참조하여 작성함.
홈페이지가 없는 경우, 전국여성농민회 총 연합 경남연합 사무국장과의 전화 인터뷰를 통해
회원단체와 설립연도에 대한 정보를 얻었음.

해 만들어졌다. 경남여성아동인권연대는 경남도를 비롯해 경찰청, 교육청, 의료기관, 보호시설, 성폭력상담소 등 지역의 36개 기관과 단체로 구성됐다. 경남여성아동인권연대는 지역네트워크를 구축하여 성폭력을 예방하는 각종 사업을 펼치고 있다.

상시협은 1999년에 경남지역 여성복지와 인권을 위해 일하는 각 기관들이 긴밀한 유대관계를 가지고 공동사업을 수행함으로써 여성폭력을 추방하고 성평등한 사회를 이루기 위해 결성됐다. 상시협은 여성 긴급전화 1366, 가정폭력상담소, 성폭력상담소, 성매매인권상담소, 가정폭력·성매매지원시설 등 경상남도 내 40개 기관이 참여해 주로 성희롱, 성폭력, 성매매 등과 같은 여성인권 및 여성문제와 관련된 일을 수행한다. 상시협은 가정폭력 분과상담소 13개와 피해자 보호시설 20개, 성폭력 분과상담소 14개와 피해자 보호 시설 15개, 성매매 분과상담소 2개와 피해자 보호시설 5개의 세 분과로 구성되어 있다.

2000

여성의 정치세력화,
지방정치에서의 대표성 확보과정

여성의 정치세력화란, 정치, 경제, 사회 등 모든 분야에 있어서 여성에게 힘과 역할을 부여해야 한다는 여성의 실세화 내지는 권한 강화를 의미한다. 여성들이 다양한 정치 부문에 진출하고 활동 범위를 확장함으로써 집단적인 힘을 결집하고 사회적, 정치적 영향력을 키운다는 것이다.

여성의원과 대표 슬로건,
중앙선거관리위원회 선거정보도서관, 2010년.

이경숙, 오마이뉴스,
2002년 7월 8일.

이종엽, 경남도민일보,
2010년 6월 15일

임경숙, 경남도민일보,
2011년 11월 9일.

2006 평등정의 실현을 위한 경남여성연대의
여성후보자 기준 제시를 위한 기자회견,
경남도민일보, 2005년 10월 11일.

2008 경남세계여성인권대회 추진위원회
사전준비 세미나, 경남도민일보, 2008년 9월 24일.

여성의 정치참여 확대를 위한 제도적 변화

여성부 설립

1987년, 사회 전반적으로 민주화로의 이행이 시작되면서 여성의 정치세력화가 본격적으로 추진되기 시작했다. 여성의 정치세력화란, 정치, 경제, 사회 등 모든 분야에 있어서 여성에게 힘과 역할을 부여해야 한다는 여성의 실세화 내지는 권한 강화를 의미한다. 여성들이 다양한 정치 부문에 진출하고 활동 범위를 확장함으로써 집단적인 힘을 결집하고 사회적, 정치적 영향력을 키운다는 것이다.

1995년에 지방선거가 전면적으로 실시되면서 여성의 정치참여를 증진시키기 위한 각종 법적 장치가 정비됐고 2000년대는 여성의 정치참여와 관련한 여러 가지 제도적 변화가 있었다. 공식적인 행정부처로서 여성부현재의 여성가족부가 2001년 1월에 출범하여 성 주류화, 성 평등의 개념을 정책에 반영하고 사회에 수용시키는 데 중요한 역할을 했다. 여성부의 설립은 비로소 성평등 문제를 국가정책의 주요 과제로 설정하고 여성정책을 본격적으로 추진할 수 있는 조직 체계와 인적 자원을 갖추었음을 의미한다.

적극적 조치와 여성할당제

적극적 조치affirmative action란, 기존의 정치, 사회, 경제구조를 개선하고 평등을 촉진하는 조치로서 차별로 인한 영향이 없어질 때까지의 잠정적 우대 조치이다.

여성할당제는 여성의 정치적 대표성 확보를 위한 적극적 조치의 하나이다. 여성할당제는 법적으로는 평등을 보장받고 있으나 현실적으로는 정책결정과정이나 정치영역에서 여성의 대표성이 낮은 데서 오는 문제점을 해결하기 위해 여성 참여의 몫이 일정한 비율에 도달할 때까지 우선적으로 고려되는 조치이다. 여성할당제는 대상이나 법적 구속력의 정도, 자격요건의 관련 여부, 할당 크기의 기준, 적용 영역 등에 따라 다양한 형태로 나타난다.

2000년 2월 16일에 시행된 정당법 제31조 제4항을 통해 국회와 광역의회 비례대표 30% 여성할당제가 처음 도입됐다. 2002년에는 공직선거법

개정으로 시·도의원 선거뿐 아니라 국회의원 총선거에서도 지역구의원 선거와 비례대표의원 선거에 각각 1인 1표씩 투표하는 1인 2표제를 도입하여 여성의 정치참여를 높일 수 있었다. 실제로 2004년 17대 총선에서 이러한 할당제의 영향으로 여성 국회의원의 비율이 최초로 13%가 됨으로써 2004년은 여성 정치세력화의 원년이 됐다. 지방선거와 관련해서는 기초의원 수준에도 비례대표제를 도입하고 50%를 여성에게 할당하도록 한 것이 2006년 지방선거에서 여성의 당선율을 높이는 데 기여했다.

2010년 3월 공직선거법에서는 지방의회 차원에서 지역구 여성후보 의무할당을 신설했다. 국회의원 지역구마다 광역의회 후보든 기초의회 후보든 1명 이상을 여성으로 추천해야 한다는 것이다. 이를 위반하면 그 정당이 추천한 해당 국회의원 지역구의 기초의회 후보자 및 광역의회 후보자의 등록을 모두 무효로 하는 제재 조항이 마련됐다.

경남여성,
지방정치에 진출하다.

지방자치시대를 맞이하여 지역여성들은 이제 더 이상 조직화의 대상이 아니라 정치의 주체자임을 인식하기 시작했다. 여성들의 사회참여의식이 높아지고 정치참여에 대한 관심도 증대했다.

지방정치는 상대적으로 세심하고 작은 정치활동이 가능하며 오랫동안 정치에서 배제되어 온 여성들이 스스로 정치의 주체로 성장하고 발전할 수 있는 환경이 된다.

지방의회와 여성의 정치참여

경남지역의 경우 보수적이고 가부장적인 문화의 특성으로 여성들이 정치참여를 시도하기에는 힘든 실정이었으며 정치사회적 영향력을 미치는 분야에 여성의 진출이 오랫동안 저조했다. 국회의원의 경우 1996년 선거에서부터 여성 입후보자가 등장하기 시작했고 2008년에는 6명의 여성 후보자가 등록을 했지만 여성 당선자는 없었다. 자치단체장 중에도 여성 당선자는 한 명도 없어서 지방정치에서의 여성의 낮은 대표성을 보여 줬다. 그러나 2000년대를 거치면서 지방의회를 중심으로 경남지역의 여성들도

정치에 적극적으로 참여하기 시작했다.•

경남도의회 여성특별위원회

지방의회는 지역주민들이 직접 선출한 의원들로 구성되는 주민의 대표기관이며 지방자치단체의 최고 의사결정기관이다. 2002년 광역의원 비례대표제가 도입되면서 경남도의회에도 여성 후보자와 당선자들이 나다나기 시작했다.

2002년 지방선거에서 이경숙 의원이 민주노동당 비례대표로 당선됐으며 이외에 한나라당 강지연, 장정자 의원, 새천년민주당의 장옥련 의원이 비례대표로 당선됐다. 이는 2002년 3월에 정당명부식 선거제도가 생겨남으로써 가능했다. 이경숙 의원은 도의원 시절 경남도의회 여성특별위원회를 만들어 2003년 4월부터 2004년 4월까지 1년 동안 활발한 활동을 벌였다. 이 활동은 경남이 여성정책 관련 업무 전반을 정리하고 점검해 보는 계기가 됐으며 경남지역 여성들의 이해와 요구를 모을 수 있는 계기가 됐다. 〈2004년 여성특별위원회 활동보고서〉에서 이경숙은 "여성특별위원회의 활동 기간이 짧아서 제기된 현안문제 해결을 위한 정책개발을 지속적으로 진행하지 못하는 아쉬움은 남지만 경상남도의회 역사상 최초로 구성된 여성특별위원회의 위상에 걸맞도록 전력을 기울여 활동을 펼쳐 왔고 또한 성과도 많았다."라고 회고했다.

• 이하 글에서 제시되는 몇몇 심층면접 자료들(따옴표를 이용해서 표시함)은 이혜숙(2009)의 연구를 참조함

경남의회 여성특별위원회,
이경숙 선생 추모사업 추진위원회, 2005년.

증가하는 지역구 여성의원 당선자

2010년 선거에서 시장과 군수 후보자 중 여성이 출마한 지역은 김해 한 곳에 불과했으나 낙선했고 광역 및 기초자치단체장은 모두 남성이었다. 그러나 도의원 선거에 지역구 여성 출마 지역은 창원, 마산, 거제, 함안, 산청 등이었는데 이 중 창원 2명, 마산 1명 총 3명이 당선됐다. 기초의원 선거에서는 지역구로 여성이 총 28명 출마하여 진주 4명, 김해 3명, 창원 2명, 마산 2명, 진해·밀양·양산에서 각각 1명씩 총 14명이 당선됐다.

2010년 지방선거 결과를 보면 여성의원은 모두 54명도의원 8명, 사군의원 46명으로 기초·광역의원 313명도의원 54명, 사군의원 259명의 17.3%로 2006년의 13.1%보다는 여성 당선자가 늘어났다. 여성의원 증가는 지역구에서 두드러졌다. 지역구의원 275명도의원 49명, 사군의원 226명 중 여성 당선자는 도의원 3명, 시·군의원 14명 등 모두 17명으로 6.2%이지만 이는 2006년 여성 당선자 비중 1.5%도의원 2명, 사군의원 2명에 불과했던 것과 비교하면 그 숫자가 증가한 것이다.

이는 2010년 선거부터 처음으로 지역구 선출직에 여성 공천할당제를 강제하는 의무 공천제가 명문화됨으로써 제도 개선의 효과가 작용한 것이다.

재선 여성의원

2010년 지방선거 결과를 보면 야권의 여성 후보들이 선전했으며 지역구 여성 당선자 절반 이상이 재선 당선자였다. 이는 2006년 기초의원 정당 공천제와 함께 정당 비례대표 도입으로 순위 1번으로 지방의회에 진출했던 여성의원들이 2010년 지역구로 출마해 당선한 데 따른 것이다. 정당별로는 도의원의 경우 한나라당에서 정연희, 임경숙 의원, 민주노동당에서는 강성훈 의원을 각각 배출했다.

한나라당의 경우 비례대표 김해시의원 하선영과 밀양시의원 백경희는 지역구 시의원으로 재선했다. 또 민주당 비례대표 진해시의원 정영주와 진보신당 이옥선도 지역구의원으로 당선됐다. 민주노동당의 경우 비례 도의원이었던 김미영 후보가 진주시의원에 당선됐으며 비례대표 창원시의원 정영주와 진주시의원 강민아 후보도 지역구를 통해 재선에 성공했다.

그러나 여성에게 정치 문턱은 여전히 높았다. 여성 당선자를 낸 창원, 마산, 진주 등은 할당제가 적용된 시 지역이었고, 여성 공천을 하지 않아도 되는 군 지역에는 단 한 명의 여성의원도 당선되지 못했다. 여성 정치인의 외형 확대에도 불구하고 한나라당현재의 새누리당의 경우, '시장군수 후보 중 1명은 여성후보로 공천을 하겠다.'라는 약속은 지켜지지 않았고, 여전히 지역구보다는 비례대표에 밀집해 있어 실질적인 여성공천할당제가 성공하기 위해서는 강제할당 비율을 높이는 등 대책이 필요하다는 점이 지적됐다.

정치권과 유권자가 여성을 바라보는 편견과 시선도 문제였다. 비례대표에서 지역구 의원으로 재선한 임경숙 도의원은 "공천과정부터 선거과정까지 여성 후보를 깔보거나 약하다는 선입견이 너무 강하다."라며 "선거운동을 다녀 보니 '여성이 무슨 일을 하느냐'라고 해서 지금은 '여성시대', '감성정치', '생활정치' 시대라고 일일이 설득했다."라고 회고한다. 그는 당시 "이번 선거에 여성의원이 늘었지만 적어도 의회마다 여성이 3분의 1정도는 돼야 한다."라며 "양성평등 예산과 정책을 위해 노력할 것이다."라고 말한 바 있다.

일본군 '위안부' 결의안 채택과 여성의원

2000년대 경남지역의 일본군 '위안부' 문제 해결을 위한 단체들은 경남지역 지방의회의 일본군 '위안부' 결의안 채택 운동을 전개해 나갔는데(이혜숙, 2013) 시·군·도 의회에서 결의안이 채택되는 과정에서 여성의원들의 역할이 컸다. 대구시의회와 부천시의회에 이어 통영시가 2009년 11월 30일 전국에서 세 번째로, 거제시가 12월 24일 네 번째로 결의안을 채택했고 같은 날 경남도의회도 결의안을 채택했다. 이는 2010년 1월에 창원시와 합천군으로 이어져 경남지역 전체 21곳마창진 통합 이전 의회 중 14곳에서 채택됐다. 2010년 1월에 창원시, 합천군, 3월에 양산시, 남해군, 4월에 마산시, 거창군, 진해시, 진주시, 사천시, 9월에 함양군, 10월에 창녕군의회에서 결의안을 채택했다.

일본군 '위안부' 결의안 채택 내용 경남도의회, 2009년 12월 24일

- 일본정부의 반인륜적 범죄사실 인정, 사죄
- 역사교과서 기록
- 일본의회 인권회복과 법적배상특별법 제정
- 대한민국 정부 전담기구 설치를 통한 일본과의 협상
- 국회 특별위원회 설치
- 양국 의회 간 협상
- 도의회 차원의 일제하 일본군 '위안부' 피해자 생활지원과 기념사업 법률에 따른 지원

자료: 김경영(2012: 49)

여성의원의 선거경험과 선거전략

선거제도와 선거경험

여성은 사회로부터 단절되어 가정 속에서 고립되고 분산되어 있어, 가정의 경계를 뛰어 넘는 연대망과 조직을 갖기가 쉽지 않으며 정치영역에 진입할 수 있는 지식과 능력을 개발하기도 어렵다. 2006년 전에 시의원 후보자였던 이덕자는 "여성정치인에 대한 사회적 인식의 부족과 조직력의 열악함, 가족 등 주변의 반류, 정치자금의 부족, 유권자에 대한 적극적 공략의 어려움, 멘토나 가이드라인의 부족, 정책생산과 홍보, 조직관리 등의 열악함."(이덕자, 2008, 이메일) 등으로 여성후보자들의 정치참여의 어려운 점을 말했다.

선거제도도 여성의 낮은 대표성과 관련이 있다. 일반적으로 기초의원 정당공천제는 여성의 정치참여와 정치대표성 확보에 부정적으로 작용하는 측면이 있다. 거대정당이 지방의회를 독식하고 정당공천에 따른 줄 세

우기, 공천비리 등으로 풀뿌리지역운동 출신 무소속 시민후보가 당선되기 어려운 것이다. 여성후보가 남성후보에 비해 사회적 네트워크가 약하고 재정 능력이 떨어진다는 이유로 전문적 역량을 가진 후보들이 공천심사과정에서 탈락되기도 했다. 그러나 정당공천제는 정당정치의 구현이나 비례대표제를 통한 여성의 참여 확대 측면에서 긍정적 측면도 있다. 이에 대해 전 민주노동당 경남도의회 여성의원이었던 김미영은 "여성이 이만큼이나 진출할 수 있었던 것은 비례대표제의 역할이 컸다."라고 봤다. 전 민주노동당 경남지부 부위원장을 맡았던 전진숙도 "여성들은 첫 발을 떼기가 힘들다. 비례는 매우 소중한 경험이다. 비례를 하면 그 다음에 책임을 준다. 여성들은 자신감이 생기고 정치욕구가 생긴다."라고 봤다. 정당공천제의 이러한 양면적 측면 때문에 경남여성회 회장이었던 여성운동가 이경옥도 "기초의원 정당공천제에 대해서 시민운동단체들은 반대하지만 여성운동단체는 결론을 못 내리고 있다."라고 봤다.

생활근거지를 중심으로 활동하며 사회적 네트워크나 물질적 자원을 충분히 확보하지 못한 여성후보의 경우 중선거제도에서 광역기반의 대표성을 확보하기가 상대적으로 쉽지 않다. 중선거구제는 여성후보에게 인지도 확보를 위한 고비용의 선거운동의 과제를 주는 것이다. 이는 김미영 전 민주노동당 경남도의회 여성의원의 "일단은 선거구가 넓어지게 되면 선거운동을 하는 것이 힘들고 선거비용도 많이 든다. 여성들한테는 힘든 조건이다. 여성후보의 입장에서는 선거비용이 3배로 든다. 또 소외되는 지역이 나타난다."라는 말에서 잘 나타난다.

맏며느리처럼 지역을 살핀다, 대표 슬로건

선거 전략과 관련하여 후보자는 승리하는 데 최적의 메시지를 개발해야 하며 선거캠페인의 주제가 정해지면 그 주제를 효과적으로 표현하는 슬로건을 만든다. 슬로건은 주제를 담는 그릇이며 후보자가 자신을 한마디의 문장으로 표현하는 것이다.

2010년 지방선거에서의 대표 슬로건을 보면(이혜숙, 2014: 142~143) 여성이 지닌 살림꾼 이미지, 청렴성, 보살핌과 봉사 등 생활정치의 적합성을 내세우고 있음을 알 수 있다. 자질과 역량을 갖춘 여성들이 지방의회에 진출하여 우리 여성 특유의 섬세함과 부드러움의 장점을 살려 주민들과 사회의 인정을 받을 수 있다는 것이다. 또한 전문성의 정치, 성평등 정치도 중요하게 제시하고 있다.

여성공약과 여성을 위한 정책

2012년 11~12월에 실시한 경남여성의원들에 대한 설문지 조사에 따르면(이혜숙, 2014) 여성의원들은 2010년 지방선거에 출마한 가장 큰 이유에 대해 '지역사회에 봉사하기 위하여'라는 응답이 48.4%로 가장 많았고, 다음으로 '여성의 권익 신장을 위하여'22.6%, '정당의 권유로'19.4%의 순으로 응답했다. 여성후보의 관심 영역은 선거 공약에서 잘 나타나는데 2010년 지방선거에서 중점적으로 내세웠던 공약은 '사회복지 실현'이 40%로 가장 높은 것으로 나타났으며, 다음으로 '여성의 권익증진'23.3%, '지역 환경 개선 및 정비'13.3%, '교육 및 문화 신장'13.3%, '지역경제 활성화'10% 순으로 높게 나타났다.

일반적으로 여성의원의 확대는 여성문제의 해결이나 여성정책에 대한 관심을 좀 더 불러일으킬 것으로 보인다. 여성의원들의 의정활동 참여 확대로 여성문제를 공적 의제화할 수 있기 때문이다. 실제로 여성의원들은 여성의 권익신장을 위해 상당한 노력을 하고 여성의 정치참여 확대는 여성의 권익 증대에 기여한다. 여성의원의 수적 증대가 여성정책의 발전에 긍정적인 기여를 할 것이라는 전망을 할 수 있다. 2010년 지방선거에서 여성의원들은 여성공약을 제시하면서 여성문제들에 대해 매우 광범위한 관심을 표명하고 있다. 특히 여성·가족의 복지 및 건강권 증진에 관심이 많았다.

여성의원의 삶과 의정활동

여성의원에 대한 사회적 인식이 많이 달라졌다고는 하지만 여전히 동일한 조건에서 남성후보자와 경쟁하기에는 여성들의 조건이 취약하고 불리하다. 여성의원들은 이러한 사회적 조건 속에서 선거를 치렀고 의정활동을 수행했다.

장정자는 고성 출신으로 1965년에 국가공무원시험에 합격해 고성군 농촌지도소에서 근무를 시작했는데 이후 농촌진흥원 생활개선계장, 도 여성회관장을 지냈으며 1997년도에 보건복지여성국장을 역임했다. 이러한 행정 경험을 살펴 이후 2002년 제7대 도의원 비례대표로 정계에 입문했다. 한나라당 경남도지부 여성위원장을 지냈으며 2005년에 별세했다.

강지연은 2002년 지방선거에서 한나라당 비례대표로 도의원에 당선됐고 2006년에는 지역구 도의원으로 당선됐다. 제7대 도의회 후반기 운영위원장을 맡아 경남 도의회 최초의 여성상임위원장이 됐다. 당시 인터뷰에서 강지연은 "사심 없는 의정활동으로 위원장 선거기간 불거졌던 의회 내부의 잡음을 불식하겠다."(경남도민일보, 2004. 7. 12.)라고 말했다. 2006년 지방선거에서 당시 마산에서 한나라당 공천을 받아 당선됐는데 2006년 11월에 처음으로 도 의사봉을 잡고 회의를 진행하기도 했다. 2008년에는 마산에서 한나라당 후보로 총선출마를 선언했다. "경남 최초의 여성 재선 도의원과 도의회 부의장을 지낸 경험으로 경남 최초의 여성 국회의원이 돼서 지역의 정치사를 다시 쓰겠다."라는 것이었다. 강지연은 경영학 박사 출신으로 2009년 3월에 한국 폴리텍 창원캠퍼스 학장직을 맡았다. 그 후 2012년에도 한나라당 후보로 국회의원 출마를 했지만 당선되지는 못했다.

신용옥은 2010년 지방선거 시장·군수 선거에 유일한 여성단체장 후보로 김해시장 선거에 출마했다. 한나라당 중앙당 공천심사심위원회가 경남지역 기초단체장 중 여성후보 1명을 내도록 했으나 공천을 받지 못하자 무소속으로 출마한 것이다. 신용옥은 여성으로서는 도내에서 처음으로 지역구 기초의원을 거쳐 지역구 도의원에 당선했으나 시장선거에서는 뜻을 이루지 못했다.

양해영은 1992년부터 어린이집을 시작해서 20년 동안 보육현장에 있었다. 행정적인 제도의 뒷받침이 너무 열악했고 무엇이 문제인지 어떻게 개선되어야겠다는 것을 실제적으로 경험하면서 정치활동을 시작했다. 시의원 생활 당시 가장 주력을 했던 부분은 약자 소외자 계층문제, 보육환경 개선이었다(경남여성신문, 2012. 12. 1.). 2010년 6·2 선거에서 실패한 경험이 있어 2012년 도의원 선거에 나갈 때는 남편과 시어머니가 반대를 했지만 공천을 받았고 당선됐다. 새누리당 소속 기초의원 중 최초로 경남 지역구 여성의원이며 진주시의회 최초 여성상임위원장을 맡았다. 당시의 관련 자료집과 회고(이경숙 선생 추모사업 추진위원회, 2005; 이종엽, 2013; 임경숙, 2013)를 통해 몇몇 여성의원들의 활동을 좀 더 자세히 살펴본다.

정치인으로서 활동의 꽃을 피우다, **이경숙**

이경숙은 1949년 충남 공주에서 6남매의 막내로 태어났다. 서울여대 농촌과학과를 졸업한 후 창원지역으로 왔다. 이경숙은 경남여성의 사회적 지위 향상을 위해 1987년 경남여성회 창립에 앞장섰으며 1992년 여성노동자회를 설립하여 초대회장을 맡으면서 지역여성 노동운동의 기틀을 세웠다. 특히 여성장애인의 차별철폐와 실업문제 해결, 자립 문제에 관심이 많았는데 이러한 지역사회의 활동을 바탕으로 2002년 지방선거에서 민주노동당 비례대표로 당선됐다. 당시 이경숙은 당선 소감으로 "당선의 기쁨보다는 노동자, 농민, 서민, 여성 등 소외된 계층의 정치적 욕구가 민주노동당에 대한 지지로 이어져 제3당으로서 제도권 정치에 진입하도록 해 준 '정치적 부담'에 어깨가 무겁다."(경남신문, 2002. 6. 18.)라고 말했다.

이경숙의 생애는 2005년 이경숙 선생 추모사업 추진위원회가 발행한

≪삶을 무엇으로 채울 것인가≫2005의 자료집에 잘 나타나고 있다. 이경숙은 2002년 7월 9일 첫 의회 개원 때 의장단 선거방식에 대한 문제제기를 통하여 폐쇄적이고 비민주적인 의장단 선출방법에 대한 문제를 지적하고 각 후보의 정견발표를 요구하기에 이른다. 결국 문제제기가 받아들여져 역대의회사상 처음으로 의장후보 3명과 부의장후보 4명이 정견발표를 하게 됐는데 이는 의장단 선거에서 좋은 선례를 남겼다는 평가를 받고 있다. 또한 도지사 관사제도의 문제점을 지적함으로써 도지사 관사제도가 폐지됐다.

2003년 1월에 두산중공업에서 조합원 배달호 분신사건이 터졌을 때 이경숙은 도의회 차원에서 노동부에 특별근로감독을 촉구하는 결의안 채택을 제안했다. 또한 마산수출자유지역 내 고용안정 대책을 마련하고 경제자유구역 지정 신청을 재고해야 한다는 문제를 지적했으며 학교급식조례 제정운동을 전개했다.

이경숙은 도의원시절 전국에서는 처음으로 경남의회 여성특별위원회를 만들어 위원장이 되어 여러 가지 활동을 했다. 2003년 4월부터 2004년 4월까지 1년 동안 활동하면서 7차례의 회의를 열었는데 이 활동은 경남이 여성정책 관련 업무 전반을 정리하고 점검해 보는 계기가 됐으며 경남지역 여성들의 이해와 요구를 모을 수 있는 계기가 됐다. 이 과정에서 지역에서는 처음으로 여성정책 수립과 평가의 기초자료를 활용될 수 있는 〈경남여성통계연보〉를 발행했다.

그러나 이경숙은 2004년 9월 3일에 사망했다. 이경숙의 장례식은 시민사회장으로 치러졌는데 지역사회에서 많은 안타까움을 자아냈다. 그해 12월 이경숙 의원은 진주의 세계인권선언기념사업 추진위원회가 선정한 진주여성 평등상 수상자로 선정됐다. 2005년에 이경숙 의원에 대한 자료집이 나왔으며 지역사회에서 여전히 추모 사업을 벌이고 있다.

노동자 출신 경남 최초의 지역구 여성의원, **이종엽**

1963년생인 이종엽은 20대에 노동운동을 했다. 마창노련 2, 3, 4대 부의장과 권한대행을 하며 1990년 1월에 총파업을 이끈 뒤 구속되면서 해고됐다. 30대 후반에 진보정당이 출범하면서 새로운 정치가 싹트기를 기대했고 그 바람으로 민주노동당 당원이 됐다. 2002년 6월 지방선거를 앞두고 민주노동당은 30% 여성할당이 도입되어야 한다는 요구를 하고 있었다. 이종엽은 그 당시 민주노동당 창원을乙 지구당 여성 부위원장을 맡고 있었고 동네에서는 통장 활동 경험이 있었는데 이런 이유로 출마 권유를 받게 됐다.

며칠 고민 끝에 누군가의 헌신과 노력으로 주민들에게 새로운 정당의 필요성과 여성도 정치할 수 있다는 모습을 보여주는 데 의미를 두고 출마를 결심했다. 주변 지인들과 동료들이 휴가내면서 도시락 싸 들고 선거운동을 한 결과 당선됐다. 이종엽은 행정에 대해서 구체적인 지식을 갖고 있지 못했고 노동운동 출신이라는 인식 때문인지 관련 공무원들이 경계심을 갖고 지켜보는 상태였다. 지역 주민과의 관계도 활동을 잘하는지 지켜보자는 걱정스러운 시선이 많은 분위기였다.

노동자 출신 경남 최초의 지역구 여성의원이라는 타이틀은 이종엽이 의정활동을 시작하는 데 많은 부담감과 책임의식을 갖게 했다. 특히 창원시 여성의원으로서의 존재감을 가지려면 남성의원들의 몇 배의 노력이 필요했다. 초기의 이종엽의 활동은 낮이면 현황파악을 위한 주민접촉과 민원처리로 항상 바빴고, 밤이면 각종 법률을 검토하고 공부하는 데 시간을 보내야 했다. 그렇게 어느 정도 시간이 지나면서 공무원들은 서서히 경계심을 늦추고 이종엽에 대한 고정관념을 바꾸기 시작하면서 원만한 소통이 시작됐다. 이종엽은 당선 초기 지역 주민 중 집단민원이 발생된 대책위원회 간부가 찾아와 "의원님은 의회 내 발언권이 어느 정도입니까?"라고 질문을 했을 때 자존심이 상했던 것을 아직도 생생히 기억하고 있다. 여성이 의원이 된다고 제대로 인정받는 것이 아니란 사실을 철저히 깨닫는 계기가 됐기 때문이다.

이런 우여곡절을 겪으며 이종엽이 가장 먼저 시작한 일은 철거지역 세입자들의 오갈 데 없는 처지를 분석하고 임대아파트 건립을 요구하는 것이었다. 상임위원회 질의와 시정 질문을 통해 임대아파트 건립 약속을 받아냈고 도계동과 봉림동에 임대아파트를 건립했다. 그 외에도 창원시 생태하천사업, 여성정책계를 여성가족과로 승격, 비정규직 노동자 실태 파악을 통한 개선, 소상인 보호를 위한 일에 앞장서는 등 주민들의 불편을 해소하고, 주민들의 요구를 반영하는 일에 앞장서면서 의정활동을 열심히 하는 의원이라는 평가를 받았다.

이종엽은 4년의 임기를 마치고 재선에 도전하여 중선거구제 첫 도입으로 처음 치러지는 선거에서 10명의 후보 중 1위로 재선의원으로 당선됐다. 재선 후 전반기 창원시의회 부의장에 당선되어 골재채취 부정 반출 적발, 불모산 찜질방 특혜 건을 밝히는 등 창원시 굵직한 현안에 대해 제안하고 잘못을 바로잡는 역할을 했다. 그 후 이종엽은 경남도의회 민주노동당 비례대표 의원이 되어서 활발하게 활동했으나 2014년 선거에는 당선되지 못했다.

NGO활동가에서 의정활동가로, 임경숙

1946년생인 임경숙은 30세의 젊은 나이부터 YWCA 활동을 해서 지역에서는 'YWCA 대모'라는 말이 나올 정도이다. 원래 직업은 교사였는데 결혼하여 당시 마산지역으로 오면서 교직을 떠났고 YWCA 활동을 하며 살았다. YWCA는 백화점식 사업을 펼쳐 왔고 여러 분야의 많은 전문가를 필요로 하고 있어서 임경숙은 다양한 경험도 하고 전문성도 키울 수 있었다. 이때 임경숙의 별명은 '슈퍼우먼'이었고, 남편은 소비만 하고 다닌다고 해서 '소비자 조합장'이라고 놀리기도 했다.

2006년 지방선거에서 광역의원 비례대표 등록자 22명 중에 임경숙은 1번으로 당선됐다. "여성계의 대모 새바람 새 일꾼, 임경숙을 도의회로!"라는 문자메시지를 며느리와 몇몇 젊은 여성들이 공천심사위원들께 보낸 것이 선거운동의 전부였다. 임경숙은 공천심사위원들의 면접이 자기를 소개할 수 있는 유일한 시간이며 기회로 보아 이에 대비해 준비를 철저히 했다. 면접 차례가 되자 임경숙은 2분 동안 소신 있게 자기소개를 했는데 "제한된 시간에 침착하고 호소력 있게 하여 공천심사위원들이 감동을 받았던 것 같다."라고 회고했다.

임경숙은 YWCA활동에서 한 일들을 하나하나 접목시켜 가며 의정활동을 해 나갔다. 8대 전반기에는 행정을 두루 살피기 위해 기획행정위원회에서, 후반기에는 전공과 활동 경험을 정책적으로 접목시키며 보다 더 활기찬 의정활동을 위해 교사위원회에서 활동했다.

임경숙은 도의원 중 가장 연장자로 의회에서 '큰누님', 혹은 '왕누님'으로 통했다. 제8대 의정활동 중 대표 발의한 '경상남도 노인 학대 예방 및 보호에 관한 조례'는 전국에서 최초로 발의된 것으로 이로 인하여 '노인 학대 예방 센터'와 '노인 학대 심판위원회'가 설치되어 지금까지 운영되고 있다.

임경숙은 도의원 비례대표 1번이고, 1년 임기의 도당여성위원장을 4번이나 연임했으며, 당을 위한 많은 선거도 치르는 수고도 했으니 2010년 지방선거 때 당연히 공천은 쉽게 받으리라 생각했다. 그러나 예상을 깨고 경선을 통해서 공천하기로 공천위에서 결정이 됐다. 임경숙은 자존심이 상해서 순간 포기할까도 생각했지만, 이미 예비등록에다 사무실도 얻어 선거운동을 시작했고 자원봉사자들도 정해졌던 터라 그럴 수는 없었다. 할 수 없이 선거운동을 계속하기를 결심하고 경험 있는 선거 참모들을 불러 경선에 대비했다.

진통 끝에 치른 후보 경선은 아슬아슬하고 힘겹게 이기기는 했지만 오히려 유권자 앞에 당당하고 떳떳한 공천을 받은 셈이고 전화위복이 되어 인지도를 높이는 좋은 계기가 됐다. 임경숙은 "얼마나 경선에 신경을 썼

던지, 정작 본선은 걱정 없이 쉽게 대응할 수가 있었고 마음도 너무 편하고 여유가 있었다. 당에 대한 원망스러웠던 마음이 오히려 진정한 감사로 변했다."(임경숙, 2013: 49)라고 했다.

드디어 본격적인 선거운동이 시작됐을 때 상대 후보는 네거티브 선거운동을 전개했다. "임경숙 후보는 억수로 나이 많고 여잡니다."라는 말로 임경숙을 비난하며 다녔다. 경선을 치르는 동안 인지도가 높아진 임경숙은 경선공천에 오히려 감사하며 맨투맨 선거운동에 올인 했다. 만나는 유권자마다 하는 말이 "억수로 나이 많다더니 마 억수로 젊네예! 그라고 억수로 똑똑네예!"였다는 것이다. 상대방의 네거티브 선거운동이 오히려 유리하게 플러스 요인으로 돌아왔다고 임경숙은 회고했다(임경숙, 2013: 49). 임경숙은 2010년 지방선거 때 여성 재선 도의원이 된 것이다.

지역여성의 정치세력화와 지역여성운동

여성의 지방정치참여의 흐름

여성의 지방정치참여는 비례대표 공천 50%라는 제도적 변화가 큰 역할을 했지만 여성의 정치참여에 관심을 갖고 조직적으로 후보발굴과 지원을 한 지역여성운동의 활동과도 관련을 맺는다. 지역여성운동단체들은 일상적인 교육활동뿐 아니라 후보자 발굴과 홍보, 선거운동 지원을 했으며 여성정책 공약의 개발 활동을 했다. 조직적으로는 개별단체뿐 아니라 기존의 조직을 활용했고 선거 국면에서는 여성연대조직을 구성하여 활동했다.

여성정치발전소와 생활정치

경남여성회는 '동네방네 행복정치학교'를 운영했는데 이는 각 지부와 자치를 찾아다니면서 활동하는 생활정치학교로서 여성의 정치참여의식 확산, 여성의 자치능력 향상, 성평등 정치문화 만들기, 여성정치 지도자 발굴 및 육성이라는 목적을 갖고 있다. 즉 생활에서 느끼는 불평부터 여성의 힘으로 바꾸어 보자는 여성 생활정치운동이다. 경남여성회는 2004년 6월 여성정치발전소를 만들어서 여성의 정치참여 확대를 위한 활동을 했다.

일상의 정치

1995년 경남여성회를 비롯한 가톨릭 여성회관, 한국여성유권자연맹 경남지부, 마산YWCA 등 경남지역 19개 여성단체는 '여성후보 발굴을 위한 범여성단체연대 모임'을 발족하고 각 정당 여성후보 공천을 요구했다. 당시 기초의원에 최갑순, 최경화 2명의 여성연대 후보를 출마시키면서 여성의 정치참여를 위한 적극적인 활동을 전개했다. 1998년에는 '여성정치참여를 위한 경남여성연대모임'을 발족하고 4명의 여성후보를 추천했다.

이처럼 경남지역 여성들은 지방자치에 대해 지속적인 관심을 가지고 다양한 활동을 벌여 왔다. 의회방청을 통한 지방의회 감시활동에서부터 지방자치단체의 예산 분석, 조례의 제정·개정 운동에 이르기까지 다양한 방식으로 지역여성운동을 전개해 왔다.

2009년 경남여성회 사업계획에서 알 수 있듯이 정치, 경제, 사회적 위기에 대한 대응활동을 강조하고 "첫째, 보수정권의 등장으로 정치, 사회, 경제 등 모든 영역에서 사회공공성과 성평등주의가 후퇴하지 않도록 국가와 지방자치단체의 여성정책, 사회정책 등에 대한 대응활동과 대안 제시 능력을 강화한다. 둘째, 2010년 지방선거를 앞두고 여성주의 정치담론, 정책을 확산하고 여성유권자 운동을 해 나간다."를 목표로 삼았다.

여성후보 양성과 지원

여성후보 발굴

선거문화, 정치문화, 정당활동 등이 여성친화적이지 않아서 여성은 정당 문을 넘기가 어렵다. 키워 놓은 여성인물들이 적고 선거문화 자체가 남성 중심적이며 여성은 선거비용을 스스로 만들기가 쉽지 않다. 또 여성정치인에 대한 인식도 문제인데 정치를 하는 여성들의 능력에 대한 근거 없는 편견도 있는 것이다. 출마 의지를 가진 여성의 경우에도 정당의 공천과정에서 공천권자의 여성에 대한 편견으로 당의 공천을 받기가 어렵다. 여성의원들 사이에는 "정치는 하겠는데 선거는 못하겠다."라는 이야기가 있을 정도이다.

경남지역에서 시민여성에 의한 후보 발굴과 후보 지원은 1995년 시의원 범여성후보로 경남여성회의 최경화 후보의 예를 들 수 있으며 이경숙은 2002년 선거에서 민주노동당 비례대표로 당선됐다.

지역여성운동단체의 활동과 관련하여 2004년 10월에는 여성정치인의 양성과 발굴, 지원으로 창원시 시의원 보궐선거 때 여성후보 추대와 지원이 있었다. 창원에서 시의원 자격이 상실되어 보궐선거가 실시되는 지역에 여성후보를 선정하여 시민후보로 추대하고 선거운동을 지원한 것이다. 그러나 후보 지원은 충분하지는 못했다. '진해여성의 전화' 회장과 경남여연의 상임대표를 맡았던 이덕자의 회고에 따르면 "당시 승혜경 후보가 추천됐고 여성단체에서 논의해서 나갔는데도 별로 단체에서 밀지 못했다. 범시민후보의 경우 누가 직접 나서기 어렵다는 것이다." 김해여성회 가정폭력상담소장을 맡고 있는 김희경도 "승혜경 후보의 경우 민주노동당에서 돕겠다고 했지만 정확히 공식적으로 나온 게 아니니까 지속적인 지원을 받지 못했다."라고 회고한다.

2006년 지방선거에는 여러 여성후보가 나왔으며 진해여성의 전화는 이덕자 후보를 무소속으로 내세워 지원했다. 그러나 이덕자 후보는 "개인적인 자원, 지역사회 활동의 기반도 있었는데 한나라당 벽을 못 넘었다.", "처음에는 뭔지도 모르고 나왔다가 재정적인 면에서 힘들었다."라고 당시를 평가한다.

한나라당 신용옥 후보는 김해여성복지회에서 지원했다. 그 외 경남여성회 여성정치학교를 졸업한 이종엽은 민주노동당 소속으로 2006년 선거에서 지역구에서 당선됐는데 김해, 창원의 민주노동 기반이라는 지역조직력의 역할이 컸다고 하겠다.

여성 정치세력화를 위한 고민과 전략

정치참여는 여성의 권익신장과 성평등 실현에 가장 중요한 과제의 하나이다. 여성단체들은 그동안 '참가' 또는 '영향'의 다양한 방식으로 여성참여 확대를 통한 여성 정치세력화를 요구해 왔다. 따라서 여성의 정치참여를 확대하기 위해서 할당제 또는 선거제도 개선 등으로 그동안 진보와 보수를 넘어 범여성계가 하나로 연대하는 모습을 보여 왔다.

그러나 그동안 여성의 정치참여 확대를 위하여 활동해 온 여성단체들의 운동방식에 대한 고민이 드러났다. 여성운동가들은 그동안의 지역경험을 볼 때 보수적인 여성은 곤란하다는 입장을 가지고 있다. 또한 여성운동가들은 당과 여성운동단체와 거리를 두려고 하고 있다. 오랫동안 지역에서 여성운동을 한 이경희는 "여성이라는 범주로 모든 계층과 성향의 여성들의 정치적 연대가 가능한 것과 불가능한 것이 있을 것이고, 있다면 무엇인지 본격적으로 논의해야 한다."(이경희, 2008: 87)라고 했다.

2000년대는 여성의 정치참여와 관련한 여러 가지 제도적 변화가 있었으며 경남에서도 실제로 여성의 정치참여가 확대되는 시기였다. 그러나 여성 정치참여의 한계와 어려움도 동시에 보여줬다. 여성의 정치세력화에 대한 목적과 목표, 그에 따른 전략과 방법을 보다 정교하게 논의하고 정리할 필요가 있으며 운동방식에 대해서도 진지한 성찰이 필요하다는 것이다. 여성의 정치세력화를 좀 더 이루기 위해서 어떤 영역의 논의와 실천이 필요하며, 누가, 언제, 어떻게 그 작업들을 시작하고 전개해 나갈 것인지, 또 어떤 자원이 필요한지, 그 자원은 어디서 어떤 방식으로 모아 나갈 것인지에 대한 구체적인 고민과 전략의 모색은 그 이후로 이어졌다.

여성의 지방정치참여와 조직적 연대활동

여성정치발전소

경남여연 소속 경남여성회는 여성의 정치참여 확대와 관련한 여러 가지 활동을 했으며 연대활동에서 여성의 정치세력화 부분을 주관했다.

경남여성회는 2004년 6월 10일에 여성 정치세력화를 위한 상설기구 설치의 필요성에 공감하고 경남여성회 안에 여성정치발전소를 만들어서 여성의 정치참여 확대를 위해 노력했다. 지역의 여성후보를 발굴하고 여성정치지도자를 양성하면서 지역여성의 정치세력화를 위한 적극적인 활동을 추진했으며 '육쪽 마늘'이라는 소모임을 통해 의정감시 활동을 하면서 지역 여성들의 정치에 대한 일상적 참여를 활성화시켜 나갔다.

경남여성회의 여성정치발전소는 지역여성캠프, 여성정치학교, 여성지도자 리더십 교육 등 꾸준한 교육 사업을 통해 여성후보 발굴과 정책지원, 유권자 운동 등을 했다. 특히 여성리더십 과정을 통해 여성후보가 발굴되어 여성단체와 당을 중심으로 마산, 김해, 진해, 진주 등의 지역에서 여성후보 발굴이 적극적으로 진행됐다.

그러나 2009년 여성정치발전소는 해소됐다. 처음에 만들 당시 경남여성회 세부 중점사업의 하나로 시작했으며 역량이 커갈 것으로 봤으나 성장이 더 이상 안 된다는 것이다. 해소시키는 과정에서 새로 조직을 만드는 것이 쉽지 않고 독립시킬 역량이 되는가, 등을 둘러싸고 여러 가지 논의가 있었지만 결국 해소하기로 결정했다.

이처럼 여성 정치세력화를 위한 조직의 필요성은 인식하고 있지만 그것을 실제적으로 추진할 인적 자원이 지역에서 풍부하지 않기 때문에 현실적인 어려움이 존재했던 것이다. 그러나 이는 그 후 2012년 경남여연 내 여성정책센터를 만드는 기반이 된다.

경남여연

여성의 지방정치참여 확대와 관련한 조직적 연대활동으로는 경남여연의 활동을 들 수 있다. 창립된 해인 2002년 11월에는 여성유권자교육을 했으며 지방선거 후보자들에게 경남지역 여성 관련 정책을 제시해 적극적으로 수용하는 후보를 지지한다고 밝혔다. 즉 지방선거 후보자에게 제안

여성정치발전소의 사업목표

1. 여성유권자교실을 통해 여성유권자들의 정치의식을 함양하고 2006년 지방선거에 관심을 가지고 참여할 수 있도록 '여성유권자 참여단'가칭 등의 후속모임을 꾸려 낸다. 후속모임의 성원들이 직접 '이제 선거는 축제가 된다! 여성유권자 한마당'을 준비하고 진행해서 여성들이 보다 주체적이고 즐겁게 선거에 참여하고 대안적이고 양성평등적인 선거문화를 만들어 내고자 한다.
2. 경남지역의 여성단체들이 모여 '평등정치실현을 위한 경남여성연대'를 2005년 9월 결성했다. 이에 후속활동으로 여성후보자 기준 제시, 각 정당별 여성정책 비교분석 등의 여성유권자 운동을 함께 진행하고 지역의 여성단체들과 연대해 여성정치참여의 파급력을 높이자.
3. 여성 의정모니터링 활동은 우리 지역의 현안을 제대로 비판, 감시하여 지역에서 여성들이 보다 밀접하게 참여정치를 실천해 내고 의정모니터링 활동보고회를 통해 보수적이고 폐쇄적인 창원시의회를 변화시킬 수 있도록 해 나간다.
4. 여성보좌관 활동사업을 통해 생활정치에서 여성리더십을 발휘하고 정치의 장에 진출할 수 있는 경험과 자신감을 확보한다.

자료: 경남여성회(2006: 46).

하는 경남여성정책 10대 과제 선언대회를 갖고 각 정당과 무소속 후보들에게 여성유권자 표를 얻기 위한 선심성 공약이 아닌 실질적인 정책을 채택할 것을 요구했다. 2004년 시의원 보궐선거에서 경남여연은 여성후보를 추대하고 지원했다.

경남여연은 특정 정당으로부터는 중립적인 입장을 취하고 있지만 2004년 선거 국면에서는 '여성의 정치세력화 실현을 위한 4·15 총선 경남여성연대' 등을 조직하여 활동했다. 여성정책의 10대 과제를 발표했으며 후보로 나선 여성이 당이나 조직에서 기반을 잡을 수 있도록 지원하고 각 정당의 여성정책이 올바르게 채택되고 실현될 수 있도록 견제하고 감시하는 역할을 했다. 후보로는 진주의 민주노동당 김미영 후보를 적극적으로 지지했다.

2005년 3월부터 12월까지 소통과 비전을 위한 지역여성캠프, 여성정치학교, 여성 지도자 리더십 강화교육, 여성후보자 리더십 컨설팅, 여성 정치참여를 위한 토론회 등을 하면서 2006년 지방선거에 여성 참여 준비를 했다. 경남여연 정기총회 자료집에 따르면 8월 19일에는 '2006년 지방선거대비임시이사회'를 개최하여 "첫째, 경남지역의 여성단체의 지도력이나 회원 중에서 출마가능한 사람이 있는지에 대하여 찾아보고 가능한 적극적으로 발굴, 둘째, 정당공천제로 바뀜에 따라 현재 정당 활동을 하지 않는 사람은 불리한 상황이므로 우선 정당에 소속되어 있는 임기만료 회장단이나 임원은 적극적으로 발굴, 셋째, 2006년 지방선거를 대비하여 지역의 관련 단체와의 연대체 구성이 필요하므로 바로 연대 구성을 제안"하기로 했다. 따라서 2006년 지방선거에서는 후보자 발굴과 교육, 훈련사업, 지방정부의 여성정책 분석과 개발 및 예산 모니터링, 지방의회 의정지기 활동, 지역여성의 정치참여 의식 확산을 위한 실천 활동 전개, 지역여성단체와의 네트워크 강화, 지방선거제도 연구 및 성평등한 지방분권 실현을 위한 제도개혁운동 등을 사업 목표로 했다.

'2006, 평등정치 실현을 위한 경남여성연대'

2006년 지방선거를 앞두고는 도내 16개 여성단체가 참여한 '2006, 평등정치 실현을 위한 경남여성연대'를 조직하여 여성 정치세력화 운동의 구심이 되어 활동했으며 이를 통해 지역의 여성의제를 공약으로 제안했다.

'2006년 평등정치 실현을 위한 경남여성연대'는 도지사 후보의 여성관련 공약을 비교분석하여 발표함으로써 여성유권자들에게 선택 기준을 제시하고 지역의 성평등과 여성발전을 위한 정책을 요구했다. 또 각 정당에 성인지적 관점을 가진 여성후보들을 발굴하여 공천할 것을 강력하게 요구하고 여성들이 풀뿌리 정치의 주역으로 나설 수 있는 유권자운동을 했다. 또한 선거가 끝난 후에 당선자의 공약이행을 촉구하고 여성유권자에 대한 비중을 높이고자 했다. 성격은 발족 선언문에 잘 나타나 있다.

이처럼 '2006년 평등정치 실현을 위한 경남여성연대'는 여성후보자 기준 제시 기자회견, 경남도당과의 간담회, 선거구 획정 관련한 긴급 기자회견, 지방선거 여성 정치참여 확대를 위한 토론회, 4인 선거구 분할 반대를 위한 대책위원회 기자회견 등의 활동을 했다. 구체적으로 지방선거에 출마할 여성후보자가 갖추어야 할 다섯 가지 기준을 제시했는데 여성운동,

시민사회단체, 소외계층에 대한 사회봉사활동 경력을 갖추고 도덕성, 전문성, 여성리더십, 개혁성을 갖는 후보를 제시했다. 이들은 2006 지방선거 생활정치, 평등정치를 위한 '13대 경남여성정책 가이드라인'을 발표했으며 '정당별 여성후보 공천 현황에 대한 의견서', '끝없는 공천비리, 진상규명과 처벌을 요구한다'는 성명서를 발표했다. 2008년에는 '경남세계여성인권대회'를 준비하면서 여성정치지도력 강화를 위한 사전 워크숍을 했다.

경남여연의 활동은 여성끼리의 연대, 지역 속으로 들어가 생활정치를 풀어내는 것, 제도 개선 등의 다양한 활동을 전망할 수 있는 일련의 과정이 됐다. 2010년에는 '여성정책 수다방'을 운영하면서 회원들과 차를 한 잔 마시면서나 혹은 소모임 활동이나, 운영위원회에서 정책을 제안을 받고 여성들의 정치참여를 높였다.

2006, 평등정치 실현을 위한 경남여성연대 발족 선언문

1. 깨끗한 정치를 할 수 있는 능력 있는 여성의 기준을 제시할 것입니다. 그리고 각 분야에서 지역 발전과 양성 평등을 위해 일해 온 여성들이 자신의 경험과 지혜를 정치 분야에서 펼칠 수 있는 길을 활짝 펴 나갈 수 있도록 할 것입니다.
2. 각 정당에 돈 있는 여성이 아닌 지방정부의 정책 수립과 자원의 배분과정에서 성 인지적 관점을 가진 여성후보들을 발굴 및 공천할 것을 강력하게 요구하며 양성 평등한 정치 문화를 지역에 확산시켜 나갈 것입니다.
3. 여성들이 풀뿌리 정치의 주역으로 나설 수 있도록 정치참여의식 확산과 유권자운동을 해 나가겠습니다.
4 여성후보 양성과 발굴을 알리고 성 인지적 관점을 가지고 있는 여성 후보 자질을 검증하고, 여성 정치 세력화의 대안을 모색하기 위해 초청토론회를 개최하겠습니다.

자료: 경남여성단체연합(2006: 45~46).

20

2013 3·8세계여성의날 기념 경남여성대회 포스터,
경남여연, 2013년.

성평등한 경남사회를 향하여

10

산전 산후 휴가가 있지만 저는 아이 낳는 것을 미룰 수밖에 없습니다. 정규직이면 산전 산후 휴가 기간 동안 대체 인력이 투입되지만 비정규직의 경우는 대체 인력이 투입되지 않아 직장 동료들의 눈치가 보이고 또한 재계약이 안 될까 봐 걱정이 되거든요. 내 집을 마련할 때까지 아이의 출산을 미뤄야지요. 제 나이가 벌써 32살인데도 말입니다. 그러나 이 직장도 내 집 마련까지 쫓겨나지 않았으면 하는 것이 지금 바람입니다.

경남여성사 발간을 위한 학술대회,
경상대학교 여성연구소, 2011년 5월 18일.

경남여성틀별위원회 1차 회의,
경남여성인권특별위원회, 2009년 12월 14일.

이종엽 시의원과 함께 한 주민이 바라는
예산 토론회, 경남여성회, 2009년 8월 13일.

경남여성사 발간을 위한 학술대회,
경상대학교 여성연구소, 2011년 11월 30일.

지구화시대 신자유주의와 경남여성

1945년의 해방, 1948년의 남한 단독 정부 수립, 1950년 6·25전쟁으로 한국사회의 시민들은 폐허와 가난 그리고 분단의 아픔을 겪어야 했지만, 1960년대, 1970년대 소위 '조국 근대화'란 이름의 산업화를 이뤄냄으로써 한국사회는 압축적으로 경제성장을 했다. 이 과정에서 여성들은 남성들 못지않게 중요한 역할을 했다. 그러나 한국사회에서의 압축적 경제성장은 1997년 IMF 외환위기를 가져왔고, 2008년 세계적인 금융위기를 거치면서 한국사회에서는 신자유주의를 근간으로 지구화와 정보화가 빠르게 진행되고 있다. 전 세계적으로 널리 알려진 코카콜라와 스타벅스 커피, 맥도날드는 한국사회 곳곳에서 만날 수 있게 됐고, 007영화나 인터스텔라 같은 할리우드 영화도 같이 즐길 수 있게 됐다. 아시아에서의 한류도 그 한 예라 할 수 있다. 이런 흐름에서 '지구화, 지방화, 정보화'라는 말이 오늘날 사회변화를 잘 드러내주는 말이다. 이에 가장 지역적인 것이 가장 세계적인 것이 되어 수도권 중앙과 대비되는 '지역, 지방'의 정체성과 특수성이 매우 중요한 시대가 됐다.

지구화의 진행에 따라 오늘날 세계의 기업들은 시장에서 상품의 가격 경쟁력을 높이기 위해 새로운 기술을 개발하거나 값싼 노동자들을 찾아 전 세계적으로 이동을 하고 있다. 한국의 기업들도 예외가 아니다. 이제 값싼 일꾼으로서 이주 노동자들이 늘어나고 있고, 여성들은 남성들보다 더 값싼 일꾼이 됐다. 결혼시장에서의 수요와 공급의 불균형은 여성 결혼 이민자들을 양산시켰다. 결혼시장과 노동시장의 변화는 한국사회를 다문화 사회로 변화시키는 계기가 됐다.

> 대학을 졸업하고 소위 비정규직으로 상용고가 아닌 임시고로 은행에 취직하여 저는 굉장히 기뻤습니다. 그 당시만 하더라도 저는 비정규직으로 취직하여 직장생활을 한다는 것이 어떤 것인지 잘 몰랐습니다. 그런데 근로계약이 1년 미만, 월급은 연봉이나 월 70여만 원 정도입니다. 남성 행원들과 같은 일을 하고 있지만 월급은 절반 수준 밖에 안 되고 고용도 불안하고 노조 조합원 자격도 없고 노조에 가입할 수 있다고 해도 가입하기가 두렵습니다. 재계약 할 때 재계약이 안 될까 봐.
>
> 산전 산후 휴가가 있지만 저는 아이 낳는 것을 미룰 수밖에 없습니다. 정규직이면 산전 산후 휴가 기간 동안 제 일을 분담할 수 있는 대체인력이 투입되지만 비정규직의 경우는 대체인력이 투입되지 않아 직장 동료들의 눈치가 보이고 또한 재계약이 안 될까 봐 걱정이 되거든요. 내 집 마련할 때까지 아이의 출산을 미뤄야지요. 제 나이가 벌써 32살인데도 말입니다. 그러나 이 직장도 내

집 마련까지 쫓겨나지 않았으면 하는 것이 지금 바람입니다. 비정규직은 한 달에 노는 날이 많으면 월급을 적게 타갑니다. 그리고 정규직과 달리 회사에서 제공하는 복지혜택에서도 제외됩니다. 같은 직원인데 참 인간으로서 비애를 느낍니다만 친구들한테도 말할 수가 없습니다.(자료: 강인순 교수의 경남의 모 은행 비정규직 은행원과의 인터뷰 자료, 2002)

경남지역도 이런 변화의 예외 지역이 아니어서 결혼 이민자의 수가 전국에서 상위권에 속하는 지역이다. 위에 인용된 인터뷰 내용은 1997년 외환위기 이후 사무직 중심으로 비정규직을 고용하기 시작할 무렵 비정규직으로 고용된 여행원과의 인터뷰 내용으로 2000년 초 일하는 여성들의 삶의 현실을 보여 준다. 해방 이후 산업화 과정에서 경남의 여성들이 오늘날 경제적 성장의 기반 동력이었지만, 오늘날 이 모습은 신자유주의 사회에서 일하는 여성들의 보편적인 모습이 됐다. 비정규직 고용이 보편화된 오늘 경남의 여성들은 여성운동을 통해 지속적으로 경남여성들의 삶의 조건을 변화시키고 있다.

경남여성의 힘과 성과

경남은 성평등관점에서 볼 때 아직도 성 불평등이 심하고 남아선호도가 높은 가부장적인 성격이 강한 지역이다. 2012년의 경우, 16개 시·도 중 성평등지수가 14위로 매우 낮았다. 또한, 경남은 서울시나 경기도와 비교해도 성평등 관련 조례 제정 건수가 적고, 독자적인 여성정책 개발을 위한 연구기관이 없다. 여성정책개발을 위한 기반이 제대로 마련되어 있지 않아 여성정책개발에 필요한 성인지 여성 통계도 정기적으로 생산하지 못하고 있다. 그럼에도 불구하고 6월 항쟁 이후 여성들은 학부모로서, 소비자로서, 경제활동의 주역으로서, 유권자로서, 어머니로서, 아내로서의 다양한 사회적 역할을 통해서 지역 시민사회를 성평등사회를 나가는 데 주도적인 역할을 하고 있다. 아직 만족할 만한 수준은 아니지만, 경남여성들의 힘은 다양한 성과를 통해 살기 좋은 경남사회, 지속가능한 경남사회를 만들기 위한 노력을 하고 있다.

우선, 여성운동의 조직화와 활성화를 통해 가부장적인 법과 조례를 폐지하거나 개정 또는 제정을 했다. 1995년 북경 세계여성대회 이후, 1995년 12월에 여성발전기본법이 제정되자 경남에서도 1997년 3월에 경상남도 여성정책발전위원회 조례를 제정했다. 이 조례는 8차례 개정을 했다. 이어 2003년 10월에 경상남도 여성정책발전위원회 및 기금설치 운용조례가 만들어졌고, 2006년 8월에 경상남도 여성발전 기본 조례가 제정되어 시행되고 있다. 오늘날 여성발전이라는 용어가 여성현실에 적합하지 않다는 문제의식에서 2014년에 여성발전기본법이 양성 평등기본법으로 개정됐다.

이외에 경남에서 제정된 성평등과 관련된 조례를 보면, 1991년에 경상남도 여성능력개발센터 운영 조례와 경상남도 의용소방대 설치 조례, 2008년에 경상남도 여성농어업인 육성 지원 조례, 2009년에 경상남도 여성기업인 지원에 관한 조례와 경상남도 여성인권특별위원회 설치 및 운영 조례, 2010년에 경상남도 경력단절여성의 경제활동촉진에 관한 조례와 경상남도 아동과 여성에 대한 성폭력 등의 방지 및 피해자 보호 지원에 관한 조례, 2011년에 경상남도 한 부모 가족 등 지원 조례, 2013년에 경상남도 성별 영향분석평가 조례 등이 있다.

또한, 경남여성들의 직접적인 정치참여가 늘어났다. 경남에서 성평등관련 조례의 제정을 통해 여성들의 정치참여가 늘어났다. 남성들의 독무대로 간주됐던 정치적인 영역에서 여성들의 정치적 참여의 확대는 여성운동을 통해 여성들의 힘이 만들어낸 성과였다. 여성들의 정치참여 확대라는 성과는 여성할당제라는 적극적 조치가 중요하게 작용했다.

이런 과정을 통해 경남의 여성들은 직접적으로 정치에 참여해 왔는데, 2014년 지방선거에서 26명의 지역구 여성의원이 당선됐다. 구체적으로 보면, 이 중 여성 도의원은 4명8%, 여성 시·군의원은 22명9.8%, 광역 비례로 4명80%, 기초 비례로 35명100%의 여성의원이 당선되어 지역구와 비례를 합한 전체 여성의원은 총 65명20.6%으로 지난 2010년 선거 54명보다는 많았다. 거제시의 경우, 선출직 여성 시의원으로 3명이 당선됐고, 거창군과 통영시를 포함한 도내 6개 지역에서는 첫 선출직 여성 기초의원이 탄생했다.

해방 이후 점차적으로 여성들의 의회 구성 비율이 점차 높아지고 있지만 아직 갈 길이 멀다. 2014년 이후 경남지역에서 여성들의 참여율이 높아진 것은 비례대표도의원 4명, 기초의원 35명 여성의원들이 많았기 때문이다. 소수 여성의원들의 힘은 부족하나마 성평등 관련 조례를 제정하는 데 발휘됐다. 하지만 경남지역에서 여성의 정치참여 확대는 여전히 풀어야 할 과제이다.

그리고 경남여성들의 힘들을 모아 이룬 성과들 중에서 의미가 있었던 것은 2008년에 경남세계여성대회이다. 이 대회는 지방자치단체로는 처음으로 '상생의 꿈 하나로, 여성의 힘 세계로'라는 슬로건으로 치러진 세계여성대회였다. 세계 여성계와 연대를 강화하고 여성의 기본적인 인권과 자유의 존중을 위해 노력하고 성평등사회를 실현하기 위해 세계여성인권 60주년, 세계여성폭력추방의 날을 기념하기 위해 2008년 11월 25일부터 27일까지 3일간 진행됐다.

이 대회는 2007년에 아동 폭력과 여성 폭력을 추방하기 위해 결성된 국내 여러 단체들의 워크숍을 경남에서 치른 후, 세계여성인권 60주년을 기념하여 세계대회를 하자는 의견이 모아져 진행됐다. 민관이 협력해 대회를 조직해 민관 협치거버넌스, governance의 성공적인 사례가 됐다.

이 대회에서 채택된 경남여성인권선언문은 여성의 기본적 인권과 자유의 존중 및 필요성에 대한 확인과 세계여성계와의 연대강화, 지속적인 교육 등 성평등 실현을 위한 공동협력 의지가 담겨 있으며, 이를 위해 법제도 제정과 정비 등을 촉구하는 내용이 담겨 있다. 총 10개 항목으로 구성된 선언문의 주 내용은 여성차별 법률개정, 인권교육과 다문화이해 교육의 의무화, 여성의 정책참여율 증가, 여성경제인을 위한 법제화, 여성 농업인 관련 조례 제정, 폭력과 성 착취 근절을 위한 시스템 강화, 여성장애인을 위한 제도개선 등으로 되어 있다.

경남여성인권선언문은 대회 준비위원회의 4개 분과위원회에서 진행된 사전 세미나와 워크숍을 통해 논의하고 발굴한 조례 제정과 제도개선 사항을 바탕으로 작성되어 보다 현실적이고 실천적인 과제로 이루어졌고 경남여성의 힘들이 모아졌다는 것이 특징이고 성과라고 할 수 있다. 더욱이 경상남도는 대회 선언문을 계기로 관련 법 마련과 제도개선을 추친하기 위해 '경남여성특별위원회'와 '경남여성인권재단'을 설립하는 등 여성정책과 관련해 앞선 행정의 실천적 의지를 발표했다. 이는 경남에서 성평등 정책 수립을 위한 기반을 마련하기 위한 것이었다.

성평등한 경남을 만들기 위해서는 기본적으로 성평등 관련 조례 제정이 우선되고 이를 바탕으로 한 성평등정책의 수립과 실행이 뒷받침되어야 한다. 2000년대 들어서 성평등정책 수립을 위한 젠더 의제들은 매우 활성화됐다. 여성 장애인의 인권침해 문제, 성희롱과 성폭력과 관련된 여성 인권침해 문제, 가정폭력과 아동학대, 성매매 문제, 여성의 정치참여 확대 문제, 늘어나는 결혼 이민자들의 문화 융합과 다문화 이해, 일과 가정을 양립해야 하는 맞벌이 부부의 문제, 돌봄 노동의 문제, 비정규직 여성노동자들의 노동권침해 문제, 여성들의 저임임금 문제와 성별 임금 격차 문

2008년 경남세계여성인권대회 폐막식, 경남도민일보, 2008년 11월 27일.

제 등 다양한 젠더 문제들이 다양한 여성들의 목소리로 제기됐다.

경남에서도 늦었지만 2000년 중후반 젠더 의제들을 연구하는 대학 내 연구소나 지방자치단체가 출연한 연구 조직들이 생겨났다. 2009년 9월에 경상대학교 사회학과 이혜숙 교수가 중심이 되어 대학 내 젠더 문제에 관심을 가진 교수들과 함께 여성연구소를 설립했다. 여성연구소의 설립 후 여성연구소에서는 매월 여성 관련 세미나와 학술행사를 개최하고 있으며, 2011년 11월에는 경남여성인권특별위원회와 공동으로 '경남여성 100년의 삶과 역사' 라는 주제로 학술대회를 개최했다.

또한, 2005년 1월에 경남발전연구원 내 여성정책센터당시 센터장은 민말순 박사가 개설됐다. 2005년에 개설된 여성정책센터는 2008년 11월에 여성가족정책센터로 확대·변경됐지만 아쉽게도 2015년 현재 사회여성연구실로 축소됐다. 여성정책센터는 설립 후 경남여성통계, 여성가족실태 조사, 여

2008년 경남세계여성인권대회 개막식,
경남도민일보, 2008년 11월 26일.

성인권지수, 경남여성정책중장기발전계획 등 경남의 여성정책 수립에 필요한 기초 조사나 자료를 생산하고 있다.

그리고 여성 관련 연구기관은 아니지만 도지사 직속 여성정책 자문기구인 '경남여성인권특별위원회'가 2009년 11월에 설치됐다. 이 위원회는 전국 최초의 도 단위 여성인권특별위원회였다. 이 위원회는 경남이 2008년 세계여성대회를 치르고 난 후 그 성과로 설치됐는데, 도의원3명, 대학교수3명, 여성단체 대표9명, 언론계2명, 법조계1명 등 각계 전문가 20명으로 구성됐다. 초대 정행길 위원장은 설립 당시 '내일을 여는 여성의 집' 대표였다. 경남여성인권특별위원회는 도지사 자문기구이고 실행 기구가 아니지만 경남 도내 여성단체들과 연계해 경남여성 사회경제적 지위 향상을 위해 노력을 하고 있다.

이처럼 경남에서 성평등 여성정책 수행을 위한 여러 조직들이 만들어지게 된 것은 경남여성들의 힘을 모은 여성운동의 성과였다.

남녀가 함께 성평등한 미래로
성평등은 모두를 위한 진보다

해방 이후 70년인 오늘, 다른 지역보다도 가부장적인 성격이 강한 경남이지만, 성평등지수는 과거보다는 조금 높아졌다. 성평등지수의 상승은 경남여성들의 주체적인 힘의 성장의 결과로 이는 6월 민주항쟁으로 인한 사회의 민주화의 진전과 1995년의 지방자치 실시가 중요한 역할을 했다. 광복 70년을 맞이하는 현재, 경남의 성평등한 수준은 아직 만족할 만하지 않지만 성평등 관련 조례가 제정됐고, 고학력 여성들도 많아졌으며, 여성들의 직접적인 여성 정치참여와 여성기업인 또한 늘어났다.

그러나 경남사회의 일상적인 생활 영역인 문화생활 전반에 성차별적 의식과 관행이 아직도 남아 있어 일터, 가정, 배움터인 학교 등의 영역에서 여성과 남성의 차별적이고 불평등한 관계는 여전하다. 노동시장 유연화에 따른 여성 비정규직 고용의 확대, 개선되지 않는 성별 임금 격차, 다문화에 대한 몰이해, 가정폭력과 성폭력 등 여전히 경남 사회 전반에서의 성차별과 성불평등 문제는 잘 개선되지 않고 있다. 성차별과 성불평등 문제들의 해결 없이 미래 성평등한 경남이 될 수 없으며, 이것이 경남여성들이 풀어야 할 과제이다.

이외에 함께 저출산과 고령화 등 최근의 급격한 인구사회학적인 변화,

가치관과 생활양식의 변화와 이로 인한 세대 간 갈등, 노동시장 유연화에 따른 고용불안정과 구조화된 청년 실업, 단독가구의 증가 등에 따른 정책적 요구의 다양화 등 정책 환경이 많이 변화되고 있다. 이에 따라 성평등한 경남 사회 실현을 위한 정책 수립도 기존 접근 방식의 한계를 넘어 새로운 패러다임이 필요하다.

여성 정책은 중앙정부뿐만 아니라 지방정부에서도 정책 대상의 각 주체들인 여성의 발전을 위해 나아갈 바를 함께 모색하는 하나의 지침이다. 따라서 미래 성평등한 경남을 만들기 위한 여성정책은 이와 같은 사회적 변화와 요구에 따라 당면한 여성문제가 무엇이고, 여성정책이 무엇을 목표로 하고 있는지, 여성정책의 방향은 무엇이며, 여성정책을 실행하는 추진 체계는 제대로 되어 있는지, 여성정책의 목표를 달성하기 위한 과제들은 무엇인지 등등에 대한 점검이 필요하다.

중앙정부는 '여성발전기본법2015년 4월 양성평등기본법으로 변경 제정'에 근거하여 성평등사회를 실현하기 위한 종합적인 국가계획을 세웠다. 이에 따라 여성가족부장관은 매 5년마다 여성정책에 관한 기본계획을 수립하고 있으며, 중앙행정기관과 시·도지사는 연도별 시행계획을 수립하고 시행하고 있다. 그동안 여성정책기본계획은 중앙차원에서 제1차1998~2002년, 제2차2003년~2007년, 제3차2008년~2012년가 수립됐고, 현재는 4차2013년~2017년가 수립되어 실행 중에 있다. 경남도 이를 근거로 매년 여성발전기본 계획을 수립해 시행하고 있다.

1995년 북경 세계여성대회에서 성 주류화를 여성운동의 전략으로 채택

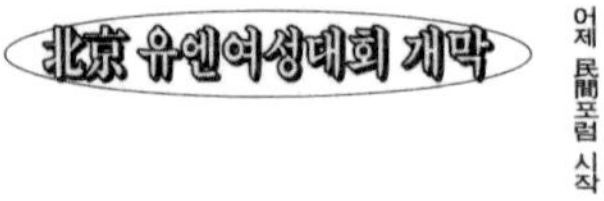

1995년 북경 세계 여성대회 개최, 경향신문, 1995년 8월 31일.

한 후 경남여성의 성평등지수는 향상됐고, 이제 성평등은 여성들만의 문제가 아니라 국가 및 지역발전 수준을 측정하는 중요한 지표가 됐다. 그런데, 왜, 경남에서 성불평등 문제는 여전히 해결되지 못하고 있는 것일까? 2000년 이전에는 여성발전계획은 없었는가? 아니다. 경남에서도 체계적인 여성발전 계획이 있었고 2014년에도 제4차 여성발전기본 계획이 수립되어 실행 중에 있다. 문제는 여성정책 수립 내용의 실천성 정도와 실효성이 낮다는 데 있다. 경남의 여성정책 추진 방향과 목표 그리고 과제들은 중앙정부의 여성정책에 기본 계획을 맞춰 설정했지만 실행하기 위한 추진 체계나 기반, 예산 등이 뒤따르지 못하고 있기 때문에 여전히 경남에서의 성불평등 문제는 해결이 안 되고 있으며 수립된 여성정책은 종이호랑이가 됐다.

그러면, 경남의 정책적 실행의 열악한 조건에서 오늘보다 더 나은 성평등사회를 어떻게 만들어 갈 것인가? 2015년 3·8 세계여성의 날 기념 경남여성대회 포스터에서 드러나듯이, 해방 이후 경남의 여성들은 지방정부와 협력적인 관계로 또는 비판적이고 저항적인 관계를 유지하면서 경남을 살기 좋은 사회, 성평등사회로 만드는 데 그 힘을 발휘해 왔다. 하지만 아직도 성평등한 경남사회로 가기에는 갈 길이 너무 멀다. 이제 경남여성만의 힘으로 성평등사회를 만들기에는 역부족이라는 것이 드러났다. UN을 비롯한 국제기구도 성평등을 "지속가능한 발전sustainable development"의 중심으로 선언했고, 사회 모든 분야에서 남성과 여성의 동등한 참여와 공평한 역할분배 없이 발전은 가능하지 않다는 데에 국내외적 공감대가 형성됐다. 중앙정부의 제4차 여성정책 기본계획에 맞춘 경남여성정책의 핵심과제가 제대로 실효성 있게 실행되기 위해서는 주체적인 여성의 힘과 함께 경남 남성들의 성인지적인 힘이 필요하다.

경남의 여성들과 남성들이 함께 아이를 낳고 기르면서 행복하고 평등한 삶을 사는 것은 모두가 원하는 삶일 것이다. 이를 위해서는 '성평등은 모두를 위한 진보다', '성평등의 실현은 행복한 경남 사회를 만드는 지름길이다'라는 것을 인식해야 한다. 이제는 미래의 성평등한 경남을 만들기 위해, 경남여성의 새로운 도전과 더불어 경남남성들의 동참이 요구된다. 성평등한 미래 경남사회의 건설은 경남의 여성과 남성들이 모두 함께한다면 그리 어려운 일은 아닐 것이다.

참고문헌

저서 및 논문

· 강인순, "마산창원지역 여성운동의 현황", ≪사회과학연구≫, 경상대학교 사회과학연구소, 1998.

· 강인순, "마산수출자유무역지역의 현황과 여성노동실태", ≪사회연구≫, 제9집, 경남대학교 사회학과, 1996. pp. 36~86

· 강준만, ≪어머니 수난사≫, 인물과 사상사, 2009.

· 경남도정백년사편찬위원회, ≪경남도정백년사(1896~1996)≫, 1996.

· 경남여성단체연합, ≪경남여성단체연합 정기총회 자료집≫, 2006.

· 경남여성회, ≪정기총회자료집≫, 2006.

· 경남여성회, ≪민주화의 길, 그러나 소외된 herstory 25년을 열다≫, 불휘미디어, 2011.

· 경남일보90년사 편찬위원회(편), ≪경남일보 90년사≫, 신경남일보사, 1999.

· 경상남도교육청, ≪나를 잊지 마세요!≫, 2013.

· 경상남도마산교육청, ≪마산교육사≫, 울산,경남인쇄정보산업협동조합, 2002.

· 경상남도사회복지협의회, ≪경남사회복지50년사≫, 성은출판사, 1998.

· 경상남도창녕교육청, ≪창녕교육사≫, 성은출판사, 1997.

· 경상남도함양교육청, ≪함양교육사≫, 유승인쇄출판, 2005.

· 경상북도, ≪부녀교실≫, 일심사, 1967.

· 이경숙 선생추모사업 추진위원회, ≪삶을 무엇으로 채울 것인가≫, 2005.

· 김경영, "위안부 문제 해결을 위한 경남의 활동 보고", ≪여성권익증진 국제교류사

업을 위한 북해도 도청, NGO 포럼 및 방문 자료집≫, 경남여성인권특별위원회, 2012. pp. 44~50

· 김경현, ≪민중과 전쟁기억: 1950년 진주≫, 선인, 2007.

· 김경현, "일제강점하 1920년대 진주지역의 여성운동", 2012년도 2학기 경상대학교 · 대학원 사회학과 기말보고서(미간행), 2012.

· 김귀옥, "분단, 한국전쟁과 여성: 1950년대 한국 여성의 삶", ≪한국현대여성사≫, 정진성·안진 외(지음), 한울 아카데미, 2004. pp. 41~65

· 김귀옥, "한국전쟁기 한국군에 의한 성폭력의 유형과 함의", ≪구술사연구≫, 제3권 2호, 한국구술사학회, 2012. pp. 7~37

· 김은경, "1950년대 신생활운동 연구-가정개량론과 소비통제를 중심으로", ≪여성과 역사≫, 제 11권, 한국여성사학회, 2009. pp. 203~240

· 김종군, "지리산 인근 여성 생애담에 나타난 빨치산에 대한 기억", ≪통일인문학논총≫, 제47집, 건국대학교 통일인문학연구단, 2009. pp. 209~230

· 김행선, ≪6·25전쟁과 한국사회 문화변동≫, 선인, 2009.

· 김현아, ≪전쟁과 여성: 한국전쟁과 베트남 전쟁 속의 여성, 기억, 재현≫, 여름언덕, 2004.

· 대검찰청 수사국, ≪좌익사건실록≫, 제10권, 여강출판사, 1973.

· 대검찰청 수사국, ≪좌익사건실록≫, 제11권, 여강출판사, 1975.

· 대한간호협회 편집실,"조국의 재건, 간호의 재건(1946년 조선간호협회 창립과 지부조직착수)", ≪대한간호≫, 제47권 1호, 대한간호협회, 2008. pp. 32~33

· 마산시사편찬위원회, ≪마산시사≫, 삼덕정판인쇄사, 2011.

· 마산·창원지역사연구회(엮음), ≪마산·창원 역사읽기≫, 불휘, 2003.

· 마산창원여성노동자회, "마산창원여성노동자회 창립대회 자료", 1992.

· 마산창원여성노동자회, ≪평등세상 만들기-마산창원여성노동자회 창립 10주년 기념집≫, 2002.

· 명석면사편찬추진위원회, ≪명석면사≫, 기획출판 늘함께, 2000.

· 민말순, "1990년대 이후 여성가족정책을 통해 본 경남여성의 삶", 경상남도·경남여성인권특별위원회(주최), 경상대학교 여성연구소(주관), ≪경남여성 100년의 삶과 역사≫, 경남여성사 발간을 위한 학술대회 자료집, 2011. pp. 127~143

· 박용옥, ≪한국 여성 항일운동사 연구≫, 지식산업사, 1996.

· 박혜란, "1920년대 사회주의여성운동의 조직과 활동", 이화여자대학교 대학원 사학과 석사논문(미간행), 1993.

· 보건사회부, ≪보건사회행정개관≫, 1958.

· 보건사회부, ≪부녀행정 40년사≫, 1987.

· 부마민주항쟁기념사업회, ≪부마민주항쟁 증언집-마산편≫, 불휘미디어, 2011.

· 사단법인 대한어머니회, ≪대한어머니회 40년사≫, 1998.

· 3·15의거사편찬위원회, ≪3·15의거사≫, 휘문정판사, 2004.

· 소정자, ≪내가 반역자냐?: 전향여간첩의 수기≫, 방아문화사, 1966.

· 소현숙, "너무 많아 창피합니다.: 가족계획", 여성사연구모임 길밖세상(지음), ≪20세기 여성사건사≫, 2001. pp. 173~186

· 신동흔 외, ≪시집살이 이야기 연구≫, 박이정, 2012.

· 신동흔 외, ≪시집살이 이야기 집성7: 전쟁과 수난, 역사의 와중에서≫, 박이정, 2013.

· 신영숙, "일제 시기 경남여성의 일상과 여성운동", ≪경남여성 100년의 삶과 역사≫, 경상남도·경남여성인권특별위원회(주최), 경상대학교 여성연구소(주관), 경남여성사 발간을 위한 학술대회 자료집, 2011. pp. 1~33

· 신현옥, "국가개발정책과 농촌지역 여성조직에 관한 연구-1960~1970년대 마을부녀조직의 역할과 활동을 중심으로", 연대 대학원 박사논문, 1999. (미간행)

· 안태윤, "후방의 '생계전사'가 된 여성들: 한국전쟁과 여성의 경제활동", ≪중앙사론≫, 제33집, 한국중앙사학회, 2011. pp. 257~295

· 양동숙, "해방 후 우익 여성단체의 조직과 활동 연구(1945~50)", 한양대학교 대학원, 박사논문, 2010a. (미간행)

· 양동숙, "해방 후 독립촉성애국부인회의 조직과 활동연구", 한국민족운동사학회, 《한국민족운동사연구》, 한국민족운동사학회, 2010b. pp. 375~430

· 여성사연구모임 길밖세상, 《20세기 여성사건사》, 여성신문사, 2001.

· 여성의 전화 창원지부, 《여성의 전화 창원지부 창립대회 자료집》 1996.

· 염미경, "여성의 전쟁경험과 기억-좌익관련 여성유족의 구술생애사", 《정신문화연구》, 겨울호, 세28권 제4호, 한국학중앙연구원, 2005. pp. 137~164

· 유숙란, "일제시대 농촌의 빈곤과 농촌 여성의 출가", 《아시아여성연구》, 제43권 제1호, 숙명여자대학교 아시아여성연구소, 2004. pp. 65~103

· 6월 민주항쟁 20주년 기념 경남추진위원회, 《항쟁의 시대와 그 기록1- 증언록 》, 도서출판P&P, 2008a.

· 6월 민주항쟁 20주년 기념 경남추진위원회, 《항쟁의 시대와 그 기록2 -자료모음》, 도서출판 P&P, 2008b.

· 이경희, "'경상남도 여성 정치세력화 실천방안'에 대하여", 《여성 정치지도력 강화를 위한 work-shop》, 2008년 경남세계여성인권대회 사전워크숍 자료집, 2008. pp. 65~68.

· 이꽃메, "한신광: 한국 근대의 산파이자 간호부로서의 삶", 《의사학》, 제15권 제1호(통권 제28호), 대학의사학회, 2006. pp. 107~119.

· 이명경, "한국 전쟁 전후 좌익관련 여성유족의 경험 연구-여성주의 평화개념에서", 성공회대학교 시민사회복지대학원 석사논문(미간행), 2003.

· 이배용 외, 《우리나라 여성들은 어떻게 살았을까》, 청년사, 1999.

· 이상록, "위험한 여성, '전쟁미망인'의 타락을 막아라-1950년대 전쟁미망인의 출현", 여성사연구모임 길밖세상, 《20세기여성사건사》, 2001. pp. 122~133

· 이송희, "박차정 여성의 삶과 투쟁; 민족의 해방과 여성의 해방을 위해 투쟁한 한 여성의 이야기", 《지역과 역사》, 제1호, 부경역사연구소, 1996. pp. 91~107

· 이송희, "해방 이후 여성 삶의 변화와 여성운동", 경상대학교 여성연구소(엮음)

(2011), ≪여성, 한국사회를 묻다≫, 知&you, 2011. pp. 24~277

· 이순금, "조선여성에게", ≪여성공론≫, 1945.

· 이승기, ≪마산영화 100년≫, 마산문화원, 2009.

· 이임하, ≪계집은 어떻게 여성이 됐나≫, 서해문집, 2004a.

· 이임하, ≪여성, 전쟁을 넘어 일어서다≫, 서해문집, 2004b.

· 이임하, ≪전쟁미망인, 한국현대사의 침묵을 깨다≫, 책과함께, 2010.

· 이종엽, "여성의원의 의정활동 경험과 여성의 정치세력화", ≪지방의회 여성의원의 의정활동과 정치세력화의 과제≫, 2013년 여성연구소 학술대회 자료집, 2013. pp. 57~60

· 이혜숙, "지역여성운동의 형성과 전개 – 진주여성민우회를 중심으로", ≪한국사회학≫, 36집 1호, 한국사회학회, 2002. pp. 195~221

· 이혜숙, "미군정기 한국의 정치사회적 변동: 국가–시민사회 관계의 역사적 구조화", 김필동·지승종 외, ≪한국사회사연구≫, 나남출판, 2003. pp. 335~355

· 이혜숙, "미군정기 여성운동과 여성정책", 정진성 외, ≪한국현대여성사≫, 한울, 2004, pp. 15~40

· 이혜숙, "해방 이후 경남여성의 삶과 역사(1945~1960년대)", 경상남도·경남여성인권특별위원회(주최), 경상대학교 여성연구소(주관), ≪경남여성 100년의 삶과 역사≫, 경남여성사 발간을 위한 학술대회 자료집, 2011. pp. 34~89

· 이혜숙, "일본군 '위안부' 문제와 지역여성운동: 경남지역 활동을 중심으로", 김동노 외, ≪한국사회의 사회운동≫, 다산출판사, 2013. pp. 123~151

· 이혜숙, "한국여성학과 지역여성주의의 모색–경남지역 여성운동을 중심으로", ≪페미니즘연구≫ 제 14권』, (사)한국여성연구소, 2014. pp. 243~280

· 임경숙, "여성의원 의정활동 경험과 여성의 정치세력화", ≪지방의회 여성의원의 의정활동과 정치세력화의 과제≫, 2013년 경상대학교 여성연구소 학술대회 자료집, 2013. pp. 44~54

· 임정연, "해방 직후 경남지역 여성운동조직과 여성운동", 동아대학교 교육대학원 석사논문(미간행), 2008.

· 전갑생, "경남지역 민간인 학살 연구의 현황과 과제", ≪역사와 경계≫, 제56집, 부산경남사학회, 2005. pp. 23~53

· 전경옥 외, ≪한국 근현대 여성사: 정치·사회2≫, 모티브북, 2005.

· 전경옥 외 ≪한국여성문화사 2≫, 숙명여자대학교 아시아여성연구소, 2005.

· 전경옥 외 ≪한국 근현대 여성사: 정치·사회2≫, 모티브북, 2011a.

· 전경옥 외 ≪한국 근현대 여성사: 정치·사회3≫, 모티브북, 2011b.

· 전경옥·박선애·정기은, ≪한국여성인물사 2≫, 숙명여자대학교 아시여여성연구소, 2005.

· 정면숙 외, "1940년대~1960년대의 경상남도 진주지역 간호교육과 간호활동에 대한 구술사적 연구", ≪간호행정학회지≫, 제18권 제4호, 한국간호과학회 간호행정학회, 2012. pp. 357~373

· 조선은행조사부, ≪조선경제연보≫, 1948.

· 조선은행조사부, ≪경제연감≫, 1949a.

· 조선은행조사부, ≪조선경제통계요람≫, 1949b.

· 조성구, "현장취재: 경남·전라지역의 보도연맹원·양민학살", ≪역사비평≫, No. 9. 역사문제연구소, 1990. pp. 160~171

· 주창윤, "1950년대 중반 댄스 열풍: 젠더와 전통의 재구성", ≪한국언론학보≫, 한국언론학회, 53권 2호, 2009. pp. 277~430

· 진주여자고등학교·진주여고총동창회, ≪진주여고 80년사: 1925~2005≫, 동아인쇄·한기획, 2006.

· 진주여자고등학교동창회, ≪일신육십년사≫, 1985.

· 최현실, "최후의 여성빨치산 정순덕의 삶을 통해 바라본 20세기 중반 한국과 인권", ≪여성학연구≫, 부산대학교 여성연구소, 2009.

· 한국부인회총본부, ≪한국여성운동약사: 1945~1963년까지 인물중심≫, 한밤의 소

리사, 1986.

· 한국사사전편찬회, ≪한국근현대사사전≫, 가람기획, 2005.

· 한상구, "일제시기·해방 직후 경남지역 사회주의운동의 맥: 3·1운동 참가부터 경남 여맹위원장, 북한 최고인민회의 대의원을 지낸 권은해 일대기", ≪역사비평≫, No. 8, 역사문제연구소, 1990. pp. 369~402

· 한신광, "앞서가신 오빠를 추모하면서", ≪나의 조국 나의 교회≫, 보이스사, 1980.

· 한일여성공동역사교재 편차위원회, ≪여성의 눈으로 본 한일 근현대사≫, 한울, 2005.

· 함양군사편찬위원회, ≪함양군사≫, 제3권, 2012.

· 황정미, "해방 후 초기 국가기구의 형성과 여성(1946~1960), -부녀국을 중심으로", ≪한국학보≫, 일지사, 28권, 4호, 2002.

· 황창연 외, ≪충남여성의 삶과 역사≫, 충청남도 여성정책개발원, 2009.

신문 및 자료

· 간호신문, 2009. 9. 23.

· 경남도민일보, 2004. 7. 12., 2005. 10. 11., 2008. 9. 24.

· 경남로동신문, 1951. 1. 25.

· 경남매일신문, 1970. 1. 1. ~ 1980. 12. 31.

· 경남신문, 1981. 1. 1. ~ 1990. 12. 31., 2002. 6. 18.

· 경남여성신문, 2012. 12. 1.

· 경남일보, 1961. 6. 21., 1961. 10. 21., 1961. 11. 27., 1962. 1. 5., 1962. 5. 22., 1963. 3. 3., 1963. 6. 19., 1963. 7. 10., 1966. 3. 22., 1966. 9. 11., 1967. 4. 8., 1967. 5. 16., 1967. 8. 3., 1968. 2. 14., 1968. 4. 19., 1968. 7. 28., 1969. 1. 16., 1969. 3. 15., 1969. 4. 3., 1969. 4. 20., 1969. 10. 29.

· 기호일보, 2014. 12. 12.

· 민주중보, 1945. 10. 26., 1946. 2. 25.
· 심층면접 과제물 자료, 경상대학교 교양강좌 '여성과 사회' 과제물(2011년도 2학기, 2014년 2학기)
· 여성신문, 1947. 6. 6.
· 오마이뉴스(http//www.ohmynews.com)의 박현주 기자 인터뷰 기사
· 이덕자, 심층면접 자료, 2008(이혜숙이 한 인터뷰 자료)
· 조선일보, 1925. 12. 12., 1929. 7. 22., 1935. 2. 6., 1935. 3. 13., 1935. 6. 11.
· 한겨레 신문, 1989. 1. 18.

인터넷 자료

· 경남여성장애인연대 홈페이지(http://www.gndaws.or.kr/)
· 경남여성회 홈페이지(http://www.gnwomen.com)
· 경상남도기록관 홈페이지(http://recordcenter.gne.go.kr)
· 경상남도여성단체협의회 홈페이지(http://www. gncw.or.kr)
· 경상대학교 여성연구소 홈페이지(http://gender.gnu.ac.kr.)
· 김해여성의 전화 홈페이지(http://cafe.daum.net/khwline)
· 김해여성회 홈페이지(http://www.khwomen21.or.kr/)
· 내가 꿈꾸는 세상 홈페이지(http://dami.tistory.com/56)
· 네모판 포토라이프 홈페이지(http://www.nemopan.com/photo_life/488157)
· 대한민국 국방부정책·정보 블로그(http://nara.tistory.com/1273)
· 박건춘의 진해교육사(도천초등학교 공식블로그)(http://blog.daum.net/pc-gun/596)
· 두런두런a세상이야기 블로그(http://blog.naver.com/PostView.nhn?blogId=shyu21cam&logNo=70038189879)

· 마산자유무역지역관리원 홈페이지(http://www.ftz.go.kr/kor/main.jsp)
· 마산창원여성노동자회 홈페이지(http://www.ww5050.org/)
· 양산여성회 홈페이지 (http://cafe.daum.net/yswomen21)
· 여성문화예술기획 홈페이지(http://www.femiart.or.kr/archive/1909)
· 위키백과 홈페이지 (http://ko.wikipedia.org/wiki)
· 전국민주노동조합총연맹 홈페이지(http://nodong.org/index.php?mid=committee&page=9&listStyle=gallery&document_srl=141510)
· 전국여성농민회 총연합 홈페이지(http://www.kwpa.org)
· 중앙선거관리위원회 선거정보도서관 홈페이지(http://elecinfo.nec.go.kr)
· 진주여성민우회 홈페이지(http://cafe.daum.net/jinju.co.kr/)
· 진해여성의 전화 홈페이지(http://www.jhwhotline.or.kr/)
· 쪼그만 완파리의 세상 블로그(http://daum.net/wanpal/162)
· 창원여성의 전화 홈페이지(http://www.chwhotline.or.kr)
· 평보세상 블로그(http://wonn1234.tistory.com/611)
· 책과 함께하는 여행 홈페이지(http://www.bookple.com/834)
· 한국 NGO뉴스 홈페이지(http://www.ngo-news.co.kr/sub_read.html?uid=69651)
· 한국여성단체협의회 홈페이지(http://kncw.or.kr/)

찾아보기

ㄱ

인물 찾아보기

경상대학교출판부에서는 경남 지역을 잘 드러낼 수 있는 주제를 참신한 방식으로 접근한 출판기획안을 수시로 접수하고 있습니다. 대학의 연구자, 중진 저술가뿐 아니라 다양한 분야에서 활동하고 있는 열정과 역량을 갖춘 신인 필자들의 관심과 참여 바랍니다. 자세한 내용은 출판부 홈페이지(http://gspress.gnu.ac.kr) 공지 사항을 참고하시기 바랍니다.

문의 gspress@gnu.ac.kr

나는 대한민국 경남여성

초판 1쇄 인쇄 • 2015년 8월 3일
초판 1쇄 발행 • 2015년 8월 10일

지은이 • 이혜숙, 강인순
펴낸이 • 권순기 | 경영 • 김명주
편집 • 김종길책임편집, 이수현, 하상미 | 디자인 • 김성은

• 귀중한 사진자료를 제공해 준 국가기록원, 경상남도교육청, 경남신문, 경남도민일보, 진주여고총동창회, 진해군항마을역사관, 진주시청 등의 관계자 및 개인에게 감사의 말씀을 드립니다.

펴낸곳 • 경상대학교출판부
주소 • 경남 진주시 진주대로 501
전화 • 055) 772-0801~2
FAX • 055) 772-0809
E-mail • gspress@gnu.ac.kr
홈페이지 • http://gspress.gnu.ac.kr
등록 • 1989년 1월 7일 제16호

• 책값은 뒤표지에 있습니다.

지앤유는 국립 경상대학교출판부의 교양도서 브랜드입니다.

이 도서의 국립중앙도서관 출판시도서목록(CIP)은 서지정보유통지원시스템 홈페이지(http://seoji.nl.go.kr)와 국가자료공동목록시스템(http://www.nl.go.kr/kolisnet)에서 이용하실 수 있습니다.
(CIP제어번호: CIP2015020462)